Patrick Steffens

# DER ZWEIFEL

## Hingabe an Jehovas Zeugen
## Segen oder Fluch?

Autobiografie

## Impressum


**Lektorat:** www.derletzteschliff.de
**Bilder:** Urheberrecht P. Steffens
**Covergestaltung:** P. Steffens
**ISBN:** 978-3-200-09472-7
**Kontakt:** info@derzweifel.at
**Webseite**: www.derzweifel.at
**Druck:** BoD Books on Demand, Norderstedt

# DAS BUCH

31 Jahre lang war der Autor Mitglied bei Jehovas Zeugen. In seinem bewegenden Bericht zieht er das Resümee eines Lebens, welches von einer polarisierenden und sich oftmals selbst widersprechenden Religionsgemeinschaft bestimmt wurde.

Humorvoll und selbstironisch beschreibt er seine liebevolle, aber streng religiöse Kindererziehung, die Herausforderungen als Heranwachsender, in welchen die gesellschaftliche Ausgrenzung zum festen Tagesablauf gehörte, sowie den späteren Alltag eines Zeugen Jehovas, dem die Lehren und Vorgaben der Organisation weitreichenden Einfluss in die unterschiedlichsten Sphären des persönlichen Alltags brachten.

Bis zu seinem Ausstieg, der mit einschneidenden Folgen familiärer Ächtung durch die Exkommunikation verbunden war, bekommt der Leser einen realistischen Einblick in den sonst geschlossenen Kreis einer weltweit bekannten Religionsgemeinschaft.

In sachlicher und auf seinen eigenen Erfahrungen beruhender Autobiographie gibt der Autor einen neutralen und objektiven Einblick in eine Organisation, die den eigenen Anspruch christlicher Nächstenliebe nicht nur lehrt, sondern vordergründig auch auslebt – oftmals verbunden mit Folgen für die eigene Würde und Freiheit.

Und trotz allem Erlebten bleibt eine Gleichung am Ende ungelöst – DER ZWEIFEL.

*Gewidmet*

*meiner Mutter,*

*die in diesem Buch die Antworten*

*auf all ihre Fragen finden könnte,*

*aber niemals den Mut aufbringen darf,*

*es zu lesen.*

# Inhaltsverzeichnis


TOT ... 1
Für immer frei ... 20
Fesseln für die Ewigkeit ... 27
Aufgewachsen im goldenen Käfig ... 36
Tag und Nacht nur Schule ... 46
Mein persönliches Predigtdienstgebiet ... 61
Was ist mein Leben wert? ... 76
Fleißige Hände ... 96
Der (un)glücklichste Mensch auf Erden ... 100
Eine Lehre – zwei Auslegungen ... 110
Liebe hat zwei Gesichter ... 136
Mr. Big und die Eifrigen ... 186
Das Ende beginnt ... 221
Die Wahrheit liegt irgendwo in der Mitte ... 255
Neustart ... 276
Maverick – Klappe eins ... 282
Maverick – Klappe zwei ... 294
SIE konnten es uns nicht nehmen ... 301
Epilog ... 310
Quellenverzeichnis ... 314
Über den Autor ... 316

*„Was die Herde überhaupt nicht mag,*
*ist derjenige, der anders denkt;*
*es ist nicht so sehr die Meinung selbst,*
*sondern die Kühnheit,*
*selbst denken zu wollen,*
*etwas, das sie nicht kann."*

Arthur Schopenhauer

# TOT

## Vater

TOT – ist es wirklich das, was du jetzt bist, mein Sohn? Heute habe ich dich beerdigt – abgeschlossen mit dem Gedanken, dich jemals wieder in meinen Armen zu halten. Du bist so plötzlich verschwunden. Einfach weg – von jetzt auf gleich, ohne dass ich mich darauf vorbereiten und mich von dir verabschieden konnte. Fühlt es sich also so an? Ist dies der Schmerz, den man verkraften muss, wenn man sein Kind verliert?

Ich werde versuchen müssen, dich aus meinen Erinnerungen zu verbannen. Ich werde lernen müssen, jedes Bild, jeden Gegenstand, einfach alles, was mich an dich erinnert, aus meinem Haus zu entfernen. Wie kann ich noch durch die Räume gehen, ohne dass es mich innerlich zerreißt?

Andenken an deine Kindheit – den kleinen Monchhichi, den du so geliebt hast und der auf dem Foto von deinem ersten Kindergartentag bis heute über meinem Kamin steht. Deine ersten kleinen Schühchen, mit denen du laufen gelernt hast, deine Lego-Eisenbahn, auf die du so stolz warst, oder dein rot-weißes BMX-Fahrrad, das wir dir zur Einschulung geschenkt haben. Die vielen kleinen Basteleien, die du mir aus dem Kindergarten mitgebracht hast. Das mit so vielen Details gemalte Bild, mit gelben und grünen Farbklecksen und in der Mitte mit großer Schrift: *„Papa, ich habe dich lieb“.*

Und deine unzähligen kleinen Briefe, die du uns immer wieder geschrieben hast – besonders die an deine Mutter. Ich habe sie noch alle.

Im Keller steht noch dein kleiner Bergrucksack, mit dem wir unsere erste Hüttenwanderung in den Alpen unternommen haben.

Du warst damals so glücklich, als du mit deinem überdimensionierten Seil auf der ersten Schutzhütte angekommen warst und dem Wirt voller Stolz erklärt hast, dass du der Nachfolger von Luis Trenker wirst.

Und meine Fotos! In Dutzenden von Alben habe ich deine gesamte Kindheit dokumentiert. Jedes kleinste Ereignis – begonnen mit deiner Geburt bis zur Übergabe deines Lehrbriefes.

Ich werde alle diese Dinge erstmal in dein altes Kinderzimmer stellen. Ich schaffe es noch nicht, alles zu vernichten. Ist das überhaupt die richtige Entscheidung? Geht man so mit Trauer um? Ich weiß es wirklich nicht ... diese Erfahrung ist neu für mich.

Ich denke, ich werde SIE fragen müssen. SIE haben immer auf alles eine Antwort.

Vor genau sieben Tagen warst du bei mir zuhause. Heute musste ich meinen Frieden mit dir schließen.

„Papa, ich würde gerne mit dir reden“, waren deine Worte. Wie oft hast du das zu mir gesagt? Ich war immer dein erster Ansprechpartner. Alles hast du mit mir geteilt – deinen ersten Liebeskummer, deine nicht enden wollende Odyssee mit deinen schulischen Herausforderungen. Es war immer Daddy.

*„Also klar Großer, komm vorbei.“*

Was in dieser Woche alles passiert ist.

Ich halte das halbleere Glas Rotwein in meiner Hand und betrachte eines unserer letzten gemeinsamen Fotos. Es war im hintersten Tannheimer Tal, im fernen Tirol. Auf einer unserer vielen gemeinsamen Bergtouren, am Ende deiner Schulzeit.

Weißt du noch, wie wir diese Tage genossen haben – nur wir Männer? Da oben, wo die Baumgrenzen schon lange hinter einem liegen und man am Horizont nur die Weite der Berge sieht. Diese Momente faszinierten uns immer beide.

Es ist so still im Haus. Ich schwelge momentan lieber in Erinnerungen als mich abzulenken. Noch ein Schluck Wein? Warum nicht. Es ist eh alles egal. Mein Blick ist leer und meine Gedanken verirren sich im dunklen und kalten Raum. Deine Mutter ist für ein paar Stunden außer Haus. Auch sie muss ihre Gedanken ordnen.

Ich erinnere mich, wie sie mir vor vielen Jahren freudestrahlend mitteilte, dass du unterwegs bist. Es war die Erfüllung meines jungen Lebenstraums – nichts Sehnlicheres als eine Familie hatte ich mir gewünscht. Und dann warst du da. Ein strammer 3500 Gramm schwerer Bursche mit strahlend blauen Augen, der uns eine halbe Ewigkeit hat warten lassen. Ich bin mit dir den Stationsgang hoch und runter gelaufen. Du warst eingewickelt wie ein kleines Bündel Holz. Ich habe nur geredet. Ich erzählte dir alle möglichen Anekdoten – die du natürlich alle verstanden hast. Sowieso.

Alle waren überglücklich, dass du da warst. Das kleine Krankenzimmer war permanent mit Besuchern belegt und ich stellte dich der Welt wie ein einzigartiges Wunder vor. Nichts anderes warst du für mich.

Dann kamst du nach Hause. Es war alles vorbereitet. Klar, du hast Mami geliebt. Aber du warst Daddys kleiner Junge. Von der ersten Minute an. Es war nicht einfach, dich jeden Tag in den 4. Stock unseres Altbaus hochzutragen – dort, wo Mama dir monatelang dein liebevoll eingerichtetes Zimmer als neues Zuhause vorbereitet hatte. Ich habe dich gewickelt, gefüttert und bin nachts mit aufgestanden, wenn du geweint hast. Und das hast du viel – eigentlich permanent. Mal war es der Hunger und mal waren es die Koliken – manchmal wussten wir einfach nicht weiter. Ich erinnere mich, wie wir viele Nächte an deinem Bettchen verbracht haben. Deine Mama hat oft gesungen, um dich zu beruhigen – *„Heidschi Bumbeidschi"* und das *„Märchen der Königskinder"*.

Auch deine Eifersucht, als deine zwei Geschwister geboren wurden, mussten wir erstmal akzeptieren. Dass du als mein Erstgeborener einen besonderen Stellenwert hattest, konntest du halt noch nicht verstehen oder nachvollziehen.

Deine ersten eigenen Gebete konntest du mit vier Jahren sprechen. Du hast es von mir gelernt. Morgens, immer nach dem Aufstehen, und abends, bevor ich dich ins Bett gebracht habe. Oder zwischendurch, wenn ich es für angebracht hielt – was ich oft tat.

Du warst gewappnet.

Ich war so stolz auf dich, als du mir in den ersten Monaten deiner Schulzeit erzählt hast, wie du, als Jasmin Geburtstag hatte und alle aufgestanden sind, in der Klasse nicht mitgesungen hast. Wie deine Klassenkameraden dich ausgelacht und verspottet haben, weil du auch nichts vom Geburtstagskuchen probiert hast. Das Stoßgebet, welches du zum Himmel geschickt hattest, zeigte natürlich seine Wirkung. Das Gebet zu unserem Gott – es war eines der vielen wichtigen Dinge, die ich dir bereits als Kleinkind beibrachte. Wie du selbst das Tischgebet sprechen durftest, um deinem himmlischen Vater Dank zu sagen. Unsere gemeinsamen Spaziergänge im Wiesbadener Stadtwald. Ich weiß noch, wie ich dir von meinem eigentlichen Traumberuf erzählte und du sofort „Feuer und Flamme“ warst – du warst gerade in der ersten Klasse als du wusstest, dass du später Förster werden willst. Und dann bist du es zwölf Jahre später auch tatsächlich geworden.

Ich war so stolz auf dich, als du deine ersten Vorrechte in der Versammlung bekamst – und mit gerade acht Jahren deine erste Bibelvorlesung vor der ganzen Versammlung halten durftest. Aufgeregt suchten deine Blicke nach Daddy. Aber du standest da – auf einem kleinen Sockel, damit du auch ja das Rednerpult erreichen konntest.

Und dann dein erstes Vorsprechen im Predigtdienst – ebenfalls schon im zarten Alter von acht Jahren. Was warst du aufgeregt. Zwei Zeitschriften über religiöse Themen wolltest du anbieten und damit die ersten Erfahrungen im Missionieren sammeln. Bis heute kann ich mich noch an das Titelbild erinnern. Es war die Arche Noah. Eine Abhandlung über die Sintflut und ihre Warnung an die heutige Menschheit. Eine Dame um die sechzig Jahre öffnete damals die Tür im dritten Stock dieses Wiesbadener Altbaus. Du warst so nervös, dass du fast in ihrem Flur standest. Aber du hast es mit Bravour gemeistert und sogar deine fünfzig Pfennig pro Zeitschrift bekommen.

Und irgendwann kamst du zu mir. Du warst gerade zwölf Jahre alt geworden. Du wolltest dich taufen lassen! Für einen Moment überlegte ich noch, ob du nicht zu jung wärst. Du standest erst am Beginn deines jugendlichen Lebens. Du warst noch ein Kind. Noch hattest du keinerlei Berührungspunkte mit dem

Berufsleben oder der Entwicklung deiner persönlichen Lebensvorstellungen gehabt. Du kanntest nur das, was du von mir gelernt hast. Aber das war ja das Richtige.

SIE sagten es uns immer wieder.

Auf der anderen Seite begrüßte ich deine Ambitionen. Alle deine Freunde aus der Versammlung waren bereits getauft oder standen kurz davor. Das magische Alter von zwölf Jahren – ein ungeschriebenes Gesetz unter christlichen Jugendlichen. Das wusste ich. Deine Freunde, die Versammlung, deine Familie – sie alle waren der Ersatz für eine dir noch nicht bekannte Welt da draußen. Eine Welt, vor der ich dich immer fernhielt und in der ich dir alles verbot. Ich wollte dich beschützen. Das war MEINE Ambition. Diese Menschen waren das Einzige, was du hattest – dafür habe ich immer gesorgt. Ich wollte nur das Beste für dich.

SIE haben es mir doch so beigebracht.

Also erlaubt ich es dir. Mit dreizehn Jahren warst du ein ordinierter Zeuge Jehovas. Ein Kind, das noch keinerlei Erfahrungen mit einer sich schnell verändernden Welt sammeln konnte. Aber mit der Bürde einer göttlichen Verantwortung. So musste es sein – SIE sagten immer, es wäre so dein bester Schutz. Wie schon bei mir und meinem Vater. Und beim Vater meines Vaters. Also, warum nicht auch bei dir? SIE haben doch immer Recht.

Und so wurdest du größer, mein Sohn. Dein Eifer war ein Vorbild für viele deiner Altersgenossen. Du missioniertest mehr Stunden und studiertest eifriger als alle anderen und deine Hände waren in den Zusammenkünften bei fast jeder Frage oben, wenn Onkel Herbert von der Bühne aus am Sonntagvormittag sein Wachtturm-Studium leitete. Zwei Mal im Jahr meldetest du dich als Hilfspionier und verbrachtest monatlich 60 Stunden damit, zu missionieren – also mit fremden Menschen über biblische Themen zu sprechen und sie zu unserem Glauben zu bekehren. Ich erinnere mich noch, als wäre es gestern gewesen, dass mich andere Eltern aus der Versammlung ansprachen, ob dein Eifer nicht „zu viel des Guten" wäre.

Dann stand dein Schulabschluss bevor. Du warst gerade fünfzehn Jahre alt geworden. Noch zwei Jahre, bis es so weit war. Dein Ziel war es, ein eifriger Zeuge Jehovas zu werden. Ein gottesfürchtiger Familienvater, mit vielen Kindern, wie ich es mir immer für dich wünschte. Du wolltest eine ganze Fußballmannschaft haben. Luxus? Der war dir egal. *„Hauptsache ein Bad mit Dusche und Badewanne"*, waren immer deine Worte. Ein Auto? *„Hauptsache, es bringt mich von A nach B"*, höre ich dich noch heute sagen. Ein hohes Gehalt? *„Egal."*

*„Papa, es kommt sowieso bald Harmagedon. Unser Gott wird die Erde und alle Menschen darauf vernichten – alle, bis auf uns Zeugen Jehovas. Ich will gerettet werden, so wie du und Mama und alle meine Freunde und Familie. Die Weltmenschen sollen Geld verdienen und Ferraris fahren. Das ist mir egal. Sie werden eh alle sterben. Ich werde im Paradies im Bautrupp helfen, wenn alle Städte wieder aufgebaut werden und wir Platz für alle Auferstandenen brauchen."*

Du warst eben ein Musterbeispiel eines eifrigen Zeugen Jehovas. SIE waren so stolz auf dich. Bestimmt. Auch wenn sie dich nicht kannten.

Und dann kam sie – diese schleichende Veränderung.

Du entdecktest, dass es da noch etwas anderes gab. Fernab von all den christlichen Verpflichtungen, die deine gesamte Zeit in Anspruch nahmen. Diese Verpflichtungen waren doch unser Vorrecht, die Bestimmung eines jeden Zeugen Jehovas. Da gab es diese weltlichen Versuchungen, vor denen ich dich doch immer gewarnt hatte. Kinos, Musik, Partys und Diskotheken.

Im Kino liefen der blutrünstige *„Braveheart“* und *„James Bond“* mit Pierce Brosnan. Da gab es Geburtstagsfeiern und Weihnachten, was die Nachbarskinder und deine Klassenkameraden alle feierten. Halloween, Ostern und dann Silvester.

Und es gab die Mädchen. Irgendwann musstest du sie ja entdecken – verdammt nochmal! Dabei habe ich doch immer alles in meiner Macht Stehende getan, damit du sie nicht registrierst. Ich habe dir doch alles verboten, was mit Unmoral zu tun hat. Ich war mir so sicher, jeden Gedanken an Lust und Liebe bei dir unterdrückt zu haben. Sex und Liebe gehören nur in die Ehe. Alles andere ist die größte Sünde gegen Gott und bewirkt, dass du in Harmagedon vernichtet wirst. Ich dachte, das verstehst du. Habe ich dir nicht anhand der vielen Bücher und Zeitschriften von IHNEN immer und immer wieder versucht zu erklären, was für Gott alles eine Sünde ist? Dass du nur intensiv beten musst, wenn du in Versuchung kommst?

SIE haben mich doch genau das zu tun gelehrt?

Warum begannst du dann, genau das Gegenteil zu tun? Warum gingst du mit sechzehn Jahren heimlich ins Kino, anstatt zu missionieren? Warum hast du nicht bei deinen Brüdern aus der Versammlung übernachtet, sondern bist heimlich in diese verruchte Diskothek in der Altstadt gegangen?

Warum begannst du, mit Menschen Umgang zu pflegen, die einer erfolgreichen, weltlichen Tätigkeit nachgingen und das Leben in der Art genossen, vor der ich dich immer schützen wollte? Bringen dich solche finanziellen Erfolge denn deinem Gott näher?

Und was sollten diese ständigen Freizeitgestaltungen mit deinen neuen Bekannten im Sportstudio? Konntest du dich nicht mehr an die biblischen Worte erinnern, „dass schlechte Gesellschaft nützliche Gewohnheiten verdirbt"? Jeder, der sich nicht Zeuge Jehovas nennt, ist so ein schlechter Umgang! Das wusstest du doch. Das habe ich dich immer versucht zu lehren.

Und warum musstest du dich ausgerechnet in dieses Mädchen verlieben? Sie ist doch keine Zeugin Jehovas. SIE haben dich doch immer und immer wieder gelehrt, „nur im Herrn zu heiraten."

Es ist Sünde, sich einen Partner zu suchen, der kein Zeuge Jehovas ist. Alles Dinge, die ich dir seit deiner Geburt versucht habe zu vermitteln. All die Mühe und all die Anstrengen, die ich aufgebracht habe, um dir IHR Wort zu vermitteln.

War das etwa umsonst?

Wieso hast du begonnen, meine Erziehung zu hinterfragen? Sie ist doch auf das Wort Gottes aufgebaut gewesen – das haben SIE mir immer bestätigt.

Wieso hast du begonnen, IHRE Lehren zu hinterfragen? IHRE Anweisungen und IHRE Vorgaben? Die schlimmste aller Sünden, mein Kind. Warum hast du gerade diese begangen? SIE sind das Sprachrohr Gottes auf der Erde. Durch IHRE Verbindung erreicht uns der Wille Gottes. SIE repräsentieren sein Vorhaben und haben die Aufgabe erhalten, sein Volk anzuführen. IHR Wort ist Wahrheit.

SIE – Jehovas Zeugen, die einzig wahre Religionsgemeinschaft.

Die Organisation der Wachtturm-Gesellschaft, die mir

bereits seit Jahrzehnten versichert, der alleinige Kanal Gottes für uns Menschen und sein Sprachrohr auf Erden zu sein – angeführt von der leitenden Körperschaft, Bestandteil des treuen und verständigen Sklaven.

Und jetzt dieser Anruf von dir. Du wolltest also mit mir sprechen. Ich war mir sicher, dass du mir deine jugendlichen Entgleisungen erklären und Besserung geloben wolltest. Kleine Ausrutscher werden von Gott und IHNEN verziehen. Das weißt du. Das weiß jeder.

Mein Blick war leer. Ich weiß noch, wie ich für einen Moment nicht wusste, wie ich auf all das reagieren sollte, was du mir soeben mitgeteilt hast. Ich saß mit dir in meinem großen Arbeitszimmer. Meine Beine verschränkt auf der braunen Chesterfield-Couch und vor uns der brennende Kamin; genau da, wo früher dein Kinderbett stand.

Du warst gekommen, um mir mitzuteilen, dass du kein Zeuge Jehovas mehr sein möchtest! Du erklärtest mir in ruhigen, aber bestimmten Worten, dass du dich nach Jahren des Zweifelns entschieden hast, die Religionsgemeinschaft zu verlassen. Nicht aus Wut, nicht aus Hass oder Missgunst, sondern einfach aus der Überzeugung heraus, erkannt zu haben, mit den Grundlehren der Organisation nicht mehr leben zu können.

Ein Gegner? Das wolltest du nicht sein und auch niemals werden – das glaubte ich dir sogar. Du glaubst an einen Gott, die Bibel und ihre Grundlehren, an ihren Nutzen, die sie der heutigen Gesellschaft – mit der richtigen Anwendung – in vielen Lebensbereichen geben kann. Aber du erklärtest mir auch, dass diese von Menschen geführte Organisation Grund für dich ist, die Gemeinschaft zu verlassen.

Und dann diese Frau! Du wolltest sie tatsächlich heiraten?

Eine Heidin? Eine gottlose, weltliche Person, die Jehova nicht anbetet? Ich kenne sie zwar nicht – aber das ist egal. Sie ist keine von uns.

Ein weiterhin inniges Verhältnis mit mir, deiner Mutter und deiner ganzen Familie pflegen – unabhängig von deinem neuen Lebensabschnitt! Ist das etwa deine Vorstellung?

Du hättest nichts gemein mit einem Abtrünnigen, einem Gegner und Widersacher, der sich gegen unsere Überzeugung erhebt. Du wolltest lediglich ein moralisch einwandfreies Leben außerhalb unserer Religion führen. Das waren deine Worte. Ein ebenso harmonisches Familienleben – nur auf eine andere Art. Ist das also dein Wunsch?

Woher nimmst du dir nur diese Illusion?

*„Ich werde niemals ein Schwiegervater für deine Frau oder ein Großvater für deine Enkel sein können. Ihr werdet in meinem Leben keinen Platz mehr haben dürfen. Du weißt das."*

„Nein, das weiß ich nicht, Papa. Was hat meine Frau und was haben meine Kinder – im Übrigen deine Enkel – mit meiner Entscheidung zu tun, kein Zeuge Jehovas mehr zu sein? Sie waren nie getauft, sie hatten nie etwas mit diesem Glauben zu tun. Es sind im Grunde unschuldige Menschen."

*„Weil sie uns verbinden, mein Sohn. Die Anweisung der Organisation, mit dir keinen Umgang mehr zu halten, dich im Grunde nicht mal mehr zu grüßen, bezieht sich auch auf jede Gemeinsamkeit, die uns verbindet und die eine Grundlage für eine familiäre Bindung zwischen uns sein könnte. Wo soll ich da sonst die Grenze ziehen? Wenn du heute aus dieser Tür gehst, dann ist dieses Band zwischen uns zerrissen und du trägst die alleinige*

*Verantwortung dafür.“*

„Papa, bitte beruhige dich jetzt für einen Moment und komm runter.“ Er merkt, wie ich anfange, mich in Rage zu reden. Meine Gedanken überschlagen sich. Was läuft da gerade verkehrt? Ich gehe an meine Cognacvitrine und öffne mir einen zwanzig Jahre alten VSOP. Den brauche ich jetzt. Ich spüre, wie der Schluck in meiner Kehle brennt. In meinem Kopf kommt die Wirkung an und beruhigt mich etwas.

*„Schau ... Jehova gibt uns ganz klare Vorgaben, wie wir mit Personen umgehen sollen, die die Gemeinschaft verlassen ...“*

„Nicht Jehova, Papa! Verdammt nochmal, wach endlich auf! Die Organisation, die Männer, denen du dein ganzes Leben unterworfen hast – die geben dir das vor! Die Gruppe von Anzugträgern, die seit hundert Jahren lehren, dass die Welt untergeht, die von sich selbst behaupten, der einzige Weg zu sein, durch den man zu Jesus kommt und dass nur durch sie eine Beziehung zu Gott möglich sei. Die Organisation, die für sich den Anspruch erhebt, dass alle Wahrheit durch sie kommt und sich damit eine Autorität vereinnahmt, die nur Jesus gehört. Du weißt doch am besten, wie Jesus zu seinen Aposteln gesprochen hat: *„Ich bin der Weg, die Wahrheit und das Leben.“* Aber du unterwirfst dich ein Leben lang einer menschlichen Organisation, die behauptet: Klar, es stimmt. Jesus ist der Weg, aber der Weg, um zu IHM zu gelangen, sind nur WIR. Und die Wahrheit, die ihr so schätzt, die kommt nur durch UNSERE Organisation – und wenn ihr ewiges Leben erlangen wollt, dann müsst ihr euch uns anschließen.“

*„Genug! Hör sofort auf, so zu reden!“* Ein Schluck für meine Nerven. *„Rede nicht so respektlos vor Jehovas Präsenz auf der Erde. Rede nicht so.“* Für einen Moment ist es ruhig. Unsere Blicke treffen sich und wir wollen jetzt beide keine solche

Eskalation.

*„Schau, Großer"*, fange ich wieder an, ruhiger zu reden, während ich zu einem Ordner über meinem Schreibtisch greife. Er steht da immer.

*„Im Wachtturm sagt uns Jehova, dass, wenn einem Verwandten die Gemeinschaft entzogen worden ist oder er die Gemeinschaft verlassen hat, es unbedingt notwendig ist, keinen Kontakt mehr mit ihm zu haben. Auch wenn gewisse familiäre Angelegenheiten es erfordern würden, ihn zu kontaktieren, würde man diesen Kontakt auf ein Minimum beschränken. Wir dürfen als loyale Christen keinen unnötigen Kontakt mehr zu dir haben. Es tut mir leid."*

„Papa, das ist emotionale Erpressung. Ihr wollt mich verstoßen, mich schlimmer behandeln als einen Weltmenschen, damit ich in die Organisation zurückkomme? Ist das dein Ernst?"

*„Nein, es ist nicht MEIN Ernst, es ist der Ernst Jehovas. Hör bitte zu, was in einem anderen Artikel gesagt wird."* Ich hole eine weitere Abhandlung aus meinem Ordner heraus. *„Auch hier sagt uns die Organisation, dass durch einen Gemeinschaftsentzug die Versammlung geschützt und der reuelose Sünder erzogen wird. Wir behindern Jehovas Erziehungsmaßnahme, wenn wir mit jemandem Umgang haben, der ausgeschlossen ist oder die Gemeinschaft verlassen hat."*

Er schaut mich an. In seinen Augen sehe ich Unverständnis und Zorn.

„Papa. Ich kenne diese Artikel. Aber jetzt appelliere ich mal fünf Minuten an deine Vernunft."

Noch ein Schluck. Ich brauche ihn.

„Ich habe durch euch eine wundervolle Kindheit genossen. Du warst mein Freund, mein Vertrauter. Du hast mich geliebt und alles getan, damit es mir gut ging. Du hast – so, wie du es von deinen Eltern gelehrt bekommen hast – deinen Glauben an Gott und an diese Organisation an mich weiterzugeben versucht. Ich war eine Woche alt, da habt ihr mich in die Zusammenkünfte mitgenommen. Mein ganzes Leben lang kannte ich nichts anderes als das Leben eines Zeugen Jehovas. Noch bevor ich das erste Mal ‚Benjamin Blümchen' hören durfte, kannte ich bereits die Kinderbibel auswendig. Und da mache ich dir auch keine Vorwürfe. Du lebst diese Überzeugung dein ganzes Leben lang. Du glaubst an alle Lehren und deshalb ist es absolut verständlich, dass du sie deinen Kindern vererben wolltest. Aber bei der ganzen Thematik hast du dir über eines nie Gedanken gemacht. Du hast dir nie darüber Gedanken gemacht, was ICH eigentlich wollte. Du hattest seit meiner Geburt einen Plan mit mir. Diesen Plan hast du gnadenlos durchgezogen – und an einem gewissen Punkt in meinem Leben bist du über das Ziel hinausgeschossen."

*„Welchen Punkt? Ich weiß nicht, was du meinst."*

„DU bist doch hier der Erwachsene, oder? Du bist bei Jehovas Zeugen ganz oben in der Hierarchie angesiedelt und darfst dich Ältester schimpfen, oder? Du weißt doch ganz genau, wie der Laden funktioniert und du bist der, der am besten weiß, was mit Menschen passiert, die sich irgendwann entscheiden, aus der Gemeinschaft auszutreten, oder? Warum, verdammte Scheiße, warum ..." Er steht nur wenige Zentimeter vor mir und ich merke auf einmal, wie breit er durch sein Training geworden ist.

„Warum, frage ich dich, hast du zugelassen, dass sich ein gerade dreizehn Jahre altes Kind mit einer Organisation verbindet, die so einen tiefen Einfluss auf das Leben ihrer Mitglieder hat?"

Mit einem Mal wird mir schlecht. Denn er hat Recht. Ich hatte tatsächlich immer dieses eine Ziel vor Augen. Ich wollte einen Vorzeigechrist erziehen. Ich wollte, dass mein Sohn die Wertschätzung spiritueller Dinge so bekommt, wie ich sie immer gelebt habe.

„Ich war nicht mal ein richtiger Teenager, Papa. Ich wusste nicht, was Discos sind, was Partys sind, abgesehen davon hatte ich nur die geringste Ahnung davon, was es heißt, zu vögeln! Ich hatte immer nur die Angst vor dem Weltuntergang vor Augen. Das war es, was mir seit meiner Geburt eingetrichtert wurde. Ich frage dich, Papa, welches Kind würde einen anderen Weg gehen, wenn es so erzogen wurde? Wenn es von Geburt an nur Bilder von abgeschlachteten Menschen und Tieren in zerstörten Städten sieht? Und dies immer im Kontext mit der Warnung, dass nur ein Zeuge Jehovas diesem entrinnen kann. Und eine Seite weiter Bilder von Löwen, die mit Kindern spielen – das wunderbare Paradies. Wow, super ...“

Ich stehe auf. Ich brauche Luft und öffne die Terrassentür. Was passiert hier gerade? Ich hatte doch nie etwas Böses im Sinn. In meiner Jugend standen die Bibel, Gott und seine Organisation immer an erster Stelle. Es gab nichts anderes für mich. Was denn für Discos? Was denn für Partys? Das Gebet und die Versammlung waren meine Freizeit.

*„Du warst zwar erst dreizehn Jahre alt, das stimmt, aber du hattest dich aus freien Stücken dafür entschieden, ein Zeuge Jehovas zu werden. Du wusstest, welche Verantwortung du eingehst und du wusstest, welches Band dich ab diesem Moment mit der Versammlung, deinen Freunden und deiner Familie verbindet – nämlich das Band der Wahrheit. Und wenn du jetzt dieses Band zerschneidest, dann verlierst du alles, wirklich alles, was*

*du dir jemals aufgebaut hast.“*

Ich merke, wie meine Worte ihm die Tränen in die Augen jagen. Und für einen Moment habe ich wieder Hoffnung. Genau das ist es doch. Genau das sagt die Organisation doch immer wieder.

Er nennt es emotionale Erpressung – die Organisation nennt es eine liebevolle Erziehungsmaßnahme Jehovas. Und die Organisation hat IMMER Recht.

Ich muss diese Karte ausspielen. Meinen Sohn an diese Welt verlieren – nein, niemals. Ich gehe zurück ins Haus. *„Willst du einen Schluck?“,* frage ich ihn mit der halbleeren Flasche in der Hand. „Ja, warum nicht.“ Der Schluck, den ich trinke, ist wesentlich größer – für das, was ich ihm jetzt sagen muss.

*„Du musst mir wirklich eines glauben. Es gibt nichts, was ich nicht für dich tun würde. Du bist mein Sohn, mein Erstgeborener, dem ich jede Minute meines Lebens geschenkt habe. Aber du weißt auch, dass Jehova und seine Organisation an erster Stelle in meinem Leben stehen – noch weit über meinem eigenen, welches ich jederzeit für sie opfern würde. Ich habe mich ebenfalls taufen lassen und das Gelöbnis abgegeben, mein Leben in den Dienst seiner Organisation zu stellen. Und es gibt nichts, aber auch gar nichts, was sich zwischen mir und Jehovas Organisation stellen wird. Nicht einmal du, mein Sohn. Wenn du dich heute entscheidest, kein Zeuge Jehovas mehr zu sein, dann wirst du deine gesamte Familie sowie deinen gesamten Freundes- und Bekanntenkreis verlieren. Denn das ist es, was die Organisation von uns erwartet. Du wirst das geistige Band zerschneiden, was uns heute noch verbindet. Und ohne dieses Band müssen wir dich noch strenger behandeln als die Menschen, die ich dein ganzes Leben lang von dir fernhalten wollte. Du wirst noch eine Stufe*

*unterhalb eines Weltmenschen stehen.*

*Weder ich noch irgendjemand aus deiner Familie – natürlich auch niemand aus der Versammlung – wird noch mit dir Kontakt haben. Wenn man dich auf der Straße sieht, dann wird man dich nicht mal mehr grüßen.*

*Deine Telefonnummer wird aus allen Kontaktdaten gelöscht werden und du wirst selbstverständlich auch zu keinen Familien- oder Hochzeitsfeiern mehr eingeladen werden.*

*Was ich dir eingangs versucht habe zu erklären, wird ebenfalls unumgänglich sein. Wir werden dich oder deine zukünftige Frau weder besuchen noch unsere Freizeit mit euch gestalten. Solltet ihr heiraten, dann werden wir nicht zu eurer Feier kommen. Solltet ihr Kinder bekommen, werden wir diese nicht zur Geburt besuchen oder bei ihrer Einschulung dabei sein. Wir werden sie liebhaben. Ja, lieb haben werden wir sie."* Lieb haben wir auch die Menschen, denen wir die Botschaft verkünden. Lieb ist ein weites Wort in der Organisation ... doch diese Worte behalte ich lieber für mich. *„Aber mehr wird nicht passieren. Denn alles darüber hinaus würde eine emotionale Brücke zwischen dir und mir darstellen. Und das verbietet die Organisation."*

Meine Stimme stockt. Das war die Anweisung, die uns die Organisation gibt. Und wenn man diese nicht befolgt, dann läuft man Gefahr selbst ausgeschlossen zu werden. Es ist eigentlich ein Teufelskreis. Nichts von dem war ihm mit dreizehn Jahren bewusst gewesen, denn das sind Details, die man in dieser Tragweite nicht oft zu hören bekommt und die man als Kind nicht ansatzweise verstehen könnte.

„Und das soll ein halbwüchsiger Teenager verstehen, Papa?"

Er steht auf und zieht seine Jacke an. In mir zerreißt etwas. Will er diesen Weg wirklich gehen? Hat er meine Worte eben nicht richtig verstanden? Sind ihm die Folgen egal? Er geht. Er schließt leise die Tür und dreht sich nicht mehr um.

Ich schaue ihm über die Terrassentür nach. *„Bitte, mein Sohn – dreh dich noch einmal um zu mir. Bitte. Nur das eine Mal …“*, flüstere ich für niemanden hörbar.

Das war vor einer Woche. Noch immer schaue ich zur Tür. Seit Tagen bewege ich mich kaum aus diesem Stuhl – ich hoffe noch immer, dass sie sich jeden Moment öffnet und du vor mir stehst.

„Papa, es tut mir leid. Da bin ich wieder.“

Ich werde dich in den Arm nehmen und nicht mehr loslassen. Du wirst wie der in der Bibel genannte verlorene Sohn sein, der gesündigt, bereut und wieder zurückgekehrt ist. Die göttlich bestimmte Erziehungsmaßnahme hat gewirkt – SIE hatten mal wieder Recht.

Doch es bleibt eine Utopie. Du hast deine Wahl getroffen.

Heute bist du gestorben – dein Austritt wurde offiziell bekannt gegeben. Dein geistiges Leben ist zu Ende gegangen und dein irdisches ist mir seit heute deshalb verwehrt. Der Tod kann auf vielerlei Arten über uns hereinbrechen. Für uns, den Zeugen des einzig wahren Gottes, gibt es die EINE Art, die sonst niemand kennt. Aber so gebietet es die Organisation. Die Organisation, die du heute verlassen hast und durch die der Wille Gottes gesprochen hat – der Gott der Liebe.

Ich werde lernen müssen, mit dieser Vorstellung zu leben. Harmagedon kommt, davon bin ich überzeugt. Das ist meine Lebensgrundlage. Dafür habe ich viele Jahrzehnte gelebt und darauf habe ich jede meiner Entscheidungen aufgebaut. Die Zeichen der letzten Tage – so, wie sie in der Bibel vorhergesagt wurden – sind unübersehbar. Ob es heute oder morgen, nächste Woche oder erst nächstes Jahr geschehen wird, kann mir die Organisation nicht näher sagen. Aber es kommt. Noch zu meinen Lebzeiten. DAS kann SIE mir schon versichern.

Und so werde ich Tag für Tag am Morgen aufwachen, mit dem Gedanken, dass du heute vernichtet werden wirst. Kommt heute Harmagedon – dann wirst du heute sterben. Ein zweites Mal – den irdischen Tod. Und der ist dann endgültig.

Deine Mutter und ich aber werden, in Einheit mit meinen Brüdern und Schwestern verbunden, durch die Trümmer der vernichteten bösen Menschheit geführt werden. Unter unseren Füßen die toten Gebeine von Milliarden Ungläubigen – und auch von dir, mein Sohn.

Der Gott der Liebe – er wird dich gerichtet haben, da du kein Teil seiner irdischen Organisation mehr sein wolltest. Und wenn ich abends schlafen gehe, ohne dass es geschehen ist, wird es einen weiteren Morgen geben, an dem die Angst von Neuem beginnen wird. So wird mein Leben verlaufen. Bis zu diesem einen Tag.

Einen Trost habe ich jedoch.

Ich bin nicht allein. Ich werde in all diesen Momenten verbunden sein, verbunden mit tausenden anderen Vätern und Müttern, denen das Gleiche widerfahren ist und die Tag für Tag der Vernichtung ihrer Kinder entgegensehen müssen.

Und noch etwas anderes werden wir gemeinsam haben. Alle sind wir vereint in der einzig wahren Religion des liebevollen Gottes Jehova – vertreten von seiner glücklichen Organisation. Der einzig wahren.

# Für immer frei

## 2011 - Gegenwart

„Papa ... wach auf.“

Für einen Moment bin ich wie benebelt. Ich muss eingeschlafen sein, während Tom mit seinen gerade mal zwei Jahren sein kleines Funkflugzeug über den Bergen hat kreisen hat. Die Stimme meines Vaters klingt noch in meinen Ohren und seine Silhouette verschwindet nur langsam.

Ich schaue nervös auf die Uhr. Noch vier Stunden bis zum finalen Meeting. Noch vier Stunden, die mich von der Gegenwart und dem vielleicht größten Fehler meines zukünftigen Lebens trennen. Oder vielleicht doch nicht? Vier Stunden, in denen ich alle Pläne, alle Gedanken und alle Erkenntnisse der letzten Monate doch noch revidieren kann.

Die endlosen Weiten der Tiroler Berge liegen vor mir. Wie so oft in den vergangenen Monaten sitze ich hier auf 2000 Meter Höhe, inmitten einer weitläufigen und grünen Wiese und beobachte in einiger Entfernung spielende Kinder, die mit ihren Eltern den Abhang einer Alm hinunterrollen. Und mit einem Mal denke ich daran zurück, wie ich selbst vor fast drei Jahrzehnten hier als kleiner Bub, zusammen mit meiner Familie, eine harmonische Kindheit erleben durfte. Fernab von jeglichem negativen Einfluss, den man als Kind nur haben kann – eine Kindheit im Einklang mit der Natur und mit der Vorstellung einer strahlenden Zukunft.

Und heute soll es vorbei sein?

Setze ich meinen Plan um, der die vergangenen Monate mehr und mehr gereift war und mich schlussendlich an den heutigen Tag geführt hat?

Wird der morgige Tag den Beginn eines neuen Lebens darstellen? Ein Leben, auf welches ich in keinster Weise vorbereitet bin? Ein Leben, welches ich nicht kenne und welches mir die Fundamente der letzten dreißig Jahre entziehen wird?

Ein Plan B? Einen Plan B gibt es in dieser Causa nicht.

Es ist 15.00 Uhr. Und wenn ich nicht das erste Mal auf einem Termin unpünktlich erscheinen will, dann muss ich mich so langsam aufmachen. Oder ich rufe an. Ich rufe IHN an – wie so oft in den vergangenen Monaten – und teile IHM mit, dass ich mich geirrt habe und keinen meiner angekündigten Schritte mehr umsetzen möchte.

Ich würde ein erleichtertes Seufzen hören – vielleicht auch ein paar lobende Worte. Und dann ginge ich nach Hause. Wo immer das auch sein mag.

Und es würde ein weiterer Tag beginnen, dessen Ende mich wieder und wieder an diesen Ort auf 2000 Meter führen wird. Ich fahre nach Hause. Ich ziehe eines meiner unzähligen weißen Hemden und einen schwarzen Anzug an. Auf eine Krawatte verzichte ich. Dieses Accessoire wird meinen Körper nie wieder berühren. Zu sehr ist es verbunden mit jedem einzelnen Tag der vergangenen dreißig Jahre.

Meine „Einladung“ um 19.00 Uhr rückt immer näher. Noch kann ich einen Rückzieher machen. Noch kann ich alles abblasen. In Gedanken lasse ich alles Revue passieren. Wobei sich „alles“ in diesem Moment eher auf die vergangenen Monate bezieht.

Zu tief ist der Schmerz, zu tief ist die Verzweiflung, zu tief ist die Angst vor einem weiteren Lebensverlauf, wie ich ihn bis zum heutigen Tag gewohnt war.

Nein! Ich ziehe es durch.

In meiner Hand halte ich den „magischen" Umschlag.

Ein einfaches DIN-A4-Papier, sauber in einem Kuvert verschlossen. Ein DIN-A4-Papier mit nur einem einzigen Satz. Vierzehn Wörter. Vierzehn Wörter und eine Unterschrift. So lautet die Vorgabe.

Es ist 18.45 Uhr und ich setze mich in meinen Mercedes. Ich fahre die letzten drei Kilometer. Drei Kilometer zwischen dem Hier und dem Jetzt und einem Nirgendwo. Einem Ort, den ich nicht kenne und auf den ich nicht ansatzweise vorbereitet bin. Ich fahre ein letztes Mal auf diesen Parkplatz. Ich schalte den Motor ab und registriere die drei anderen PKWs. Ich bin mir bewusst, wem sie gehören. Die Eingangstür ist verschlossen, da heute Abend nur wir hier sind. Ich drücke die Klingel unter dem Schild

„Königreichssaal der Zeugen Jehovas".

Wenige Sekunden, um alles rückgängig zu machen?

NEIN – es ist vorbei.

Die Tür geht auf und ER steht vor mir.

Ein sanftes Lächeln, ein freundschaftlicher Handschlag. Beides registriere ich – ebenso wie die Traurigkeit in seinen Augen und die Angst vor dem Bevorstehenden. ER weiß, dass ich diesmal keinen Rückzieher mehr machen werde.

Er bittet mich hinein.

Ich kenne den Weg. Denn unabhängig davon, dass ich die vergangenen Jahre in diesem Gebäude meinen Gottesdienst verbracht habe, war ich bereits vor drei Wochen an derselben Stelle gewesen. In dem gleichen Gebäude. Zur selben Uhrzeit. Mit den identischen Personen. Und in demselben kleinen, schlicht eingerichteten Raum, in den ich jetzt freundlich hereingebeten werde.

Ein Raum von vielleicht 20 $m^2$, mit kalten Neonlichtern an der Decke und diesem alten Holztisch in der Mitte. Ein Holztisch und zwölf Stühle drumherum. Ich werde höflichst begrüßt.

Nicht nur von IHM, sondern auch von den zwei weiteren mir bekannten Personen. Die gemischten Gefühle eines gewohnt freundschaftlichen Miteinanders und einer doch nun zu erwartenden und unmittelbar bevorstehenden Exkommunikation schlagen mir entgegen.

Eine merkwürdige Aura, nicht nur, weil ER – ein Freund und Bruder, mit dem ich die letzten Jahre einen Großteil meiner Zeit verbringen durfte und durch dessen Unterstützung ER in geschäftlicher, aber auch privater Ebene zu einem wichtigen Vertrauten geworden ist – heute mein Ankläger sein wird.

Nein, auch die anderen zwei Anwesenden darf ich zu meinen guten Freunden zählen. Ein vierzigjähriger Italiener, mit dem ich regelmäßig im Gym die Eisen verbogen habe. Dessen Kinder mit meinem Sohn die Kita besucht haben und mit dem ich mehr als einmal auf Skiern die Pisten von Ischgl unsicher gemacht habe.

Und Nummer drei? Ein siebzigjähriger Urtiroler, angekommen im Leben und die Ruhe in Person. Der mir mit seinem trockenen Humor oft die Kluft zwischen den „Piefke“ und den Tirolern zu überbrücken geholfen hat.

Alle drei sitzen sie nun vor mir, an diesem alten Holztisch, die Bibeln akkurat vor sich liegend, und bitten mich Platz zu nehmen. Mir fällt der Schreibblock auf, den der Italiener vor sich positioniert hat und sich damit als Protokollführer zu erkennen gibt. Dann wird der Urtiroler der „Bad Cop“ und ER der „Good Cop“ sein.

Okay – die Positionen sind verteilt.

Wie soll ich beginnen? Soll ICH anfangen zu reden?

Soll ich mich erklären? Wo soll ich da beginnen? Wen interessiert das denn überhaupt noch?

Innerhalb von Sekunden zieht ein Déjà-vu an mir vorbei. Schon vor drei Wochen saß ich hier. Ich kenne den Ablauf daher genau.

Das zuerst gesprochene und sehr eindringliche Gebet von IHM, in welchem um Geist und Segen für das nun „Bevorstehende“ ersucht wird. Um die Bitte, mir ein „offenes Herz“ zu gewähren und mich auf den Weg der Wahrheit zurückzubringen. Es folgt eine ausführliche Erläuterung über Sinn und Zweck des hier nun gegründeten Rechtskomitees.

Als würde ich es nach fast dreißig Jahren nicht wissen, wird mir erklärt, dass ein Rechtskomitee ein von den Ältesten der Versammlung eingesetztes Tribunal ist, welches die Aufgabe hat, demjenigen, der gesündigt hat, zu helfen. Das Komitee soll sich liebevoll meiner annehmen. Es soll sich bemühen, mich mit Hilfe der Bibel wieder auf den rechten Weg zu bringen. Für den Fall, dass ich mir meine Sünden aber nicht eingestehe, diese vielleicht auch nicht bereue und ich mir bewusst eine andere Denkweise als die von der Organisation bewahre, so werden sie mich – den reuelosen Sünder – aus der Gemeinschaft ausschließen.

Insofern schließt nun die eindringliche Unterweisung an, dass ich auf den Pfad des Lichts zurückkommen kann, sofern ich mich doch für den wahren Weg entscheide, meine Sünden bereue und Taten der Reue zeige.

Dem Ganzen gefolgt von einer ausführlichen und detaillierten Berichterstattung meiner „begangenen Sünden".

Der Italiener wird viel zu schreiben haben. Ich behalte diesen Gedanken lieber für mich.

Im Anschluss eine Erläuterung aller Sanktionen, die nun folgen werden, nebst Vorgaben der von mir erwarteten „Taten der Reue", abgeschlossen mit einem weiteren Gebet, in summa summarum eine Wiederholung des Erstgesprochenen und wahrscheinlich durch den Italiener rezitiert.

Nein.

Ich bin mir sicher. Ich werde den Plan durchziehen. Egal, was folgen wird.

Ich nehme IHN ein letztes Mal in den Arm und spreche meinen ehrlich gemeinten Dank für alles aus, was ER für mich getan hat. Für seine Freundschaft, die ich in dieser Form nur zweimal im Leben so habe erleben dürfen. Für die Unterstützung in meinen teils sehr schwierigen Zeiten und den Halt, den ER und seine Familie mir gegeben haben.

Ich gebe den anderen beiden Anwesenden die Hand.

Ich entschuldige mich für die Umstände und bin mir bewusst, dass nun die letzten Momente anbrechen, in denen ich mit diesen meinen Freunden – die mich jetzt noch als ihren geistigen Bruder ansehen – so ungezwungen und frei sprechen kann.

Wenn ich sie das nächste Mal sehe, werden sie mich nicht mehr kennen. ER wird die Augen geradeaus halten, mit seiner Familie die Straßenseite wechseln. Selbst seine Söhne, die mit jungen Jahren bereits die Grundregeln der Organisation kennen, werden mich mit erschrockenen Augen ansehen und nur noch einen Scharlatan erkennen. Einen Abtrünnigen, dem man nicht zu nahekommen darf.

Der Italiener wird auf der Après-Ski-Hütte in Ischgl wortlos sein Radler nehmen und den Tisch wechseln. Und der Urtiroler wird mit ernster Miene einen ausgewanderten Deutschen in Tirol erkennen – den man ohnehin nicht grüßt.

Ein Geächteter und Verstoßener, der das Unaussprechliche gewagt hat. Ich übergebe wortlos den Umschlag. Es bedarf keiner weiteren Worte. Jeder kennt den Inhalt.

ER hat Tränen in den Augen und nimmt ihn entgegen.

„Du hast noch eine Woche Zeit, deine Entscheidung zu revidieren. Danach müssen wir die Mitteilung in der Versammlung bekannt geben."

Ich höre die mir bekannten Worte, nicke und verlasse ein letztes Mal das Gebäude. Ich sehe nicht mehr, wer am Holztisch meinen Umschlag öffnet. Ein Satz, so bedeutungslos in seinen Worten, aber nicht weniger als der Beginn meines Lebens außerhalb eines geistigen Gefängnisses.

„Hiermit teile ich unwiderruflich mit, dass ich aus der Gemeinschaft der Zeugen Jehovas austrete."

Sieben Tage bis zur Rechtskraft liegen vor mir. Ich steige in mein Auto. Meine Hände zittern. Ich atme tief aus und fange an zu weinen. Warum? Keine Ahnung – aber nicht aus Trauer.

Es ist der 08.06.2011 und ich bin einunddreißig Jahre alt.
Ab jetzt bin ich zum ersten Mal in meinem Leben frei.

Frei – aber allein.

# Fesseln für die Ewigkeit

## Kaiserslautern - 1993

Es riecht nach Kaffee und frischem Kuchen. Überall stehen Menschen in kleinen Gruppen zusammen. Sie lachen und umarmen sich. Viele haben sich monatelang nicht gesehen. Kleine Kinder toben auf den Gängen, Jugendliche laufen bis zum Scheitel gestylt in Cliquen umher und im Hintergrund spielt festliche Musik.

Der Kongresssaal der Zeugen Jehovas in Kaiserslautern ist mir wie viele andere Dinge aus meiner christlichen Erziehung in positiv bleibender Erinnerung geblieben. Zweimal im Jahr trafen sich etwa eintausend Zeugen Jehovas aus mehreren Gemeinden Hessens und aus Rheinland-Pfalz in diesem etwas auswärts gelegenen Kongressgebäude in Kaiserslautern am Rande eines Waldes.

Die Kongresse stellen auch noch heute einen jährlichen Höhepunkt im christlichen Leben eines Zeugen Jehovas dar. Obligatorisch gibt es drei dieser Kongresse. Einen Tagessonderkongress, einen Kreiskongress, der zwei Tage andauert, sowie den Bezirkskongress, der in den großen Fußballstadien Deutschlands mit bis zu 50.000 Personen über drei bis vier Tage abgehalten wird.

Der Ablauf dieser Kongresse ist immer gleich. Es gibt ein Vormittagsprogramm von 09.30 Uhr bis 12.30 Uhr, unterbrochen von kurzen Gesangspausen, die wir Kinder immer zu gerne nutzten, um so dringend auf die Toilette zu gehen – zumindest war das die offizielle Version den Eltern gegenüber.

Bis 14.00 Uhr war Pause und das Nachmittagsprogramm konnte schon mal bis 17.00 Uhr gehen, eine Tortur, besonders im Sommerkongress. Die beiden Kongresse in Kaiserslautern waren allerdings für mich immer ein absolutes Highlight.

Schon Tage vorher packten wir Kinder unsere Taschen. Ich hatte einen schwarzen, hellglänzenden Aktenkoffer, der eher zu einem Piloten gepasst hätte als zu einem kindlichen Halbstarken.

Aber er war akkurat gepackt, mit meiner Bibel, meinem Liederbuch, meinem bereits vorbereiteten Wachtturm und einem nagelneuen Notizbuch. Es war ein ungeschriebenes Gesetz für alle Anwesenden, fleißig Notizen über die Vorträge zu führen. Dazu unabdingbar das Stiftepenal. Beim Stiftepenal trennte sich die Spreu vom Weizen. Es war nahezu ein Wettkampf, welcher Jugendliche das schönste dabeihatte. Ein Lineal, Kugelschreiber und Bleistift sowie viele bunte Stifte. Ein Notizbuch war am Ende jedes Kongresses das stolze Markenzeichen eines eifrigen Christen. Je mehr drinstand, umso höher war die geistige Wertschätzung des Gelehrten – und so sah man manche Anwesenden von morgens bis abends nur stenographieren.

Am Tag vor jedem Kongress wurde die Garderobe ausgewählt. Alles musste perfekt sein - auch bei uns Kindern. Wir Jungs trugen schon schwarze Anzüge, ein weißes Hemd, eine akkurat gebundene Krawatte und zum Anzug passende Schuhe. Die Mädchen liefen in Kleidern, Ballerinas und sauber gestylten Haaren umher. Dazu das obligatorische Namensschild, auf welchem der vollständige Vor- und Nachname sowie die Gemeinde, aus der wir kamen, notiert war. Um sechs Uhr fuhren wir meistens los, da der Kongresssaal in Kaiserslautern ungefähr neunzig Minuten entfernt von Wiesbaden lag.

Der Kongresssaal hatte für mich als Kind immer etwas Magisches. Vorne die große, etwa fünfzig Meter breite Bühne, auf der in fast drei Metern Höhe das Rednerpult stand, eine Couchgarnitur für Demonstrationen sowie diverse Pflanzen und Dekorationen, die ein gemütliches und heimisches Flair versprühten. Und ganz rechts das Taufbecken, welches mit einer Glasscheibe abgetrennt zum Zuschauerrang lag. Vier große Sitzblöcke mit Platz für über tausend Anwesende wurden durch einen großen Mittelgang und drei vertikale Gänge unterteilt.

Komischerweise hatte sich im Laufe der Jahre jeder von uns seinen Stammplatz angelegt. Unsere Familie saß immer im großen Mittelgang – direkt am mittleren Ausgang, was mir nicht so gefallen hat, da ich während der Gesangspausen gerne „herumstreunerte".

Diese Reihe umfasste etwa dreißig Sitzplätze in der Breite – meine Big Family auf dem Präsentierteller. Jeder, der mal „Pippi" musste, war gezwungen, an uns vorbeizugehen. Während des Programms hat mein Onkel gerne eine Tüte Gummibärchen von links nach rechts durchgereicht. Jeder wartete immer darauf. Meine Eltern waren die Meister im Notizenmachen und meine Schwestern und ich saßen akkurat und lauschten dem Programm – oder wir führten Strichlisten, wer am meisten an uns vorbeiflitzend auf die Toilette ging.

Was Kaiserslautern als Alleinstellungsmerkmal so ausmachte, war das hauseigene Orchester. Jede Zusammenkunft der Zeugen Jehovas – seien es nun die wöchentlichen Zusammenkünfte oder die Kongresse – beinhalten gemeinsamen Gesang. Nun macht es einen großen Unterschied, ob die Musik aus übergroßen Lautsprechern oder live von einem Orchester gespielt wird. Das Orchester befand sich hinten im Saal, auf einer Fläche von etwa 100 m². Es war von der Größe mit dem eines professionellen Theaters zu vergleichen. Das Feeling war für uns Kinder unbeschreiblich. Dutzende von Geigen, Trompeten und Klavier, sogar ein Saxofon war dabei.

Und ganz vorne stand unser „Zappelphilipp". Wir nannten ihn so – angelehnt an den Comic. „Zappelphilipp" war ein professioneller Dirigent und hauptberuflicher Geiger im Wiesbadener Stadttheater, was wir Kinder natürlich nicht einordnen konnten. So war es für uns immer die Show schlechthin, wie er „schnaubend" seinen Kopf von links nach rechts schmiss und mit undefinierbaren Gesichtsverzerrungen seinen dünnen Dirigentenstock über den Notenständer schwang – alle Blicke der Musiker treu auf ihn gerichtet. Wenn wir im Kongresszentrum ankamen, spielte das Orchester oft schon Lieder.

Hinter dem Orchester, am Ende des Saals, ging es über einen linken und rechten Treppenaufgang hoch in die Cafeteria, die als Vorderwand eine riesengroße Glasscheibe hatte, sodass man von oben alles im Saal beobachten konnte.

Das war immer unser Umschlagplatz. Hier wurden morgens kostenfrei Kaffee, Kakao und Kuchen verteilt, hunderte von Anwesenden frühstückten dort und unterhielten sich. Für meine Mutter war es immer ein Kraftaufwand, fünf „hungrige Mäuler" den ganzen Tag satt zu halten. Es war eine große blaue Kühlbox, die daher immer an unserer Seite war. Dieses Bild assoziiere ich mit jedem Kongress in meiner Kindheit. Papa mit der Kühlbox und wir vier hinterher. Durch die offene Cafeteria lag im ganzen Saal immer dieser Kaffeeduft. Es ist dieser spezielle Duft von frisch aufgebrühten Kaffee, den ich bis heute mit diesen Kongressen in Verbindung bringe.

Keine mir bekannte Veranstaltung irgendeiner Art löst vergleichbar starke Emotionen aus wie die, die man auf einem Kongress der Zeugen Jehovas, unabhängig seiner Größe, erlebt. Der

Moment, in dem tausende von Menschen zusammen singen, teilweise in verschiedenen Sprachen, stellt jedes Network-Event in den Schatten.

Selbst wenn man „fremde Glaubensbrüder“ kennenlernt, hat man am Ende des Tages das Gefühl, sich schon ewig zu kennen und oft entwickeln sich jahrelange Freundschaften. Niemand, der zuvor einen solchen Kongress noch nicht besucht hat, kann die stets präsente christliche Liebe nachfühlen, die während einer solchen Veranstaltung zu verspüren ist.

Heute ist allerdings etwas anders.

Nur meine Familie sitzt im Mittelgang. Ich habe heute einen anderen Sitzplatz zugewiesen bekommen. Zusammen mit sieben weiteren, eher jüngeren Mitchristen, sitze ich in der vordersten Reihe des Saals – vis-à-vis zum Rednerpult.

Auf meinem Stuhl heftet ein weißer Zettel.

*„Reserviert für Täuflinge.“*

Die Taufansprache wird immer vor der Mittagspause am Samstag gehalten. Wer es nicht ohnehin schon getan hat, wird nun vom Redner aufgefordert, in der vordersten Reihe Platz zu nehmen. Dieser Vortrag ist jetzt nur für uns Täuflinge bestimmt. Wir sind der Mittelpunkt des gesamten Saals. Alle Augen sind auf uns gerichtet.

Der Redner betritt die Bühne. Seine ganze Aufmerksamkeit ist nun uns gewidmet. Er schaut uns an – langsam von links nach rechts. Er nickt uns kurz zu, lächelt und seine Worte schmettern in den Saal:

*„Willkommen – ihr, unsere lieben neuen Brüder und Schwestern!“*

Tausend Paar Hände fallen in einen tosenden Beifall.

Tausende Hände, die uns willkommen heißen. Willkommen, als ordinierte Zeugen Jehovas.

Es ist der 03.05.1994 und der Tag meiner Taufe. Ich bin 13 Jahre alt.

*„Nun sitzt ihr also hier. An diesem denkwürdigen Tag“,* beginnt der Redner seine Ausführungen.

Sein Blick ist geradezu auf mich gerichtet. Er kennt mich überhaupt nicht und doch kommt es mir vor, als wäre ich ein offenes Buch, was vor ihm aufgeschlagen liegt.

Er spricht von der Liebe Gottes an uns Menschen. Wie er uns die Möglichkeit gegeben hat, seine Diener zu sein. Welches Vorrecht es doch ist, seinen heiligen Namen zu führen und welche Verantwortung wir gleichzeitig damit haben, unser Leben streng nach seinen Richtlinien und Vorgaben auszurichten. Er spricht von der Hoffnung auf ein ewiges Leben. Ein Leben, welches in einem Paradies stattfinden wird und was ausschließlich einem Zeugen Jehovas vergönnt ist.

Und nun ist es so weit. Nach vierzig Minuten werde ich darauf vorbereitet, mein Gelöbnis abzugeben. Der Redner bittet mich und die anderen Angeworbenen aufzustehen. In der ersten Reihe – mit tausend Blicken in meinem Rücken.

Wieder ein tosender Applaus. Ich bin nervös.

Ich höre die beiden Fragen. Der Redner instruiert uns, dass wir diese mit einem lauten „JA“ beantworten müssen, um als Zeugen Jehovas ernannt zu werden, was anschließend durch die Wassertaufe symbolisiert wird.

*„Hast du auf der Grundlage des Opfers Jesu Christi deine Sünden bereut und dich Jehova hingegeben, um seinen Willen zu tun?“*

Ich bin von Natur aus ein lautes Kind gewesen und daher wird man mein laut schmetterndes „JA“ bestimmt noch in der letzten Reihe gehört haben.

Eine kurze Pause und wir bekommen die zweite Frage gestellt:

*Bist du dir darüber im Klaren, dass du dich durch deine Hingabe und Taufe als ein Zeuge Jehovas zu erkennen gibst, der mit der vom Geist geleiteten Organisation Gottes verbunden ist?*

Die Menge wartet auf meine Antwort.

An diesen kurzen Moment denke ich noch heute oft zurück.

Es war der kleine Moment, der alles verändert hat. Der Moment, der einem naiven Dreizehnjährigen eine Bürde auferlegte, die er nicht ansatzweise verstehen konnte. Eine Bürde, auf die er nicht vorbereitet war und die ihm niemand ausreichend erklärt hat. Ein Junge, der nicht im Entferntesten wusste, welche Herausforderungen im Leben auf ihn zukommen werden, welche Verpflichtungen er eingeht oder welche Folgen es haben wird, wenn er zu einem späteren Zeitpunkt diesen Schritt bereuen würde. Der nicht wusste, welchen Stellenwert Beruf und Lebensplanung für ihn einmal haben werden, der noch nicht einmal in der Pubertät war und nur rein biologisch den Unterschied zwischen Mann und Frau kannte.

Ein Jugendlicher mit nur einem einzigen Wunsch:

Die bedingungslose Liebe und Anerkennung seiner Familie und seiner Freunde. Es war der sehnlichste Wunsch nach menschlicher Zustimmung – einer solchen, die er nicht ansatzweise außerhalb der Glaubensgemeinschaft erfahren konnte;

denn diese hatte er nicht kennengelernt.

Draußen war er ein Nichts. Ein Spielball für alle anderen, die keine Zeugen Jehovas waren. Ein merkwürdiger Freak, der in der Schulklasse zwar bei Geburtstagsliedern mit aufstand, aber seine Lippen nicht bewegen durfte. Ein Freak, der im Werkunterricht einen Apfelbaum zeichnen musste, wenn alle anderen einen Weihnachtsbaum malten, der kein Ostern feierte, kein Weihnachten, kein Halloween, kein Silvester – ein Freak, der noch nicht einmal mit auf Klassenfahrt durfte, da man ja so die Zusammenkünfte verpassen könnte.

Ein Freak, der keinen Klassensprecher wählen durfte – geschweige denn einer werden, da dies ja die erste Stufe einer politischen Karriere darstellen könnte. Ein Freak, der *„Bibi Blocksberg"* und *„Masters oft he Universe"* als dämonischen Einfluss Satans wie Gift meiden musste. Ein Freak, der jeden Umgang mit anderen ablehnen musste, die keine Zeugen Jehovas waren. Nachbarskinder, denen er aus dem Weg gehen musste, wenn sie ihn zum Spielen einluden.

Ein Freak, der mit Wachtturm und Erwachet am Samstagvormittag vor dem C&A in der Fußgängerzone stand, um wildfremde Menschen auf religiöse Fragen anzusprechen – und mit wildem Herzklopfen am Montag wieder in die Schule ging, in der Hoffnung, dass ihn am Samstag niemand erkannt hatte.

Mit dreizehn Jahren kannte ich nur eines. Das Leben eines Zeugen Jehovas. Alles andere war eine fremde Welt. Es war ein großes dunkles Geheimnis – eine andere Dimension, eine andere Sphäre. Und es war eine von Satan dem Teufel beherrschte Welt, aus der man sich komplett fernhalten musste.

Wieso erkannte ich dies nicht vorher? Zum Beispiel jetzt?

Jetzt, bevor ich ein zweites Mal mein laut schmetterndes

„JA“ in den Saal rufen soll und es keinen Weg mehr zurück geben wird? Warum renne ich nicht raus? Vorbei an den tausend Händen, hinaus aus dem Gebäude?

Was brachte mich an den heutigen Tag? Was veranlasste einen dreizehnjährigen Jungen, ein Gelöbnis vor tausend Menschen in der ersten Reihe dieses Saales zu geben und damit sein Leben in Fesseln zu legen?

# Aufgewachsen im goldenen Käfig

## Wiesbaden - 1980

Unsere Gemeinde – auch Versammlung genannt – war durch eine freundschaftliche und familiäre Einheit ihrer Mitglieder geprägt. Der feste Kern bestand zum Großteil aus kinderreichen Familien. Zuwachs gab es, wenn überhaupt, nur gelegentlich von Mitarbeitern, die unserer Versammlung aus der deutschen Zentrale in Selters zugeteilt wurden.

Wenn ich an die ersten zwanzig Jahre meines christlichen Lebens in Wiesbaden zurückdenke, waren Personen, die im Predigtdienst „gefunden" und zur Taufe geführt wurden, eher eine Seltenheit. Rein aus der Statistik, die Jehovas Zeugen jedes Jahr veröffentlichen, lässt sich nicht eruieren, aus was für einer Gruppe neue Mitglieder stammen. Sind es tatsächlich Personen, die durch das Missionieren bekehrt wurden oder nur Kinder von Zeugen Jehovas, die sich haben taufen lassen? Beide Personengruppen fließen in dieselbe Statistik mit ein, was eine genaue Differenzierung nicht zulässt. „Ein Schelm, wer Böses dabei denkt", ist es bis heute üblich, dass man keine offiziellen Zahlen über die tatsächliche Zusammensetzung der Mitglieder von Seiten der Organisation erhält. Ohne an dieser Stelle die Objektivität zu verlieren, kann ich aus meiner Erfahrung bestätigen, dass – zumindest in dieser Zeit – der überwiegende Teil neuer Glaubensbrüder und -schwestern aus dem „eigenen Bestand" generiert wurde.

Wenn ich an meine Kindheit und Jugend zurückdenke, ist die eigentliche Anzahl der Personen, die den klassischen Status eines „Interessierten" durchliefen und sich haben taufen lassen, sehr überschaubar gewesen. Genauer gemeint sind damit Personen, die im Predigtdienst angetroffen wurden, anschließend ein Bibelstudium begonnen haben und sich nach einer überschaubaren Zeit haben bekehren und taufen lassen – infolgedessen sie dann als ordinierte Zeugen Jehovas gezählt wurden.

Damit sei nicht gemeint, dass es diese Personengruppe überhaupt nicht gibt. Aber in Anbetracht der Tatsache, dass sich beispielsweise im Jahr 2022 fast 8,7 Millionen Zeugen Jehovas mit über 1,5 Milliarden Stunden am Missionieren beteiligt haben, bilden diese im Hinblick auf einen „Break Even Point" eher eine Ausnahme.

Stellt man dann noch die Zahl von 145.552 Neugetauften in die Relation von 10.317 Stunden eingebrachten Aufwand pro „Einheit" – und berücksichtigt hierbei noch, dass das Studium mit ungetauften Kindern und Jugendlichen von Zeugen Jehovas in das Gesamtergebnis mit eingerechnet wird, sind die Zahlen aus einem anderen, eher ernüchternden Blickwinkel zu betrachten.

Ich kann mich in diesem Zusammenhang gut an einen Grundsatz erinnern, den mein Vater in dieser Zeit immer wieder in seine Vorträge eingebaut hatte. Dem Sinn entsprechend ermunterte er die Zuhörer, dass man in der heutigen Zeit nicht mehr tiefe geistige Bibelkenntnisse an interessierte Personen vermitteln kann, sondern in erster Linie eine auf Grundlage der Bibel gerichtete Lebenshilfe leisten muss. Was für uns Kinder damals nicht wirklich plausibel klang, ist mir heute umso verständlicher – insbesondere, wenn ich an die unzähligen „Interessierten" denke, die in den Jahrzehnten kamen und gingen.

Ich erinnere mich an ein einen jungen Herrn, den meine Eltern im Predigtdienst ansprachen. Ich war damals ungefähr fünfzehn Jahre alt. Markus war ein geschiedener Mann in der Mitte seiner dreißiger Jahre, dem das Leben – formulieren wir es mal respektvoll – nicht sehr gnädig mitspielte. Egal welchen Aspekt seines Lebens man betrachtete, es war ein einziges Problem. Geschieden, unterhaltspflichtig, ständig arbeitslos, Alkoholiker, chronisch pleite und stets auf der Suche nach dem Sinn seiner Existenz. Wenn es irgendwo im Leben ein „Schlagloch" gab – Markus fand es, fuhr darüber und „brach sich die Achse".

Markus verkörperte den typischen Interessierten, der in der Religionsgemeinschaft der Zeugen Jehovas einen neuen Lebenssinn finden wollte.

Bis heute lege ich meine Hand dafür ins Feuer, dass ihm die biblischen Lehren relativ unbedeutend erschienen waren. Markus zog – wenn auch unbewusst – genau an den emotionalen Fäden, die einem Interessierten Tür und Tor in den geordneten Lebensbereich der Zeugen Jehovas öffnet.

Nachdem Markus im „Haus-zu-Haus-Dienst" – so bezeichnen Zeugen Jehovas den in der Öffentlichkeit bekannten Predigtdienst – angetroffen wurde, zeigte er anfangs großes Interesse an den biblischen Lehren. Es folgten „Rückbesuche" – die von der Organisation verwendete Bezeichnung für sich nun in temporären Abständen wiederholende Besuche bei interessierten Menschen zu Hause. Er machte alles richtig und besuchte in Folge relativ schnell die Zusammenkünfte. Was er dort erlebte und vorfand, sprengte wahrscheinlich alles in seinem Leben bisher Widerfahrene. Als Neuinteressierter wurde Markus in der Gemeinschaft wie ein „Bruder" willkommen geheißen. Man interessierte sich für ihn, zollte ihm Respekt und gab ihm das Gefühl, Teil eines großen Ganzen zu sein.

Doch das war nicht alles. Meine Eltern waren immer sehr an

dem Menschen selbst interessiert – nicht nur bei Markus. Für sie war es ein wirkliches Anliegen, solche Personen „in die Wahrheit zu führen" und von den Lehren der Organisation zu überzeugen. Dies taten sie prinzipiell uneigennützig. In dieser Hinsicht waren meine Eltern ein Beispiel für alle, die anderen Menschen ohne persönliche Vorteile helfen und zur Seite stehen wollten.

Markus kam nun nicht nur in den Genuss von drei wöchentlichen Zusammenkünften, sondern wurde auch Teil unserer Familie. Er nahm immer wieder an unserem Familienstudium teil, wurde mit seinen Kindern zum Essen bei uns eingeladen und verbrachte seine Freizeit mit uns. Das waren aber nur die physischen Vorteile. Dazu kam die permanente psychische Gegenwart seiner Person. Egal, welches neue Problem sich auftat – die Telefonnummer meiner Eltern war nicht sehr weit entfernt.

Meine Eltern taten dies nicht mit Hintergedanken oder um sich irgendwelche „Lorbeeren" in der Gemeinde zu verdienen. Vielmehr waren sie der festen Überzeugung, dass Markus die Wahrheit im Herzen hat, bekehrt und ein Diener Jehovas werden kann. Alle Anstrengungen drum herum waren für sie nur Begleiterscheinungen.

Aber abgesehen davon, dass Markus immer mehr die privaten und gesellschaftlichen Vorteile der Gemeinschaft nutzte, passierte im Hinblick auf seinen religiösen Glauben in all den Jahren wenig bis gar nichts. Immer wieder erschien irgendwo am Horizont ein Problem, welches Markus theokratisch gesehen auf der Stelle tanzen ließ. Das letzte, an das ich mich erinnere, bevor er nach Jahren der unentgeltlichen Kost und Logis bei uns zuhause von heute auf morgen verschwand, war ein Anruf morgens um sieben bei meiner Mutter, in dem er „beichtete", dass er in der Nacht stockbesoffen sein Auto geschrottet und von der

Polizei „aufgegabelt“ wurde. Sein Führerschein wurde eingesackt, er verlor seinen Arbeitsplatz und sein surrealistisches Lebensgerüst brach endgültig in sich zusammen. Im Endeffekt nur eine Kerbe mehr auf seinem „Schlagstock“. Es sollte aber zumindest eine der letzten sein, die uns involvierte.

Markus bildet mit seiner Geschichte hier keine Ausnahme – auch, wenn die Dimension so manch „andere Begegnung“ in ihren Schatten stellt. Ein Großteil der interessierten Personen fühlt sich von der freundlichen Atmosphäre, der aufrichtigen christlichen Liebe untereinander und dem ehrlich gemeinten Interesse an ihrer Person zu Jehovas Zeugen hingezogen. Es wäre in diesem Zusammenhang auch unfair und würde nicht den Tatsachen entsprechen, wenn man diese Verhaltensweise als ein kalkulierbares oder berechnendes Verhaltensmuster bezeichnen würde. Unbestritten liegt die Motivation der Zeugen Jehovas darin, durch ihre Herzlichkeit Mitmenschen zu bekehren – das heißt jedoch nicht, dass diese Freundlichkeit geheuchelt oder vorgetäuscht ist.

Sich als ein Zeuge Jehovas zu bezeichnen, ist nicht nur ein einfaches Religionsbekenntnis. Es ist eine Lebenseinstellung. Man fühlt sich wie eine Familie und gibt jedem die Möglichkeit, Teil derselben zu sein. Die Kombination aus diesem, einem Interessierten oft fehlenden, aber vertrauten familiären Gefühl und der Möglichkeit, etwaige Lebensbereiche in vorteilhaftere Bahnen zu lenken, ist für viele Motivation genug, gegenüber der Gemeinschaft vorerst aufgeschlossen und zugänglich zu sein.

Die Problematik, die sich allerdings bei den meisten dieser interessierten Personen zeitnah ergibt, ist die Tatsache, dass sie relativ bald beginnen müssen, auch die Lebensweise eines Zeugen Jehovas und ihre Glaubenslehren anzunehmen. Die

Gemeinschaft und Aufmerksamkeit der „geistigen Familie" zu genießen ist die eine Seite der Medaille – ein fester Bestandteil dieser zu werden eine ganz andere. Verhältnismäßig schnell beginnt man daher einem Interessierten den Grundsatz aus Epheser 4:22 zu lehren, wo Paulus sagte, dass man seine *„alte Persönlichkeit – die dem früheren Lebenswandel entspricht – ablegen muss und die neue Persönlichkeit anziehen sollte, die nach Gottes Willen geschaffen worden ist."* Einem Interessierten wird anhand der eigenen Bibelauslegung der Wachtturm-Gesellschaft detailliert verdeutlicht, welche Facetten seines Lebens er nun ändern muss, um Gott gemäß ihrer Interpretation wirklich dienen zu können. Die Spannbreite dieser Veränderungen reicht von manchmal harmlosen Lebensadaptierungen bis hin zu kompletten Transformationen der Lebensweise.

Meine Mutter studierte mit einer Nachbarin von uns jahrelang die Bibel. Sie war bereits in Rente und führte ein normales Leben ohne nennenswerte Beschwernisse. Sie hatte nur ein einziges, aus Sicht der Zeugen Jehovas nicht zu ignorierendes Laster, welches sie fast ein Jahrzehnt lang daran gehindert hatte, sich taufen zu lassen. Es war das Rauchen. Und da der Konsum von Tabak jeglicher Art bei Zeugen Jehovas als ein Grund für die Exkommunikation gilt, musste sie erst diese „Schwäche" ablegen. Ich habe in meinem Leben noch nie eine Zigarette angefasst – aber aus Erfahrung vieler weiß ich, dass man einem Kettenraucher nicht einfach von heute auf morgen die Zigarette entziehen kann. Und so war dieser kleine „Glimmstängel" der Grund, dass sie sich über sieben Jahre nicht hat taufen lassen können. Irgendwann schaffte sie es schließlich – mit viel Disziplin und Überredungskunst – und ist noch heute eine aktive Zeugin Jehovas in Wiesbaden.

Viele andere, die ich in all den Jahren habe kommen und gehen sehen, scheiterten allerdings an diesem Punkt ihres Bibelstudiums. Es gab immer irgendwelche Facetten in ihrer Lebensführung, welche einem Interessierten unmöglich erschienen, sich abzugewöhnen.

Wenn man sich für das Leben eines Zeugen Jehovas entscheidet, setzt dies eine freiwillige, innerliche Überzeugung voraus, die gesamte Lebens- und Weltanschauung in die Ideologie der Organisation zu lenken. Und selbst wenn man es schaffte, sich dieser Angewohnheiten temporär, ohne diese Voraussetzung zu entledigen, war das Projekt auf lange Sicht zum Scheitern verurteilt.

Der Umstand, dass nahezu jede in der modernen Welt gelebte Freizeitgestaltung und Lebensführung gegen die Lehren der Organisation verstößt, macht es für die meisten Interessierten nicht leichter. Wir hatten einen sehr gläubigen jungen Mann in der Gemeinde, der ein moralisch einwandfreies Leben führte – aber er liebte seinen Sport als Ringer. Kampfsportarten jeglicher Arten sind ebenfalls Gründe für eine Exkommunikation und so musste er das Studium wieder aufgeben. Daneben gab es Personen, die zwar alle Voraussetzungen für eine Taufe erfüllten, deren Arbeitgeber aber das Kreiswehrersatzamt in Wiesbaden war. Ein absolutes No-Go bei Jehovas Zeugen, da man dadurch das „Kriegstreiben" unterstützen würde. Und ganz unabhängig davon, welche Art von Beruf man ausübte, die Liste erstreckt sich von Reinigungskräften über Friseure bis hin zu Verwaltungsangestellten.

Auf der anderen Seite ließ die von der Gemeinschaft der Zeugen Jehovas gelebte Praxis der „Willkommenskultur" so manchen im Leben eigentlich „traumatisierten Vollpfosten" bei uns in den Gemeinden aufschlagen.

Noch heute, nach über dreißig Jahren, kann man sich in diversen Stadtteilen Wiesbadens die Geschichte der „Braut Christi“ auf seinem rosa Damenfahrrad erzählen lassen. Jede Stadt hat ihren Antihelden. Gotham City hat den Joker, Sin City hat Kevin und Wiesbaden hatte die „Braut Christi“ – 1995 regelmäßig anzutreffen im Königreichssaal der Zeugen Jehovas.

Die „Braut Christi“ war ein etwa sechzigjähriger alleinstehender Mann. Er hatte schulterlanges, grau verfilztes Haar, einen Dreitagebart, war sehr schmal gebaut und trug eine schwarze Hornbrille mit Gläsern, die eher zwei Aschenbechern entsprachen. So weit, so gut und noch nicht außergewöhnlich für eine Großstadt. Nun hatte die „Braut Christi“ aber einen besonderen Kleidungsgeschmack – und zwar Frauenkleider. Allerdings nicht einfach irgendwelche, sondern mit Vorliebe lange und bunte Kleider mit weiten Rockteilen und weißen Blusen darunter, deren Kragen akkurat unter dem Hals zugeknöpft waren. Fehlen durften natürlich nicht – wie könnte es anders sein – meist rosa Ballerinas über den verhornten dreckigen Füßen in geschätzter Schuhgröße 43.

In diesem sexy Outfit fuhr die „Braut Christi“ täglich ihre Runden durch Wiesbaden, auf einem rosa Damenfahrrad. Sie war bekannt. Regional und überregional. Und irgendwann wurde „sie“ im Straßendienst – in klassischer Weise, wie man es bei Jehovas Zeugen in der Fußgängerzone kennt – angesprochen; wobei bis heute nicht abschließend überliefert ist, welche Seite hier wen ansprach.

Irgendwann war auch sie im Königreichssaal der Zeugen Jehovas willkommen. Etwas vergleichbar Absurdes habe ich vorher und nachher nie mehr erlebt. Denn die Braut Christi titulierte sich nicht umsonst als solche. „Sie" war der Überzeugung, die Ehefrau Jesu Christi zu sein und ihr Kleidungsstil sollte diese religiöse Überzeugung symbolisieren – auch, wenn es diese Religion gar nicht gab. Und so begann man, auch die sich selbst titulierte „Braut Christi" als Neuinteressierten in die Gemeinde zu integrieren.

Meine Mutter hatte sich in jungen Jahren ein rosa Kleid mit weißen Punkten gekauft. Es war „christlich konform" knöchellang und hatte einen großen, in weißer Farbe aufgesetzten Kragen. Es war ihr Lieblingskleid – ein Unikat, was man nirgends sonst sah. Noch heute habe ich im Fotoalbum meiner Kindheit Bilder von Kongressen, wo sie dieses trug. Irgendwann wächst jeder mal aus seinen Lieblingsklamotten heraus und so musste auch meine Mutter irgendwann unter anderem ihr geliebtes Kleid verkaufen – wie so oft in einem Second-Hand-Shop im Westend von Wiesbaden.

Wenn man wichtige Momente in seinem Leben auf Band erhalten könnte, dann würde ich mich für den Augenblick entscheiden, an dem die Braut Christi an einem Sonntagmorgen im Jahr 1995 mit ihrem rosa Fahrrad in die Hofeinfahrt des Königreichssaals hineinradelte und alle Blicke auf sich zog. Die grauen Haare in der morgendlichen Brise wehend wie Winnetou auf seinem Iltschi, eingekleidet in einem ungewohnt modern wirkenden rosa Kleid, mit weißen Punkten und einem für ihre Figur viel zu großen Kragen, der wie ein übergroßes Lätzchen für kleine Kinder wirkte.

So saß „sie" dann zwei ewig lange Stunden und lauschte der Belehrung, während meine Mutter mit knallrotem Kopf den Blick geradeaus nach vorne gerichtet hielt. Das Problem der

Braut Christi war in der Folgezeit leider, dass ihr Glaube an die Lehren der Zeugen Jehovas nicht so groß war, um ihre religiöse „Überzeugung" aufzugeben oder diese zu revidieren. Irgendwann mussten wir auf ihre Anwesenheit verzichten und genossen nur noch die Begegnungen in der Wiesbadener City.

So surreal diese Episoden auch sind, zeigen sie doch eindrucksvoll, dass Zeugen Jehovas wirklich nach dem biblischen Gebot leben, dass für Gott alle Menschen gleichwertig sind. Sie nehmen den Grundsatz aus Apostelgeschichte 10:34 sehr ernst, wo Apostel Petrus sinngemäß sagt: *„Jetzt verstehe ich wirklich, dass Gott nicht parteiisch ist, sondern dass er in jedem Volk den Menschen annimmt, der Ehrfurcht vor ihm hat und tut, was richtig ist."*

# Tag und Nacht nur Schule

Die christliche Erziehung von Kindern war früher und ist auch heute noch eine der wesentlichsten Komponenten im Leben einer Familie von Zeugen Jehovas. Von Geburt an werden bereits Kleinkinder in die Lehren der Organisation eingeführt. Mit frühester Kindheit wird man als Zeuge Jehovas in den Grundlehren, Traditionen und Bräuchen der Organisation unterwiesen. Ein Kind, was „in die Wahrheit hineingeboren" wird, nimmt daher von Kindesbeinen an ausschließlich die Lehren der Organisation auf.

Einer Organisation, die von sich selbst behauptet, das Sprachrohr Gottes auf der Erde zu sein, in jedem Gebiet der Entscheidungsfindung eines Menschen interveniert und es schafft, dass man jede noch so kleine Entscheidung des täglichen Lebens auf die Goldwaage legt – immer mit der rhetorisch gestellten Frage: Was würde Jesus tun? Hat man diese Frage für sich beantwortet, dann folgt unmittelbar die zweite: Gebe ich Satan dem Teufel Gelegenheit, mit meiner soeben getroffenen Entscheidung Schmach und Schande auf den Namen Jehovas zu werfen?

Wenn ich an meine Kindheit bei Jehovas Zeugen zurückdenke, dann sind diese beiden Fragen die Grundpfeiler meiner Erziehung gewesen, und sie verfolgten mich mein Leben lang. Jede noch so unbedeutende Entscheidung, die ich schon als Kind zu treffen hatte, sollte ich mir anhand dieser beiden Fragen beantworten.

Mein Vater pflegte eine sehr liebevolle Erziehung. Er war weder patriarchalisch noch war er ein Tyrann. Er war im Grunde das Musterbeispiel eines Familienvaters. Als berufstätiger Ehemann mit einer Vierzig-Stunden-Woche war es für ihn nicht immer leicht, alle Verpflichtungen unter einen Hut zu bringen.

Montag bis Freitag die Arbeit, Montagabend das bei allen Zeugen Jehovas obligatorische Familienstudium, am Dienstagabend das „kleine Versammlungsbuchstudium“ in unserer Privatwohnung, am Mittwochabend der Predigtdienst, am Donnerstagabend die zweite wöchentliche Versammlung, am Samstagvormittag – manchmal auch nachmittags – der Predigtdienst und dann abschließend am Sonntagvormittag die dritte wöchentliche Versammlung.

Das war die „Mindestwoche“ eines klassischen Zeugen Jehovas – egal welchen Alters. Nicht inkludiert in dieser Zusammenstellung ist dann noch die Zeit des persönlichen Studiums, die jeder Zeuge Jehovas angehalten ist, wöchentlich selbst zu führen. Sei es, um sich auf die Zusammenkünfte vorzubereiten oder um ein tieferes Studium der Veröffentlichungen der Organisation anzuhängen. Mein Vater hatte es sich hier zur Gewohnheit gemacht, trotz seines lückenlosen Zeitplans jeden Morgen um 4.30 Uhr aufzustehen, um noch vor der Arbeit sein persönliches Studium zu absolvieren.

Man sieht schon aufgrund des beschriebenen Zeitumfanges, dass man im Grunde überhaupt keine Möglichkeit hat, sich anderen Aktivitäten, die sich nicht um Belange der Zeugen Jehovas kümmern, zu widmen.

Als Kind habe ich jede einzelne dieser wöchentlichen Verpflichtungen mitgemacht. Dies war ein ungeschriebenes Gesetz und im Grunde gab es niemals einen Anlass, an dem einen oder anderen Ereignis nicht teilzunehmen.

Die Wachtturm-Gesellschaft nutzt einen sehr großen Teil ihrer Ressourcen dafür, die Kindererziehung eines Zeugen Jehovas zu überwachen und zu verhindern, dass Gedanken und Einflüsse, die nicht von der Organisation gelehrt werden, an Kinder gelangen. Zu meiner Zeit gab es weder das Internet noch waren die technischen Möglichkeiten der religiösen Kindererziehung auf einem annähernd so hohen Niveau, wie sie es heute sind.

Rückblickend ist mir bewusst, dass sich schon früher – mit den verhältnismäßig beschränkt vorhandenen Möglichkeiten der christlichen Belehrung – die Erziehungsmaßstäbe für Kinder von Zeugen Jehovas auf einem solch hohen Niveau bewegten, dass man im Grunde genommen überhaupt keine andere Möglichkeit hatte, als die Lehren der Organisation in seinen späteren Lebensjahren anzunehmen.

In unserer Zeit gab es hierfür nur ein Instrument. Eine knallgelbe Kinderbibel, die 1978 herausgegeben wurde. Dieses „Buch mit biblischen Geschichten“ verfolgte uns Kinder jede Minute unseres jungen Lebens. Es war aufgegliedert in acht Teile mit insgesamt 116 in sich abgeschlossenen Bibelgeschichten – beginnend mit dem Schöpfungsbericht, der Geschichte der Sintflut, dem Auszug von Moses aus Ägypten, nachfolgend mit dem Leben Jesu bis hin zu dem von Zeugen Jehovas gelehrten Weltuntergang und dem ewigen Leben in einem Paradies.

Sowohl meine zwei jüngeren Geschwister als auch ich gingen mit diesem Buch schlafen. Und mit diesem Buch standen wir auch wieder auf. Von unseren Eltern und der Versammlung wurde uns der Inhalt so nachhaltig eingeprägt, dass ich mit fünf Jahren alle 116 Titel der Geschichten der Reihenfolge nach auswendig aufsagen konnte. Dieses Buch bildete den Beginn einer beispiellosen Gedankenlenkung, die bereits bei den Jüngsten von uns ansetzte und schlussendlich zur Folge hatte, dass man sich als jugendlich Heranwachsender die Lehren der Organisation so zu eigen gemacht hatte, dass ein Widerspruch oder eine andere Meinung undenkbar waren.

Wichtige und im Sinne der Organisation richtungsweisende Themen und Gedanken wurden uns als Kindern bereits in so einer Art und Weise gelehrt, dass sie später von uns als Grundlage für alle nachfolgenden Lehren bedingungslos akzeptiert wurden.

Nachdem man 113 Geschichten zu Ende gelesen hat, findet das Buch sein Resümee in der Frage, was gemäß der Bibel die Zukunft bringen wird. Als Kinder fanden wir die dann folgenden drei Abhandlungen einer weltweiten Vernichtung aller Menschen, die keine Zeugen Jehovas sind und der dann anschließenden Hoffnung auf ein Paradies, in dem wir für immer leben dürfen, einfach nur faszinierend.

Trotz dieser schon sehr frühen christlichen Prägung gab es in der Unterweisung immer wieder Ungereimtheiten, die bei mir Zweifel an so machen Grundlehren auslösten.

Ich kann mich sehr gut daran erinnern, wie meine Eltern uns einen Globus kauften, der jahrelang im Zimmer stand.

Jedes Jahr gab die Organisation ein sogenanntes *„Jahrbuch"* heraus – eine Zusammenfassung der Erfolge der Organisation im abgelaufenen Kalenderjahr. Als Kinder liebten wir es, die zahlreichen Länder auf dem Globus zu suchen, in denen Jehovas Zeugen vertreten waren. Im Jahrbuch waren immer die Anzahl Zeugen Jehovas und deren Erfolge im jeweiligen Land vermerkt und so konnten wir uns ein Bild darüber machen, in welchem Land oder Kontinent welche Anzahl Mitglieder mit welchem Ergebnis tätig waren. Irgendwann fiel meine Aufmerksamkeit auf China – auf dem Globus durch fast 1,2 Milliarden Menschen in der Mitte der neunziger Jahre nicht zu übersehen. Stutzig machte mich allerdings die Anzahl der dort tätigen Zeugen Jehovas gemäß dem Jahrbuch – diese belief sich nämlich auf nur wenige tausend. Ähnliches stellte ich in islamisch geprägten und nicht-christlichen Ländern fest.

Harmagedon stand kurz vor der Tür. Das wussten wir, beziehungsweise dachten wir zu wissen. Was würde also mit 1,2 Milliarden Chinesen, abzüglich der „Handvoll" Zeugen Jehovas, passieren?

*„Sie werden von Jehova vernichtet",* so die Antwort, die ich von einem Ältesten im Predigtdienst bekam.

Wohin mit den ganzen Leichen? *„Jehova wird sich darum kümmern."*

Wer wird denn dann so ein großes Land bevölkern und bewirtschaften, wenn alle vernichtet sind? *„Die vielen Millionen von Auferstandenen nach Harmagedon."*

Warum vernichtete Jehova 1,2 Milliarden Chinesen inklusive geschätzter 250.000 Kinder, obwohl diese überhaupt nichts von ihm wissen können? *„Wir kennen nicht alle Antworten in der Durchführung von Jehovas Vorsatz."*

Viele Fragen ohne befriedigende Antworten. Aber eines fragten wir uns: Wenn Jehova schon hunderte Millionen Chinesen und Islamisten vernichten wird – die aufgrund einer nicht vorhandenen Dichte an organisierten Zeugen Jehovas gar nichts von „ihren Alternativen" wissen konnten – wieviel mehr müssen wir den Geboten seiner Organisation gehorchen, um ins Paradies zu kommen?

Aus Sicht einer christlichen Erziehung ist die Vorgehensweise dieser kindlichen Ideologisierung nicht unbedingt als kontraproduktiv zu bewerten. Im Ergebnis lenkte man unsere Gedanken und Handlungsweisen von klein auf in eine Richtung, die uns ein kategorisches Gehorchen gegenüber der Bibel, und damit automatisch auch den Eltern und der Organisation, beibrachte.

So war es für uns selbstverständlich, Harmagedon nur dann überleben zu können und ins Paradies kommen zu dürfen, wenn wir unseren Eltern gehorchen und damit das tun, was Jehova von uns erwartet. Alternativ wussten wir, dass uns die Vernichtung in Harmagedon droht.

Viele der 116 Geschichten waren darauf ausgelegt, uns vor den Gefahren von Satan dem Teufel zu warnen – einem abtrünnigen Engel, den Jehova zusammen mit seinen „Dämonenfreunden“ aus dem Himmel geworfen hat. Alles Schlechte und Böse auf der Welt stammt von Satan und seinen Dämonen. Das war der unmissverständliche Tenor, den wir schon als Vorschulkinder immer und immer wieder gelehrt bekamen und der unsere permanente Angst vor Ungehorsam gegenüber Jehova und der Organisation verstärkte. Und wir reden hier nicht nur von schwerwiegenden Vergehen wie Mord und Totschlag. Nein, das hätte uns als Kinder nicht beunruhigt oder „in der Spur gehalten“.

Als Kinder waren wir begeistert von *„Masters of the Universe“, „Bibi Blocksberg“, „Die kleine Hexe“* oder den *„Turtles“*. Das Problem bestand allerdings darin, dass diese Filme allesamt „dunkle, von Satan geschaffene“ Werke waren, die uns von Jehovas Segen fernhalten wollten und so für uns Kinder ein absolutes Tabu darstellten. Schon allein der Besitz solcher Hörspielkassetten hätte zur Folge gehabt, so wurde es uns immer suggeriert, dass wir Besuch von Dämonen bekommen können; nachts, wenn wir allein im Zimmer sind und alle schon schlafen. Viele der älteren Glaubensbrüder erzählten uns immer wieder Horrorgeschichten, die *„Paranormal Activity"* in nichts nachstanden. Erzählungen von „bebenden" Betten, Schranktüren, die auf- und zugehen und Schatten, die an der Tür wandern.

Geschichten solcher Dämonenbesuche begleiteten mich bis lange nach meinem Austritt und stellten sogar für mich als Erwachsenen eine noch immer real erscheinende Gefahr dar.

Selbst als ich kein Zeuge Jehovas mehr war, war es für mich undenkbar gewesen, Filme wie *„Harry Potter"* oder *„Dracula"* anzusehen – geschweige denn, diese Filme daheim zu besitzen. Selbst Kassenschlager wie *„Krieg der Sterne"* waren untersagt, da die Story angeblich an Jesu Leben und Tod angelehnt war. Und das waren nur die Filme mit einem „spirituellen" Bezug. Das Thema Kinoverbot war in meiner Kinder- und Jugendzeit mein persönlicher „Stachel im Fleisch". Alles, was über *„Die Schwarzwaldklinik"* hinausging, verstieß in irgendeiner Form gegen die göttlichen Grundsätze der Bibel und stand auf der „Ächtungsliste". *„Top Gun"* war Gewaltverherrlichung, weil Tom Cruise lauthals grölte, als er die russische MIG abschoss und unmoralisch sowieso, da er Kelly McGillis vögelte, ohne verheiratet zu sein.

*„James Bond"* war sowieso der Gottloseste von allen und den „Mumublitzer" von Sharon Stone in *„Basic Instinkt"* erwähne ich an dieser Stelle schon gar nicht mehr. Sie brachte es sogar zu einer offiziellen Warnung im Wachtturm.

Noch vor meiner Taufe begann ich deshalb meine

persönliche Videosammlung anzulegen. Die guten alten VHS-Kassetten wurden aufgeschraubt und die Bänder herausgenommen. Die ersten fünf Minuten wurden abgespult, das Band zerschnitten und mit dem „Wunschfilm" zusammengesetzt. Jetzt noch den Titel eines extrem harmlosen Films auf die Hülle geschrieben – und er war absolut „elternsicher". Und so standen fünf Minuten *„Vom Winde verweht"* mit anschließendem *„Terminator 2"* ganz offiziell im Regal. Bei *„Alien"* war allerdings schon wieder Schluss – das war ja ein dämonischer Außerirdische.

Viel zu groß war die für uns immer existente und greifbare Angst, durch solch ein „Medium" einen ungewollten Besuch von Dämonen zu bekommen. Erst mit Mitte dreißig tastete ich mich langsam an solche Filme heran – allerdings immer im Beisein meiner Frau, die ihren Spaß hatte, mich damit aufzuziehen. Als sie 2019 für einige Tage zu Besuch nach Wiesbaden fuhr, „versteckte" ich den Film „Evil Dead" in meiner Garage, aus Angst vor Dämonen – mit 39 Jahren und als Arbeitgeber von fast eintausend Mitarbeitern. Danach kam ich mir so lächerlich vor, dass es das letzte Mal war, dass ich mir über so etwas Gedanken machte. So absurd diese Erlebnisse auch sind, zeigen sie doch exemplarisch, wie fundamental und folgenreich die bereits in jungen Jahren eingeschärften Lehren von Jehovas Zeugen ein Kind beeinflussen können und das sogar weit über die eigentliche Kindheit hinaus.

Als Kind von Jehovas Zeugen wird man von Geburt an mit in die Zusammenkünfte genommen. Das gesamte Familienleben, die Planung der Freizeit, schulische und berufliche Aktivitäten oder die Planung von beruflichen Kernfragen werden auf Grundlage der Ratschläge und Vorgaben der Organisation gefällt.

Das von der Organisation noch heute sehr ambitioniert verwendete Instrument der christlichen Belehrung ist das wöchentliche Familienstudium. Jeder Familie stand es frei, wie sie dieses Studium aufbaute. In den meisten Fällen – so wie bei uns – fand das Familienstudium am Montagabend statt und man bereitete sich anhand eines Wachtturm-Artikels auf die Zusammenkunft am Sonntagvormittag vor. In den siebzehn Jahren, in denen ich zuhause gewohnt habe, fiel das Familienstudium kein einziges Mal aus.

Mein Vater kam wie gewohnt um 17 Uhr von der Arbeit nach Hause. Um 18 Uhr trafen wir uns alle am Küchentisch. Es war immer eine sehr harmonische Runde. Viele bunte Stifte, Lineale, Kugelschreiber und Bleistifte lagen auf dem Tisch. Meine Mutter kochte Tee und manchmal gab es noch was Süßes dazu.

Das Familienstudium ist ähnlich wie eine normale Zusammenkunft aufgebaut. Ein Wachtturmartikel besteht meist aus zwanzig Absätzen, die mit Fragen untertitelt sind. Reihum durfte jeder einen Absatz vorlesen. Dann wurde vom Familienoberhaupt die dazugehörige Frage gestellt. Man meldete sich, Vater rief jemanden auf und derjenige beantwortete die Frage. Jede Antwort wurde dazu mit einer Bibelstelle versehen. Und so begann die Zeit der bunten Stifte, der Lineale und der Kugelschreiber. Ich liebte es, Bibeltexte mit einer Zahl zu markieren und diese Zahl dann an den Heftrand mit einer Notiz über den Textinhalt zu notieren. Mit Eddings wurden „wichtige“ Stellen markiert und an so manchem Abend sah mein Wachtturm wie ein Malbuch aus. Und das war wichtig – sehr wichtig sogar. Denn am Sonntagvormittag war in der Versammlung derjenige der Gewinner, der den buntesten Wachtturm hochhalten konnte, die meisten Bibelzitate rausgeschrieben hatte und die meisten

Querverweise in seinen Kommentaren zum Besten geben konnte.

Die wöchentlichen Zusammenkünfte waren ein fester und nicht wegzudenkender Teil unserer christlichen Woche. Insgesamt gab es drei dieser Zusammenkünfte, die jeweils drei Abende pro Woche vereinnahmten. Dienstagabend gab es das sogenannte Versammlungsbuchstudium.

Diese, 2009 nach achtzig Jahren abgeschaffte Zusammenkunft, fand in Gruppen von jeweils zwölf bis fünfzehn Personen in Privatwohnungen von Zeugen Jehovas statt. Eine Gemeinde, die sich wie bei uns aus etwa 130 Mitgliedern zusammensetzte, wurde so noch einmal in sieben bis acht kleinere Gruppen aufgegliedert und jeweils von einem Ältesten geleitet – die perfekte „Überwachung".

Studiert wurden jeweils von 19.00 Uhr bis 20.00 Uhr diverse Bücher der Wachtturm-Gesellschaft; daher auch die Bezeichnung dieser Treffen. Einen Unterschied zu den zwei großen Zusammenkünften im Königreichssaal gab es eigentlich nicht. Gekleidet wurde sich wie sonst auch mit Anzug und Krawatte – unabhängig davon, wie viele Personen von der Gruppe nun wirklich anwesend waren. Begonnen und geschlossen wurde mit einem Gebet und in der dazwischenliegenden Zeit war immer abwechselnd ein Bruder mit dem Lesen der Absätze dran, die dann in Form von Fragen und Antworten abgehandelt wurden. Der Leiter unserer Gruppe war – wie könnte es anders sein – mein Vater, der auch diese kleinste der theokratischen Versammlungen mit liebevoller Disziplin leitete.

Diese Gruppen organisierten auch untereinander den Predigtdienst und so gab es jeden Samstag eigene Treffpunkte für das gemeinsame Missionieren. Ich weiß nicht, warum es mich immer erwischte, aber abgesehen von einigen wenigen Jahren fand dieses Versammlungsbuchstudium am Dienstagabend immer bei uns zuhause statt. Das bedeutete jede Woche den gleichen Ablauf: Zimmer aufräumen, Schuhe aus dem Flur rausbringen, Stühle aus der Küche in das Wohnzimmer schleppen und abwarten, dass meistens viel zu früh die ersten Brüder und Schwestern bei uns aufschlugen. Und nur weil um 20.00 Uhr die Uhr Mitternacht schlug, hieß das noch lange nicht, dass auch sofort alle wieder die Wohnung verließen. Oftmals saßen wir noch bis in den späten Abend zusammen und ab und an wurde auch noch ein Mitternachtssnack von meiner Mutter serviert.

Nicht alles, was sich sarkastisch anhört, ist von mir auch negativ gemeint. Als Kinder war uns dieser Ablauf relativ egal. Wir kannten es nicht anders. Und dadurch, dass wir keine anderen Freunde und Bekannten außerhalb der Versammlung hatten, lockerten diese Treffen die Woche etwas auf.

Am Donnerstagabend fand dann eine der zwei großen wöchentlichen Zusammenkünfte statt. Diese Versammlung versteht sich noch heute als Lehrprogramm und bezeichnet sich als Theokratische Predigtdienstschule.

Ohne Umschweife kann ich dieses Programm für mich im Nachhinein als sehr förderlich bezeichnen, da es mir für gewisse Lebensbereiche eine Grundlage gab, die andere sich, wenn überhaupt, erst in einem viel höheren Alter aneignen durften.

Die Schule wurde 1943 gegründet und verfolgt den Zweck, Zeugen Jehovas zu professionellen Rednern und Lehrern bzw. Missionaren auszubilden. Einem Zeugen Jehovas wird durch diese Schule zum einen die Redefähigkeit für die spätere Belehrung in Versammlungen und zum anderen die Fähigkeit der Argumentation und Redeführung beim Missionieren gelehrt. Als

Teilnehmer wird man darin gefördert, Fertigkeiten wie Gesprächsführung und zusammenhängendes Lehren zu perfektionieren.

Begonnen wird damit bereits im Kindesalter und sobald man lesen kann. Als ich die erste Klasse beendet hatte, konnte ich fließend lesen und schreiben und durfte mich daher anmelden. Ein Teil der Schule bestand darin, in der Versammlung gewisse Kapitel aus der Bibel vorzulesen. Der Fokus lag dabei nicht primär im vorgetragenen Inhalt, sondern darin, dem „Schüler" beizubringen, vor einer großen Menschenmenge zu sprechen und dabei auf gewisse rhetorische Merkmale zu achten.

Sobald man sich in der Schule eingetragen hatte, erhielt man einen „Ratschlagzettel", der mit einer Vielzahl von vorgeschriebenen Lerninhalten versehen war. Bei jeder Aufgabe, die man zugeteilt bekam, musste man auf eines dieser Merkmale achten, zum Beispiel „richtige Betonung" oder „Gesten".

Aufgrund der Größe unserer Versammlung fand die Schule in einem separaten kleinen Raum statt, wir nannten ihn die „zweite Klasse". Für uns Jugendliche war es immer eine willkommene Abwechslung, den eintönigen Versammlungsablauf zu verlassen und geschlossen in die zweite Klasse im Souterrain unseres Königreichssaals zu wechseln. In der letzten Reihe haben wir eigentlich permanent nur Scheiß gemacht, was uns regelmäßig einen Anschiss des Schulaufsehers und ein oft wochenlanges Hausverbot für den „Schutzraum" einbrachte.

Geleitet wurde die Theokratische Predigtdienstschule von einem Schulaufseher, der ähnlich einem normalen Lehrer den Schüler beurteilte und die zugeteilten Merkmale bewerten musste. Entweder bekam man ein G für „Gut", ein A für „Arbeite daran" oder ein V für „Verbessert". Der Schulaufseher gab im

Anschluss jedem Schüler vor der ganzen Versammlung Ratschläge – dies konnte schon mal peinlich enden, wenn man etwas verbockt hatte.

Neben den reinen Leseaufgaben gab es dann Kurzvorträge, die man nach Vorgabe eines Themas ausarbeiten musste. Ich muss zugeben, dass ich mich immer sehr schwer damit getan habe, diese Reden auszuarbeiten. Man bekam lediglich ein Thema zugeteilt, über welches man dann fünf bis sechs Minuten philosophieren durfte. Schon diese im Verhältnis kurzen Reden brachten mich oft an den Rand des Wahnsinns und das, obwohl meine erste „Vorstellung" auf der Bühne im zarten Alter von acht Jahren begonnen hatte. Und so starteten fast alle meiner gefühlt hundert Reden in all den Jahren mit der Einleitung:

*„Haben wir uns schon einmal die Frage gestellt ..."*

Irgendwann war es ein unbeschriebenes Gesetz, dass „Bruder" Patrick Steffens mit dieser Einleitung seine Zuhörer zu belehren begann. Man startete also mit einer rhetorischen Frage an seine Zuhörer. Man weckte Interesse – zumindest sollte das das Ziel sein. Danach ging man in eine relativ kurze Phase der Einleitung über.

*Warum stellen wir uns diese Frage? Welchen Sinn hat die Frage und welchen Nutzen für meine Zuhörer hat die Antwort auf diese Frage?*

Sofern man sich nicht vollkommen deppert anstellte, konnte man nach wenigen Minuten zum Hauptteil wechseln. Dieser bestand nun in der eigentlichen Beantwortung der eingangs gestellten Frage, gefolgt von einem relativ überschaubaren Schlussteil, in welchem man das Ganze vielleicht noch mit einer rhetorischen Suggestivfrage abrundete.

Wenn man ganz „schlau" war, bastelte man noch einen

kürzeren oder manchmal auch längeren Bibelvers mit ein, der die ohnehin überschaubare Redezeit signifikant verkürzte.

Das hört sich zwar im ersten Moment unkompliziert und einfach an, aber ich erinnere mich an stundenlanges Grübeln an unserem Küchentisch, weil mir partout keine zusammenhängende Struktur einfiel. Nun hatten wir in den neunziger Jahren auch nicht die digitale Erfassung aller Veröffentlichungen, wie man sie heute vorfindet. Wenn man heutzutage nach einem bestimmten Thema sucht, gibt man über die Suchmaske der JW ORG den Begriff ein und erhält innerhalb von Sekunden tausende von Verlinkungen aus hundert Jahren Veröffentlichungen der Zeugen Jehovas.

Mir blieb da nur der langwierige Prozess des sogenannten Index, einer alle Jahre erschienenen Zusammenfassung aller Publikationen nach Stichworten sortiert. Und wenn ich Glück hatte – was sehr oft vorkam – fand ich just zu meiner Thematik eine Abhandlung, die ich dann einfach abschreiben konnte. Somit war meine rhetorische Frage zu Beginn manchmal binnen einer Stunde durch das Kopieren eines Artikels beantwortet. Gewissermaßen ein Plagiatsbetrug bei Kindern – ich liebte es.

Den eigentlichen Nutzen der Schule erkannte ich erst viele Jahre später, da sie mir im Vertrieb rhetorische Vorteile verschaffte, die andere in meinem Alter nicht hatten. Auch in der Realschule war ich – obwohl 1997 eines der schlechtesten Schulabgänger – derjenige, der vor 500 Anwesenden die Abschlussrede halten durfte; was noch Jahre danach einen positiven, bleibenden Eindruck bei den Lehrkräften hinterlassen hatte.

Am Sonntagvormittag fand dann die „Zusammenkunft für die Öffentlichkeit" statt – so die offizielle Bezeichnung, da auch

Interessierte Personen zielgerichtet eingeladen wurden. Sie begann mit einem einstündigen Vortrag, dann folgte das Wachtturm-Studium mit Beteiligung der Zuhörerschaft.

Dieses Studium stellte für uns Kinder und Jugendliche den ersten Schritt eines „theokratischen Vorrechts“ dar – so die Bezeichnung für ein internes Programm, welches heranwachsende männliche und ungetaufte Verkündiger an die Abläufe der Organisation heranführt. Eine der ersten Aufgaben, gerne auch „Vorrecht“ genannt, war der sogenannte Mikrofondienst.

Als Außenstehender kann man sich nicht ansatzweise vorstellen, welche „innerliche Bedeutung“ dieses „Vorrecht“ für uns heranwachsende Jungs hatte – dabei ist die praktische Ausführung dieser Zuteilung relativ simpel. Man hielt eine ca. 2,50 Meter leichte Alustange, an deren Ende ein Mikrofon befestigt ist, und überwachte die Meldungen seines zugeteilten Sitzterritoriums.

Jeder, der vom Wachtturmstudienleiter aufgerufen wurde, bekam das Mikrofon für seine Antwort vor die Nase gehalten, und das buchstäblich. Noch heute diskutieren wir „Ehemaligen“ in so manch feuchtfröhlicher Runde den Grund für die Beliebtheit dieser „Aufgabe“. War es der Umstand, dass man nicht eine Stunde still auf seinem Platz sitzen musste, oder die Tatsache, bei einer „systemrelevanten Aufgabe“ für den reibungslosen Ablauf einer Zusammenkunft beteiligt zu sein? Ich denke, der dritte Grund war es, der den größten Ausschlag gab:

Man kam sich verdammt wichtig vor.

# Mein persönliches Predigtdienstgebiet

Für Kinder von Zeugen Jehovas existiert ausschließlich das christlich-theokratische Leben im geschlossenen Kreis der Organisation.

Unabhängig von seinem Alter bezeichnet die Organisation jeden Andersgläubigen, der kein Zeuge Jehovas ist, als schlechten Umgang. Dies stellt einen „biblischen" Grundsatz dar, der nicht nur junge Leute, sondern jede Altersgruppe in der Organisation betrifft. Für uns als Kinder bedeutete dies bereits in jungen Jahren, dass der notwendige schulische Umgang mit unseren Klassenkameraden zwar toleriert, aber sämtliche außerschulische und private Aktivitäten untersagt waren.

In der Praxis schließt diese Anweisung mit ein, keinerlei Freundschaften mit den sogenannten „Weltmenschen" zu pflegen. In gewissem Maß lernten wir hier schon in sehr jungem Alter eine Form der menschlichen Ächtung kennen.

Als Kind eines Zeugen Jehovas ist es das eine, die außerschulische Gesellschaft mit Andersgläubigen zu meiden. Eine andere Geschichte ist es allerdings, als gerade Sechsjähriger in der Schule sämtliche bestehenden Feiertage abzulehnen – Weihnachten, Geburtstag, Halloween, Ostern, Silvester oder Pfingsten.

Bei all diesen Bräuchen findet sich der Ursprung irgendwo bei den Heiden und Heiden waren Gegner des alten Christentums. Wahrscheinlich war sich damals kein Heide bewusst, was er uns 2500 Jahre später damit antat. Als Heidentum werden alle nicht monotheistischen Religionen bezeichnet. Dabei ist jedoch in erster Linie das germanische, keltische, slawische, baltische und indianische Heidentum gemeint. Dazu gehören unter anderem aber auch die griechische und römische Mythologie.

Unbestritten finden sich in heidnischen Gebräuchen auch die der Geburtstage wieder. Ursprünglich wurden Geburtstagsfeiern nur für Götter und Herrscher durchgeführt. Geburtstage von Göttern waren den Menschen wichtig, weil sie glaubten, dass der Gott, an dessen Tag ein Mensch geboren wurde, einen besonderen Einfluss auf diesen hätte. Die Geburtstage von Herrschern wiederum waren wichtig, weil man glaubte, dass nicht nur das persönliche Schicksal des Herrschers, sondern das Schicksal ganzer Nationen an dem Zeitpunkt der Geburt des Herrschers hing. Bräuche wie Geburtstagsgrüße, Geburtstagsgeschenke, Geburtstagskuchen und -kerzen entstammen ursprünglich dem Aberglauben, denn die Idee von Geburtstagsgrüßen und Glückwünschen ist in der Magie verwurzelt.

Die Gabe von Geburtstagsgeschenken ist ein Brauch, der mit dem Darbringen von Opfern für heidnische Gottheiten an deren Geburtstagen in Verbindung steht. Der traditionelle Geburtstagskuchen und die Kerzen haben ihren Ursprung ebenfalls im altertümlichen, heidnischen Götzendienst. Damals glaubten die Leute, dass das Feuer von Kerzen magische Kräfte hätte. Sie äußerten Gebete und Wünsche, die von den Flammen der Kerzen zu den Göttern hinaufgetragen werden sollten.

Rein faktisch sind diese historischen Tatsachen unbestritten. Sicherlich kann man auch der Argumentation Raum geben, dass der Ursprung eines solchen Festes vor über 2000 Jahren tatsächlich einer Religionsbewegung entstammt, die im unverwechselbaren Kontrast zum Glauben der ersten Christen standen. Die religiösen Ansichten der Heiden standen in elementarem Widerspruch zu dem der Christen.

Sind das aber Gründe, die eine so grundsätzliche und rigorose Ablehnung rechtfertigen?

Wie bereits erwähnt entstammen die heidnischen Ursprünge aus der Zeitepoche vor über 2000 Jahren. Später war das Feiern der Geburtstage ein Brauch im römischen Reich, welchen vor allem die Oberschicht pflegte. Mit dem Ende des Römischen Reiches verschwanden Geburtstagsfeiern auch erstmal wieder von der Bildfläche. Nach wie vor gedachten zwar vor allem Adlige den Lebensdaten ihrer Familie, die großen Feste kehrten aber erst mit der Renaissance zurück. Überall wurde in dieser Zeit des Umbruchs vom Mittelalter zur Neuzeit der Mensch als eigenständiges Individuum sichtbar, was man zum Beispiel an den Porträts von Malern erkennt, die mit charakteristischen Gesichtszügen wichtige Persönlichkeiten verewigten. Und so begann man ab dem 15. Jahrhundert damit, sich selbst zu feiern. Schriften aus dem 17. Jahrhundert berichten erstmals von den bis heute üblichen Ritualen: Gäste bringen Geschenke und erhalten, wie im Gegenzug, Speisen und Getränke. Es sind Gesten, die zeigen, wie persönliche und emotionale Bindungen immer bedeutsamer wurden. Bis der Geburtstag sich jedoch in allen Schichten ausbreitete, verstrichen weitere 400 Jahre. *(Quelle 1)*

Es bleibt ein ewiges Geheimnis der Wachtturm-Gesellschaft, warum sie in einer Vielzahl ihrer Lehren auf Ursprünge zurückgreift, die tausende von Jahren zurückliegen und heute in diesem Kontext nicht mehr ansatzweise Geltung finden.

Aufgrund der Tatsache, dass vor allem im römischen Reich dieser eher unbekannte Brauch der Geburtstagsfeier nur im Lebensbereich der Adligen angesiedelt war, fällt eine weitere Begründung der Organisation ins Leere, weshalb Gott angeblich Geburtstage verurteilt. Der Wachtturm sagt:

*„Die ersten Christen feierten keinen Geburtstag, beziehungsweise wird nirgends davon in der Bibel berichtet."*

Die Moral der Geschichte lautet also: Weil die Bibel nichts davon berichtet, dass die ersten Christen dieses Fest feierten, taten sie es auch nicht beziehungsweise wird es von Gott gehasst. Punkt.

Aber das ist nur die halbe Wahrheit.

Die andere ist eine der typischen „Weisheiten" der Organisation, die man als rational denkender Mensch nicht ansatzweise nachvollziehen kann. In der Bibel werden an zwei Stellen Geburtstagsfeiern erwähnt. In beiden Fällen wurde im Zuge der Feier jemand hingerichtet. Einmal ein bedeutungsloser Bäcker, anlässlich der Geburtstagsfeier des Pharaos, und später ein Apostel im Zuge einer Geburtstagsfeier im alten Rom.

Die Moral DIESER Geschichte lautet also: Weil die Bibel zwei Begebenheiten beschreibt, wo Personen bei einer Geburtstagsfeier hingerichtet wurden, wird diese Feier von Gott gehasst.

Als dritter Grund wird nun noch die Tatsache als Beweis genannt, dass Jesus seine Apostel aufforderte, jedes Jahr seinem Tod zu gedenken. Noch heute wird dieses Gebot von den meisten Christen befolgt und am Abendmahl an ihn gedacht. Die Moral DIESER Geschichte lautet nun: Weil die Bibel nur die EINE Feier erwähnt, die Christen gemäß Jesu Aufforderung ausdrücklich feiern sollten, sind alle anderen verboten.

Schon als Kind fragte ich mich in diesem Zusammenhang immer wieder, warum wir gefühlt jedes Wochenende zu einer Hochzeitsfeier eingeladen wurden und diese Einladung auch annahmen.

In der Bibel werden diese auch nicht ausdrücklich als Feier erwähnt, die Christen begehen sollen. Warum also diese nicht auch ablehnen, sondern nur Geburtstage? Erklärt wurde uns dies mit einem Wunder Jesu, als er anlässlich einer Hochzeitsfeier Wasser in Wein verwandelte, da der Bräutigam dachte, sparen zu müssen. Fazit: Jesus war auf einer Hochzeit – also ist diese Feier für Christen erlaubt.

Im Endeffekt wurden unsere Zweifel nicht mal ansatzweise als solche ernstgenommen. Die Organisation war der Repräsentant Jehovas – was sie also sagte, war Gesetz und stammte von „oben".

In der Schule bedeutete unsere Ablehnung allem Weltlichen gegenüber eine unbeschreibliche Abgrenzung zu unseren Gleichaltrigen. Wenn jemand Geburtstag hatte, war es üblich, als Klasse aufzustehen und ein Geburtstagslied zu singen. Schon lange bevor wir in die Schule kamen, wurden wir auf diese Situationen vorbereitet, sowohl von unseren Eltern als auch von der Organisation. Wie reagiert man als christliches Kind, wenn alle stehend ein Geburtstagslied singen? Wenn alle dem Geburtstagskind gratulieren? Wenn man zu einer Feier eigeladen wird? Wie reagiert man als christliches Kind, wenn einem an seinem eigenen Geburtstag gratuliert wird oder man ein Geschenk erhält?

Nun, ganz einfach. Man betet für Segen, steht in der Klasse mit auf und schweigt. Total easy. Während alle anderen in die Geburtstagshymne einstimmen, steht ein Kind von Jehovas

Zeugen respektvoll, die Augen gerade ausgerichtet, und hält inne. Gratuliert wird natürlich auch nicht. Von einem mitgebrachten Geburtstagskuchen wird nicht probiert und es versteht sich von selbst, dass man jedwede Einladung zu einer Feier ablehnt. Ehrlicherweise muss man aber auch zugeben, dass in der Praxis diese Einladungen eher rar waren; wer sich auf eine solch beleidigende Art gegenüber anderen verhielt, konnte mit einer Einladung eher nicht rechnen. Für mich bedeutete jeder Geburtstag meiner Klassenkameraden einen „Gang nach Canossa". Etwas Unangenehmeres, als der Einzige zu sein, der sich bewusst so ins gesellschaftliche „Abseits" stellt, ist für einen Sechsjährigen kaum vorstellbar.

Aber es ging ja noch weiter. Weihnachten nahte und diese Feier steht auf der Abschussliste der Zeugen Jehovas ganz oben.

Die Gründe wiederholen sich: Jesus gebot nur das Feiern seines Todestages, nicht aber das seines Geburtstages. Die ersten Christen feierten ebenfalls kein Weihnachten – was auch schlecht möglich war, da die ersten Feiern erst dreihundert Jahre nach Jesu Tod unter Kaiser Konstantin eingeführt wurden und natürlich – last but not least – irgendwelche Heiden das Fest auch mal wieder begingen.

Also vereinbarten meine Eltern jedes Jahr brav einen Termin beim Lehrer, erklärten „ihren" Standpunkt und versuchten „Alternativen" zu finden. Während die ganze Klasse Weihnachtsbäume malte, Weihnachtsschmuck bastelte und Weihnachtskekse backte, mussten wir „christlichen Kinder" eine grüne Buche zeichnen, irgendwelche Schlüsselanhänger kreieren und Kekse ohne Sternform backen. Es war einfach nur peinlich, und zwar jedes Jahr aufs Neue. Das Ganze wiederholte sich dann noch zu Ostern – der Osterhase war ein Heide und ... ich erspare mir jetzt die ganzen Wiederholungen.

Nicht zu vergessen dann noch Silvester. Raketen böllern war uns strengstens verboten. Als Begründung wurden uns im Wachtturm die Gründe Nummer 1,2 und 3 aus den vergangenen Absätzen und – mein persönlicher Favorit – die Worte des Apostels Paulus aus Römer 13:12 genannt. Dort heißt es: *„Lasst uns anständig leben wie am hellen Tag – ohne wilde Partys und Trunkenheit, ohne unmoralische Geschlechtsbeziehungen und dreistes Verhalten, ohne Streit und Eifersucht."* Das Wort *„Party"* gab es natürlich vor 2000 Jahren noch nicht – dieser Ausdruck ist Bestandteil der modernen Wachtturm-Gesellschaft Bibel.

Da gemäß der Organisation genau diese in der Bibel verurteilten Ausschweifungen für Silvester- und Neujahrsfeiern typisch sind, feiern Zeugen Jehovas diese nicht mit. Punkt und aus. Ich erspare mir hier jegliche rationale Erklärung.

Als Kinder von Zeugen Jehovas wächst man mit dieser Desintegration auf. Die Ausgrenzung wird zu etwas Vertrautem und Alltäglichem und zu keinem Zeitpunkt findet man in dem Spott und der Verhöhnung, denen man Tag für Tag ausgesetzt ist, etwas Abnormales. Für uns war es ein ganz normales Prozedere, uns von allem fernzuhalten, was von den „Weltmenschen" kam. Und hierbei ging es nicht nur um die Feiertage.

Regelmäßig wurde man in den Zusammenkünften an die Gefahren des schlechten Umgangs erinnert. Aus Sicht eines Zeugen Jehovas ist jeder, der kein Zeuge Jehovas ist, ein schlechter Umgang und so ein Teil der von Satan dem Teufel beherrschten Welt – und ein Teil dieser dürfen „wahre Christen" nicht sein.

Für uns wäre es daher undenkbar gewesen, Freundschaften mit Kindern aufzubauen, die keine Zeugen Jehovas waren; und so hatten wir auch keine. Automatisch wurde so der geschlossene Kreis der Organisation für uns Kinder immer existenzieller. In der Schule und der Freizeit waren wir die Außenseiter. Kinder, die „komisch und merkwürdig" waren, die eher bemitleidet wurden und mit denen man sowieso nichts zu tun haben wollte.

Auf der anderen Seite genossen wir die Akzeptanz und Anerkennung aus den Reihen der Versammlung. Dort waren wir „jemand" und ernteten einen unaufhörlichen Beifall für unseren Mut, der zur „Ehre Jehovas" führt.

Es verging kein Monat, in dem es nicht für uns „Jüngste" maßgeschneiderte „inspirierende Ansprachen" gab, in welchen wir animiert wurden, „auszuharren", dem Druck der Welt weiter zu widerstehen und uns kontinuierlich glaubhaft gemacht wurde: *„Jehova liebt euch für euren Mut. Ihr braucht niemand anderen."*

Und diese Motivation wirkte – sie wirkte sogar sehr gut. Das Selbstbewusstsein, was uns in der realen Welt genommen wurde, bauten wir in den Zusammenkünften wieder auf. Für uns war es irgendwann unerheblich, ob wir verspottet, gedemütigt oder gemobbt wurden. Es machte uns nichts mehr aus, allein auf dem Schulhof zu stehen, bei Klassenfahrten daheim bleiben zu müssen oder bei Kinobesuchen mit der Schule zusammen mit den „Sanktionierten" in der Strafklasse bleiben zu müssen.

In diesem Alter dachten wir gar nicht daran, Filme zu sehen, die über *„Lassie"* hinausgingen oder Musik zu hören, die nur im Entferntesten inhaltlich oder von Seiten der Interpreten gegen „göttliche Maßstäbe" verstießen. Allein der Gedanke daran, mit Nachbarskindern eine Grillparty zu feiern, war völlig absurd.

Uns wurde versichert, dass uns, in Jehovas und Jesus' Augen, mit kontinuierlicher Steigerung des Spottes, den wir ertragen mussten, progressiv immer mehr Achtung zuteilwerden würde. Uns wurden die Worte Jesu gelehrt, die über treue Christen sagten: *„Wenn sie mich verfolgt haben, werden sie auch euch verfolgen."*

Das Fazit war also klar: Wenn wir aufgrund unseres nach außen sichtbaren Glaubens nicht verspottet werden, würden wir theokratisch gesehen etwas falsch machen. Eine Selbstgeißelung, die bei uns Jüngsten begann.

Mit dieser Weisheit ging es uns aber auch schon besser. Wir waren mit Jesus auf einer Ebene – das dachten wir zumindest. Ich erinnere mich an einen Erwachet-Artikel, in welchem wir Kinder gefragt wurden:

*„Bist du je wegen deiner religiösen Überzeugung verspottet worden? Dann bist du in guter Gesellschaft. Nur Mut! Du wirst froh sein, zu erfahren, dass man lernen kann, mit der Belastung, wegen seines Glaubens Spott zu ertragen, fertigzuwerden."*

Nach vier Seiten Motivationsschub endete der Artikel mit den Worten:

*„Der Wunsch, von Jehova anerkannt zu werden, ist eine starke Motivation, mit Spott, den man wegen seines Glaubens einstecken muss, fertig zu werden."*

Das war dann das regelmäßige I-Tüpfelchen, wenn man draußen wieder mal den Hintern versohlt bekommen hat.

In regelmäßigen Abständen wurden auf Kongressen Kinder und Jugendliche auf der Bühne interviewt, die eindrucksvoll über ihre „Leiden" in der Schule berichteten und uns gleichzeitig versicherten, wie sehr sie den Druck allein durch Gebet und Glauben an Jehova sowie den Predigtdienst widerstehen konnten. Das waren für mich immer die Helden.

Wow – solche „tapferen Schneiderleins", die da auf der

Bühne saßen und von allen bewundert und mit biblischen Vorbildern wie Daniel in der Löwengrube verglichen wurden. 30.000 Brüder und Schwestern klatschten Beifall, wenn sie dann in ihren schwarzen Einreihern von C&A die Bühne verließen – der Wochenbeginn voller Arschtritte konnte wieder mit einer Portion Ansporn beginnen.

Und diesen Ansporn konnten wir auch nur zu gut gebrauchen. Denn die Ablehnung diverser Feiertage war nur die Spitze des Eisbergs. Denn auch Kinder müssen missionieren.

Eines der wichtigsten Erkennungsmerkmale der Zeugen Jehovas ist der weltweit tätige Predigtdienst – im Allgemeinen auch als Missionieren bekannt. In den letzten hundert Jahren ist die Art und Weise des Missionierens von Seiten der Zeugen Jehovas immer wieder adaptiert worden. Spielten unsere Großeltern noch mit dem Plattenspieler biblische Lehren vor den Haustüren der Menschen ab, so kristallisierten sich ab den fünfziger Jahren der heutzutage bei den meisten Menschen bekannte Haus-zu-Haus-Dienst und der Straßendienst als unverwechselbare Charakteristika heraus.

Für einen Zeugen Jehovas ist die Anweisung Jesu, *„die gute Botschaft vom Königreich auf der ganzen Welt zu lehren“,* einer der fundamentalsten und maßgeblichsten Aufträge, den ihnen die Bibel gibt. Unbestritten ist dieses Gebot auch einer der wichtigsten Indikatoren des Christentums, die Jesus seinen Nachfolgern als unabdingbare Aufgabe zuteilwerden ließ.

Man kann ohne Abstriche behaupten, dass Zeugen Jehovas in dieser Hinsicht eine Vorreiterrolle für alle Religionsgemeinschaften einnehmen.

Viele andere Religionen, wie die Mormonen, die doppelt so

viele Mitglieder wie Jehovas Zeugen haben, oder auch die Adventisten, die, verglichen mit den Zeugen Jehovas, etwa dreimal so viele Mitglieder haben, praktizieren ebenfalls die klassische Missionstätigkeit, indem sie mit fremden Menschen über die Bibel sprechen und versuchen, diese zu bekehren. Einige hinduistische und buddhistische, sowie andere süd- und ostasiatische Gruppen sind vor allem seit dem Ende der 1960er Jahre in westlichen Ländern und zunehmend auch weltweit missionarisch tätig. Große Bekanntheit erlangt hat beispielsweise die Internationale Gesellschaft für Krishna-Bewusstsein, im Westen besser bekannt als Hare-Krishna-Bewegung, die das Krishna-Bewusstsein verbreiten will.

Im Hinblick auf die organisatorische Komponente sind Jehovas Zeugen allerdings in Sachen Quantität und Qualität allen anderen weit überlegen. Mittlerweile missionieren sie in 220 Ländern und veröffentlichen ihre Schriften in über 300 Sprachen. Das ist einmalig in allen neuzeitlichen Religionsgemeinschaften.

Als Kind von Zeugen Jehovas wird man bereits als Baby mit in den Predigtdienst genommen – wenn auch erstmal nur als „Beipack" im Kinderwagen. Sobald man mit drei oder vier Jahren seine Umgebung einordnen und die ersten Sätze sprechen kann, beginnt die Gemeinschaft, einen in den Predigtdienst zu integrieren.

Bei uns waren das kleine Rituale. Wenn unsere Eltern mit einem „Wohnungsinhaber" – so die offizielle Bezeichnung für eine angetroffene Privatperson – ein Gespräch in freundlicher Art und Weise beendeten, so wurden wir Kinder aufgefordert, ein Traktat zu übergeben; ein kleines Faltblatt mit biblischen Inhalten. So wurde uns schon früh die Scheu vor dem Kontakt mit Fremden genommen – in den achtziger Jahren noch ein harmloses Unterfangen. Daheim gehörte es zur Regel, dass wir zusammen Predigtdienst spielten. Meine Schwestern spielten den Wohnungsinhaber und ich den Prediger – und andersherum.

Schon als Kind bin ich gern und regelmäßig predigen gegangen. Es machte mir Spaß, mit meinen Eltern oder auch „Glaubensbrüdern“ von Haus zu Haus zu gehen und gab mir einen Ausgleich zu den immer stärker werdenden Ausgrenzungen im „weltlichen Alltag“. Je größer der Druck und die Ächtung in der Schule wurden, umso fleißiger wurde ich in theokratischen Aktivitäten.

Im Alter von acht Jahren sprach ich dann zum ersten Mal selbst vor. Manche Szenen im Leben vergisst man nie – und diese gehört sicherlich dazu. Mein Vater und ich bereiteten uns die ganze Woche darauf vor. Aktuell war ein Wachtturm über die Sintflut im Angebot – mit der Frage, ob Gott die Welt noch einmal vernichten würde.

Wir standen also an einem Samstagmorgen im Hausflur eines typischen Altbaus im Wiesbadener Westend. Ich klingelte, mein Vater positionierte sich rechts hinter mir und die Tür ging auf. Eine Dame Ende sechzig öffnete die Tür und mit einem viel zu beherzten Sprung stand ich mehr oder weniger in ihrem Flur.

*„Schönen guten Morgen. Mein Name ist Patrick. Mein Vater und ich stehen heute als Zeugen Jehovas vor ihrer Tür und wollten ihnen gerne diese beiden Zeitschriften für einen Unkostenbeitrag von einer Mark anbieten.“*

Treffer und versenkt. Sie öffnete ihre alte Geldbörse, übergab mir den Silberling und mit einem Strahlen im Gesicht verließ ich wieder das Wohnhaus. Von diesem Moment an war ich nicht mehr zu halten. So oft es ging verabredete ich mich für den Predigtdienst. Meine Eltern schenkten mir eine „Diensttasche“ – Bibel, Zeitschriften, Bücher und Broschüren waren nun akkurat geordnet und jederzeit griffbereit.

Allerdings beschränkte sich meine Freude im Predigtdienst ausschließlich auf den Verkauf der Zeitschriften und das wurde mit der Zeit zu einem echten Problem. Denn nicht der Verkauf von Publikationen ist bei Zeugen Jehovas das vorrangige Ziel des Missionierens, sondern Menschen zu finden, die man zu einem Zeugen Jehovas bekehren kann.

Und das geschieht durch Gespräche und Bibelstudien- und nicht durch den willkürlichen Verkauf von Zeitschriften. Nun schlug die Stunde der theokratischen Predigtdienstschule.

Hier hatten wir gelernt, wie man ein Gespräch aufbaut, wie man richtig argumentiert, auf Einwände eingeht – und vor allem, wie man ein Gespräch erst einmal beginnt, um Interesse beim Gegenüber zu wecken.

Und so wurde für die folgenden zwanzig Jahren diese Einleitung zu meiner Stammfloskel:

*„Guten Tag! Mein Name ist Steffens. Wir stehen heute als Zeugen Jehovas mit der Frage vor Ihrer Tür, ob Sie sich vorstellen können, dass all die Ungerechtigkeiten auf der Erde einmal ein Ende haben werden.*

Damit es gegenüber meiner Begleitung nicht zu peinlich wurde, adaptierte ich eine zweite Einleitung:

*„Guten Tag! Mein Name ist Steffens. Wir stehen heute als Zeuge Jehovas mit der Frage vor Ihrer Tür, ob Sie sich vorstellen können, warum Gott das Böse auf der Erde zulässt?“*

Ausnahmslos, aber wirklich ausnahmslos flehte ich all die Jahre innerlich, dass mein Gegenüber *„Nein danke, kein*

*Interesse"* oder *„Nein danke, keine Zeit"* antwortete oder ohne ein Wort einfach die Tür zuknallte; denn für ein tiefergehendes und ernsthaftes biblisches Gespräch war ich viel zu unbeholfen und unwissend, was biblische Themen betraf. Dies war ein Umstand, der mich leider noch bis zu meinem Ausstieg begleiten sollte und dadurch bei jedem Klingeln eine Stressattacke verursachte.

Aber so schlug meistens meine Stunde:

*„Das verstehe ich natürlich. Dürfte ich ihnen dann die zwei neusten Zeitschriften für einen Unkostenbeitrag von einer Mark hinterlassen?"*

Schon damals lernte ich schnell das wichtigste aller Vertriebsgesetze: *„Das Gesetz der großen Zahl."* Je mehr man oben in den Topf hineinwirft, umso mehr kommt unten dabei raus.

Und so hatte ich irgendwann ein ganz nettes Netzwerk an RBs – so das interne Kürzel für „Rückbesuche". Und jedes dieser RBs war ein potenzieller Kandidat, für den ich jede Woche aufs Neue die aktuellen Zeitschriften an den Mann bringen konnte. Die meisten hatten prinzipiell nie Zeit, nahmen mir aber dankbar die Publikationen ab.

In dieser Hinsicht war mein Großvater der absolute King für mich. Er hatte ein ganzes Arsenal an RBs – und so war er auch einer meiner Hauptbegleiter beim Predigen. Er hatte an jeder Ecke Wiesbadens seine RBs und so stolzierten wir ganze Vormittage durch die City und verteilten unsere Zeitschriften. Bei „Tante Emma" vom kleinen Lebensmittelladen an der Ecke, der Wäschereidame aus der Reinigung und dutzenden anderen, nur auf uns wartenden, einsamen RBs, die vielleicht gar nicht so sehr an den Zeitschriften für eine Mark interessiert waren, sondern vielmehr einmal die Woche einen kurzen Besuch von jemand Vertrautem erhalten wollten.

Irgendwann erkannte ich einen weiteren Vorteil meines Verkaufsgeschicks. Bis Mitte der neunziger Jahre wurden die Veröffentlichungen der Wachtturm-Gesellschaft nicht kostenfrei, sondern in Form eines Unkostenbeitrages verkauft. Im Fall des Wachtturms waren es fünfzig Pfennig. Die stellten einen „durchlaufenden Posten" dar, der lediglich die Druckkosten abdecken sollte. Erst später wurde der gesamte Druck auf die Basis von freiwilligen Spenden umgestellt. Nun waren meine Eltern sehr fleißige Zeugen Jehovas und besaßen daheim eine ganze Sammlung von Zeitschriften, die wir regelmäßig im Predigtdienst verteilten. Irgendwann wanderten die erwirtschafteten Unkostenbeiträge dann in meine Micky-Maus-Sammlung statt in die Versammlungskasse – was meinen Eifer natürlich noch doppelt verstärkte.

Mein Argumentationsgeschick war auch in den Jahren meiner Jugend eher als „mau" zu bezeichnen. Abgesehen von ein paar Bibelversen über Harmagedon und das Paradies konnte ich nie viel zum Besten geben. Ich hatte viel mehr die Befürchtung, von Seiten des Wohnungsinhabers mit kritischen Fragen „überführt" zu werden, die ich nicht hätte erwidern können. In Anbetracht der Tatsache, wieviel Zeit in mein Bibelstudium investiert wurde, war dies ein erschreckender Zustand.

## Was ist mein Leben wert?

Eines dieser „heißen" Themen war immer wieder der Vorwurf, seine Kinder eher sterben zu lassen, als einer lebensrettenden Bluttransfusion zuzustimmen. Sobald dieser Einwand kam, machte ich einen „Cut" und vereinbarte einen RB – den ich natürlich niemals wahrnahm. Das Thema Bluttransfusionen und Zeugen Jehovas ist ein sehr, sehr gefährliches Thema, welches man besser nicht anpackt. Egal, wie man es dreht und wendet, Fakt ist folgender:

Die immer wieder in der Öffentlichkeit kolportierte Aussage, Zeugen Jehovas würden ihre Kinder eher sterben lassen, als eine Bluttransfusion zu ermöglichen, ist so nicht korrekt beziehungsweise unvollständig. Die traurige Wahrheit ist leider eine andere: Im „Worst Case" – in diesem Fall der Gefahr, das Leben zu verlieren – würden sie teilweise nicht nur für sich selbst den Tod wählen, sondern in vielen Fällen auch den ihrer Familie.

Und dies ist weder übertrieben noch stellt es eine Verzerrung der gegebenen Tatsachen dar. Kein anderes biblisches Gesetz wird in dieser Tragweite sowohl ausgelegt als auch gelebt, wie das Verbot, als Zeuge Jehovas in irgendeiner Form Blut zu sich zu nehmen – sei es durch Bluttransfusionen oder durch den Verzehr von Blut.

Die Problematik, mit der ich nie zurechtkam, ist aber die Art und Weise, wie Jehovas Zeugen mit dieser offensichtlichen und selbst gelehrten Tatsache umgehen.

Als Kinder war es für uns das Normalste der Welt, immer und überall unseren „Blutausweis" bei uns zu tragen – in der Schule, auf dem Spielplatz und natürlich auf Urlaubsreisen. Dieses

Dokument beinhaltete eine ausdrücklich und von uns persönlich unterfertigte Willenserklärung, dass man zu keinem Zeitpunkt und unter keinen Umständen mit einer Bluttransfusion einverstanden ist – selbst über den Tod hinaus. Als Kinder mussten unsere Eltern dieses Dokument mitunterschreiben – Erwachsene wiederum konnten ihres zusätzlich beglaubigen lassen. Immer wieder übten wir im Familienstudium, wie wir im Fall der Fälle einem Arzt unsere ablehnende Haltung gegenüber einer Bluttransfusion verständlich machen könnten.

In der Versammlung und auf Kongressen wurde das Thema minutiös durchgekaut, bis es auch uns Kindern in „Leib und Seele" überging.

Im Nachhinein und mit einem Abstand von vielen Jahren ist es für mich kaum zu erklären, mit welcher Selbstverständlichkeit man als Familie über den eigenen „Opfertod" sinniert hat. Die Thematik war immer präsent und es gab überhaupt keinen Zweifel daran, dass auch meine Eltern das Verbot einer Bluttransfusion über eine medizinische Notlage bei uns Kindern stellen würden. Wir wuchsen mit dem Wissen auf, lieber sterben zu wollen als uns über dieses göttliche Gebot hinwegzusetzen – die biblische Auferstehungshoffnung in einem Paradies war uns damit amtlich gesichert.

Die Regel und Haltung von Jehovas Zeugen in dieser Thematik ist bis heute eindeutig und unverändert: Eine Bluttransfusion ist abzulehnen, selbst wenn der Verzicht den sicheren Tod bedeutet.

Und es gab eine Vielzahl solcher Fälle.

Wenn man aber nun einem Zeugen Jehovas die Frage stellt, ob er seine Kinder – oder jeden anderen – lieber sterben lassen würde, statt einer lebensrettenden Bluttransfusion zuzustimmen, wird man statt einem klaren „JA“ oder „NEIN“ immer nur eine Flut von „Schönredungen“, Ausreden und Umschreibungen zu hören bekommen.

Man wird mit Studien und Aussagen irgendwelcher Professoren „zugeschüttet“, die bestätigen, wie gefährlich eine Bluttransfusion sein kann, wer schon alles wie, wann und wo an irgendwelchen übertragenen Krankheiten durch Transfusionen gestorben ist, dass man aber grundsätzlich – und diese Aussage wird man immer als erstes vernehmen – NUR die „beste Behandlung“ für sein Kind oder involvierten Personen wünscht.

Natürlich wird auch der biblische Standpunkt erläutert, zum Verständnis dessen man Bibeltexte sowohl aus dem 5000 Jahre alten mosaischen Gesetz als auch dem „nur“ 2000 Jahre alten Neuen Testament erläutert bekommt. Beide Texte sprechen von dem biblischen Gebot, sich des Blutes zu enthalten – in beiden Fällen lag der Kontext aber in einer völlig anderen Sphäre; was man wiederum nicht erklärt bekommt.

Bei heidnischen Nationen war es üblich, aus religiösen Gründen Tierblut oder sogar das Blut besiegter Feinde zu trinken, weil sie an die Übertragung ihrer Kraft, ihres Mutes und ihrer Stärke glaubten. Schon im mosaischen Gesetz war jegliche Nutzung des Blutes außer zu Opferzwecken strikt untersagt – sogar Frauen galten während der Menstruation als unrein.

Im neuen Testament wurden Christen ebenfalls eindringlich ermahnt, *„sich von allen Dingen zu enthalten, die Götzen geopfert wurden, sowie des Blutes und des Erwürgten und der Hurerei“*.

Kann man dieses jahrtausendealte Gebot auf eine damals überhaupt nicht bekannte medizinische Möglichkeit, Leben zu retten, anwenden?

Dr. theol. Lothar Gassmann gibt hierzu einen interessanten Anhaltspunkt:

*„Blut spielt in den Büchern und Ritualen vieler Religionen eine wichtige Rolle. Religionen und Kulte verbinden mit dem Blut Vorstellungen zum Teil gegensätzlicher Natur. Entweder ist es Träger von Geistern oder es schützt vor Dämonen, es verunreinigt oder es reinigt, es schadet oder es nützt. Während bei den Heiden der Blutgenuss verbreitet und mit magischen Vorstellungen verbunden war, waren solche Rituale für das Volk Gottes strengstens verboten.*

*Die Juden beachten daher bis heute strenge Schächtungsvorschriften, die das Ausbluten des Schlachttiers sichern. ‚Mit seiner jüdischen Mutterreligion teilt das frühe Christentum den Abscheu vor Blutgenuss und Blutvergießen.' Da dem Judenchristen die Angst vor dem Blut des von den Heiden genossenen, nicht geschächteten Fleisches selbstverständlich ist, werden im Aposteldekret (Apg. 15,20.29; 21,25) ‚die von den Heidenchristen geforderten Konzessionen gegenüber der judenchristlichen Ablehnung unausgebluteten Fleisches' geregelt. Drei dieser vier Forderungen betreffen den Blutverzicht: Meiden von Götzenopferfleisch, von Ersticktem d.h. nicht Geschächtetem und von Blutgenuss. (TRE IV / 1980, S. 729 ff.)*

*Das heute von Jehovas Zeugen gelebte Verbot der Bluttransfusionen hat also einen religiösen Hintergrund, der nicht ansatzweise im Kontext der medizinischen Lebenserhaltung zu finden ist. Über die Bluttransfusion, wie sie heute ausgeübt wird, sagt die Bibel nichts – und auch mit heidnischen Gebräuchen hat sie nichts gemeinsam, sondern es geht darum, Leben zu retten*

.

*Hier gilt eindeutig der schon im Alten Testament vorkommende Aufruf Gottes: ‚Barmherzigkeit will ich, nicht Opfer' (Hos 6,6), den Jesus aufgreift und verstärkt (Mt 9,13; 12,7 parr.)." (Quelle 2)*

Hans-Jürgen Twisselmann bringt den Denkfehler der Wachtturm-Gesellschaft bezüglich dieser Frage treffend auf den Punkt:

*„Gottes Blutverbot betonte die Heiligkeit des Lebens. Tierblut zu essen bedeutet daher, die Heiligkeit des Lebens geringzuschätzen. Blutspenden und Blutübertragen aber bedeutet, die Heiligkeit des Lebens zu achten und zu unterscheiden. Diese zwei grundverschiedenen Dinge auf eine Stufe zu stellen, grenzt an Menschenverachtung und Bosheit." (Twisselmann, Hans-Jürgen: Jehovas Zeugen,1992, S. 59, Quelle 3)*

Über dieses Thema könnte man ein eigenes Buch schreiben. Fakt ist jedoch meiner Meinung nach folgender: Das unbestritten biblische Gebot Gottes, sich des Blutes zu enthalten, wird noch heute auf fast jede Form von Bluttransfusionen angewendet – sogar auf die Eigenbluttransfusion, in welcher EIGENES Blut den Körper verlässt, gereinigt, eingelagert und wieder transferiert wird. Auch das von Jehovas Zeugen verwendete Druckmittel der Exkommunikation, beziehungsweise, wie später noch ausführlich behandelt wird, der „freiwillige Rücktritt" aus der Gemeinschaft bei Annahme einer Bluttransfusion ohne spätere Reue macht bei vielen Patienten die Entscheidungsfindung sicherlich nicht einfacher. *(Quelle 15)*

Ich für meinen Teil werde niemals ein Argument akzeptieren können, auf dessen Grundlage man – aufgrund eines aus dem Kontext gezogenen biblischen Gebotes – den Tod seines eigenen Kindes auch nur in Betracht ziehen kann, um den dann verbundenen seelischen Schmerz mit der Hoffnung auf eine Auferstehung in einem Paradies zu kompensieren. Und noch viel weniger werde ich eine imaginäre Argumentationskette eines „liebevollen Gottes" nachvollziehen können, der sich über das „Opfer" eines zehnjährigen Kindes freut. Vielmehr ist das Ausleben dieses Gesetzes meiner Meinung nach eines der charakteristischsten Beispiele des Extremismus von Jehovas Zeugen.

Man muss an dieser Stelle natürlich anmerken, dass jeder Mensch selbst entscheiden darf, welche Art der medizinischen Versorgung er für sich persönlich wählt. Diese Entscheidung hat man zu respektieren und zu achten. Die Problematik, die sich bei dem Thema Bluttransfusionen aber ergibt, ist die Tatsache, dass Eltern über das Leben ihrer Kinder entscheiden – diese haben keine andere Möglichkeit, als sich ihrem Willen zu beugen. Und genau hier KANN sich ein religiöser Glaube zu einem lebensgefährlichen Extremismus entwickeln – insbesondere, wenn Minderjährige ihr „biblisch geschultes Gewissen" gegenüber Ärzten als Argument nehmen, kein Blut zu erhalten.

Immer wieder werden von der Organisation Erfahrungen solcher teilweise erst zehnjähriger Kinder veröffentlicht, die mit dem Tode ringend ihren Gott Jehova „ehrten", indem sie lieber den Tod akzeptierten als eine Bluttransfusion zu bewilligen – schließlich würden sie im Paradies wieder auferstehen.

Im Jahr 1994 gab es eine eigene Erwachet-Ausgabe mit dem Titel *„Jugendliche, die Gott den Vorrang geben"*. Das Titelbild ziert über zwanzig verschiedene Kinder, die aufgrund ihrer

Verweigerung, eine Bluttransfusion zu nehmen, teilweise sogar sterben mussten.

Zu Beginn des Artikels erklärt die Wachtturm-Gesellschaft, dass in *„biblischen Zeiten tausende von Jugendlichen bereit waren zu sterben, weil sie Gott den Vorrang gaben. Heute ist es nicht anders, nur spielt sich das Drama in den Krankenhäusern und Gerichtssälen ab – es geht um Bluttransfusionen"*.

Leider sind solche Artikel nicht die Ausnahme. Auf der Webseite *„JW Org"* findet man eine Vielzahl von Publikationen der Leitenden Körperschaft, in denen der Tod von Kindern, die aufgrund einer abgelehnten Bluttransfusion nicht überlebt haben und als Märtyrer glorifiziert werden, als Beispiel für treue und gehorsame Diener Jehovas genommen wird. *(Quelle 21)*

Natürlich versuchen eigene, sogenannte Krankenhausverbindungskomitees der Wachtturm-Gesellschaft, im Falle einer Operation alle Möglichkeiten einer blutfreien Behandlung mit den behandelnden Ärzten zu eruieren – aber im „Worst Case" wird man einen Patienten sterben lassen. An diesem Fakt führt kein Schönreden vorbei.

Man findet in den Medien unzählige Berichte von Krankenhäusern, die über solche Situation berichten. 2018 erklärten bei einer gerichtlichen Anhörung zwei Ärzte von mehreren Fällen im Bremer Krankenhaus:

„Wir hatten ein Frühgeborenes mit Blutarmut", erzählt Hans-Iko Huppertz von der Professor-Hess-Kinderklinik. „Die Eltern waren Zeugen Jehovas. Mehrere Glaubensgenossen kamen hinzu. Schließlich lehnten die Eltern die Transfusion ab. Später sind sie aber noch einmal zu mir gekommen und haben mir von ihrem inneren Konflikt und der Angst vor der Ausstoßung berichtet. Nur durch eine rasche richterliche Verfügung erhielt das

Kind schließlich die rettende Transfusion." (*Quelle 4)*

Auch der österreichische *Standard* berichtet am 31.03.2006 vom Fall eines neunzehnjährigen Zeugen Jehovas, den die Ärzte wegen einer verweigerten Bluttransfusion haben verbluten lassen müssen. Der Generaldirektor der KAV Wien Wilhelm Marhold sagte gegenüber dem Standard, „dass es für alle Beteiligten nur sehr schwer zu verkraften war, dem Patienten absolut nicht mehr helfen zu können, obwohl es medizinisch ohne weiteres möglich gewesen wäre".

Im *Stern vom 28.06.2019 (Quelle 5)* gab es einen weiteren erschreckenden Bericht eines fünfjährigen Kindes aus England. Das Mädchen litt an einer schweren Erbkrankheit. Eine lebensrettende Bluttransfusion hätte die gefährlichsten Auswirkungen verhindern können. Die Ärzte diagnostizierten eine lebensgefährliche Krise; ohne Transfusion drohe das Mädchen zu sterben oder einen Schlaganfall zu erleiden. Das Problem: Die Familie des Mädchens gehörte zu den Zeugen Jehovas – eine Transfusion war aber die einzige Möglichkeit, um rechtzeitig das Leben des Kindes zu retten. Deshalb riefen die Ärzte des Krankenhauses das zuständige Familiengericht an, eine Entscheidung zu fällen. Der Richter bekam sowohl den Standpunkt der Gläubigen erklärt als auch eine medizinische Einschätzung eines Experten zum Gesundheitszustand des Mädchens. Der Vater des Kindes brach vor Gericht zusammen und sagte, er wolle, dass seine Tochter lebe, aber dass er einer Transfusion nicht zustimmen könne. Insofern dürften die Eltern womöglich erleichtert gewesen sein, dass das Gericht ihnen die Entscheidung abnahm. Der Richter entschied, dass in diesem Fall eine Bluttransfusion die einzige Möglichkeit und dringend notwendig sei.

Meine persönliche Meinung zu diesem Thema ist unmissverständlich, dass die gesamte Argumentationskette von Risiken möglicher Krankheitsübertragungen bei Transfusionen nur vorgeschobener Natur ist. Dass Bluttransfusionen ein besonders hohes Risiko für die Verbreitung von AIDS darstellen, war zum Beispiel erst in den achtziger Jahren ein halbwegs nachvollziehbares Argument.

Denn selbst wenn diese Risiken nicht bestünden, bliebe die starre Haltung der Organisation zu dem Verbot unverändert. Die Möglichkeiten einer Gesundheitsgefährdung durch verunreinigte Bluttransfusionen werden mMn im Zuge der gesamten Problematik einfach nur gerne als vorgeschobene Argumentationshilfe genutzt, Zeugen Jehovas jede Art von Bluttransfusionen zu verbieten und die „wackelige" biblische Grundlage des Verbotes mit – sicherlich auch im Einzelfall berechtigten – Risiken zu unterstreichen.

Dies wird besonders dadurch veranschaulicht, dass sogar Eigenbluttransfusionen verboten sind – eine der unlogischsten Auslegungen in der gesamten Causa. Eigenes Blut wird dem Patienten entnommen, eingelagert und zum Zeitpunkt der Operation verabreicht. Selbst wenn man aufgrund von gesundheitlichen Risiken alle Argumente gegen eine Bluttransfusion akzeptieren würde, so bliebe diese Methode am Ende außen vor.

Ich habe diesen Ausweis ab meinem vierzehnten Lebensjahr nicht mehr getragen und hätte auch niemals auf eine Bluttransfusion verzichtet – geschweige denn, dass ich nur eine Sekunde bei meinen eigenen Kindern darüber nachgedacht hätte. Man wird einem Außenstehenden niemals verständlich machen können, wie das Befolgen und Auslegen göttlicher Gesetze, die vor 5000 Jahren in einem völlig anderen Kontext erteilt wurden, sogar über das Leben der eigenen Kinder gestellt wird.

Aus diesem Grund war ich froh, wenn dieses Thema im Predigtdienst nicht angesprochen wurde. Und wenn doch, dann wäre ein „Cut" für mich immer die bessere Option gewesen – egal, was Großvater dachte.

Unabhängig davon kann ich mich in all den Jahren an kein einziges Bibelstudium erinnern, das bei den hunderten RBs herausgekommen wäre – weder bei meinem Großvater noch bei mir. Aber wir hatten beide einen bomben Predigtdienstbericht. Und das ist bei Zeugen Jehovas das A und O. Nichts wird so akribisch registriert und kontrolliert wie der monatlich abzugebende Predigtdienstbericht – eine Zusammenfassung über die Anzahl der geleisteten Missionarsstunden, der Rückbesuche, Bibelstudien und Anzahl der verteilten Publikationen. Jeder Verkündiger besaß eine Verkündigerdienstkarte. In diese wurden die Berichte monatlich übertragen. Man war so gegenüber den Ältesten ein komplett offenes Buch.

Dieser Bericht war die Grundlage für jedwedes Vorrecht, welches man in der Versammlung erhalten konnte und verkörperte „die Liebe" eines Zeugen Jehovas zu seinem Gott und der Organisation – je besser der Monatsbericht war, umso größer war „die Liebe". Und die Angst vor einem Entzug von göttlichen Segnungen – wenn man den Bericht „frisieren" wollte – war viel zu groß, als dass man sich mit ein paar Übertreibungen in einem besseren Licht dargestellt hätte.

Leider hatte mein Großvater aber noch ein ganz anderes Faible, das mich regelmäßig an den Rand des Nervenzusammenbruches führte. Neben dem klassischen Haus-zu-Haus-Dienst gehörte der „Straßendienst" jahrelang zu einer sehr gern gewählten Variante des Predigens. Insbesondere für ältere Zeugen

Jehovas, die nicht mehr Treppensteigen konnten, war diese Form des Missionierens eine Alternative. Dabei stellt man sich – ausgerüstet mit zwei Zeitschriften – vor Kinos, Supermärkte oder anderen stark frequentierten Standorten in der Innenstadt auf. Im Grunde steht man dann dort – gemütlich, in der Sonne ohne Stress – und wartet darauf, dass Passanten einen auf die hochgehobenen Zeitschriften ansprechen. Was definitiv nie vorkommt.

Im Haus-zu-Haus-Dienst jemanden aus der Schule anzutreffen war wie ein Sechser im Lotto. So etwas kam bei mir in zehn Jahren nicht einmal vor. Ganz anders aber im Straßendienst. Nicht nur mein Großvater, sondern auch andere, meist jüngere Mitbrüder aus unserer Versammlung, schätzten diese Art des einfachen „Predigens“.

Und so gehörte zum Beispiel Wiesbadens größtes Kino zum Lieblingsplatz vieler Zeugen.

Diese Stunden waren für mich immer die Hölle auf Erden. So mussten sich im Mittelalter öffentlich zur Schau gestellte Verbrecher im Stock gefühlt haben. Nicht nur, dass im Kino genug Filme am Nachmittag liefen, befand sich dieses auch noch direkt an einem der Hauptumschlagplätze des Busverkehrs von Wiesbaden. Im Zwei-Minuten-Takt hielten alle möglichen Buslinien an – und ich stand fünf Meter Luftlinie entfernt mit Anzug, Krawatte und mit hochgehaltenem Wachtturm und Erwachet in meinen Händen.

Widerspruch war zwecklos. *„Jesus wurde verspottet, also kannst du das auch aushalten“*, war die klassische Aufmunterung. *„Sei stolz, dass du als Zeuge Jehovas die Wahrheit verkündigen darfst“*, war eine andere. Und mein persönlicher Favorit war: *„Betrachte deine Klassenkameraden als dein persönliches*

*Predigtdienstgebiet."*

Das war so ziemlich der größte Bullshit, den man einem nicht mal Zwölfjährigen als Beruhigung mit auf den Weg geben konnte. Alle zwei Minuten setzte mein Herz aus und die Angst, dass einer meiner Mitschüler aus dem Bus der gerade 500 Meter entfernten Schule aussteigen würde, war unbeschreiblich groß. Und irgendwann geschah es. „Erde geh auf, ich will sterben", waren meine ersten Gedanken. Nie wieder werde ich das sarkastische Lächeln von Tobias aus der Oberstufe vergessen, der ab dem folgenden Montag die Hetzattacken auf ein neues Level bewegte.

*„Das Lebens des Brian"* ist eine der sarkastischsten Komödien der achtziger Jahre und parodiert in bester Monty Python Manier das Leben Jesu. Es versteht sich von selbst, dass dieser Film für uns Zeugen Jehovas absolut tabu war. Blasphemie auf höchster Ebene sozusagen. *„Schwanzus Longus und Inkontinenzia"*. Ich liebte ihn einfach.

Und so wunderte es mich nicht, dass ich ab dem darauffolgenden Montag jeden Morgen vor dem Klassenzimmer von einer Horde Siebtklässler, die mich – mit den Händen über dem Kopf, Jesus am Kreuz spielend – mit *„Jehova, Jehova"* begrüßten, verarscht wurde. Wer den Film kennt, kann die Szene zuordnen. Das war dann die nächsten Jahre mein morgendliches Begrüßungskomitee.

Einen Vorteil hatte dieses „Outing" allerdings.

„Ist der Ruf erst ruiniert, lebt es sich ganz ungeniert." Als auf der Realschule mein „besonderes Hobby" erstmal in allen Klassenstufen bekannt war, konnte ich das Versteckspiel beenden. Es hätte sowieso keinen Sinn mehr gehabt. Allein aufgrund unserer ständigen Präsenz auf der Straße waren wir als Familie unverkennbar als Zeugen Jehovas in halb Wiesbaden bekannt. Unser Königreichssaal befand sich bis Anfang der 2000er Jahre im Hinterhof eines der schäbigsten Viertel von Wiesbaden. Aus der Vogelperspektive betrachtet glich es einer grünen Oase – mit Bäumen, Brunnen und einer mediterran gepflasterten Einfahrt, direkt im Hinterhof neben einer türkischen Moschee, versperrt mit einem riesigen Eisentor.

Man konnte die Uhr danach stellen, wie wir als Familie drei Mal wöchentlich mit Anzug, Krawatte und Pilotenkoffer, bei meiner Mutter und den Schwestern in bunten Kleidern, in den fünfzehn Minuten entfernten Saal liefen. Da die meisten aus unserer Gemeinde in räumlicher Nähe zueinander wohnten, war es irgendwann ein Bild, was zum Viertel dazugehörte. Der Gang der Familie „Kunterbunt“ mit Dutzenden „Glaubensgeschwistern“ zu ihren wöchentlichen Zusammenkünften; inmitten des dreckigsten Viertels von Wiesbaden.

Abgesehen von diesen ständig präsenten und belastenden Nebenerscheinungen in meinen jungen Jahren kann ich meine Kindheit bei den Zeugen Jehovas nicht als schlecht oder langweilig bezeichnen. Jedem Erwachsenen, der sein Leben reflektiert, ist der Umstand, dass einem als Kind seine Erziehung und sein Leben prinzipiell immer als „normal“ erscheinen, bewusst.

Unbestritten lebten wir in einem Käfig – aber er war sicherlich in vielem auch ein goldener Käfig. Auch wenn wir uns in einem geschlossenen Kreis bewegten und jeglicher Kontakt außerhalb dieses Kreises verboten war, versuchten insbesondere unsere Eltern, dies mit aller Kreativität zu kompensieren. Häufig höre ich heute noch Aussagen wie: *„Die armen Zeugenkinder bekommen nie Geschenke“* oder *„Die armen Zeugenkinder dürfen keine Feste feiern“*. Das ist ein Vorurteil, welchem ich zur Gänze widersprechen muss. Auch wenn wir kein Weihnachten und keinen Geburtstag feierten – typische Anlässe, um seine Kinder zu beschenken –, haben wir als Familie jedes Jahr mindestens ein „Familienfest“ gefeiert. Hier durften wir ebenfalls einen Wunschzettel schreiben und wurden von unseren Eltern beschenkt – und wir beschenkten auch sie, als wir älter waren. Auch innerhalb der Versammlungsgemeinde gab es mindestens einmal jährlich ein großes Versammlungsfest, wo der Bürgersaal in Wiesbaden gemietet wurde und wir Feiern abhielten. Im Sommer trafen wir uns eigentlich jeden Sonntagnachmittag mit manchmal hundert Zeugen aus den Nachbarsversammlungen zum Grillen oder Fußballspielen, gingen ins Schwimmbad, im Winter Eislaufen und besuchten später auch – natürlich christlich korrekte – Kinovorstellungen.

Auch die immer wieder in Medien kolportierten Gerüchte angeblicher „Schläge“ und „körperlicher Züchtigungen“, die Kinder von Zeugen Jehovas erdulden müssen, haben keine Wahrheitsbasis. Bis heute war ich mit sieben verschiedenen Versammlungen „verbunden“ – mit hunderten von Kindern – und noch NIE habe ich nur ansatzweise Vergleichbares beobachten müssen.

Unbestritten ist die Erziehung der Zeugen Jehovas als sehr streng zu bewerten – aber sicherlich nicht im Sinne von körperlichen Maßnahmen. Vermutlich gibt es auch hier Ausnahmen – diese kann ich jedoch nicht bestätigen.

In summa summarum führten wir kein anderes Leben als das unserer „weltlichen“ Gleichaltrigen – nur eben als geschlossene Gesellschaft. Das Gebot der Organisation, uns von weltlichem, schlechtem Umgang fernzuhalten, war weder für mich noch für meine – auch heute ausgetretenen – Freunde ein wirkliches

Problem; denn wir hatten UNS.

Allerdings hat dieses System eine wesentliche und elementare Begleiterscheinung, deren Folgen man insbesondere als Jugendlicher weder begreifen noch erkennen kann. Erst viele Jahre später zeigte sich mir das irreversible Resultat auf: Die alternativlose Abhängigkeit einer in sich geschlossenen Religionsgemeinschaft und das Fehlen jeglicher Verbindung zur „realen Welt“, beziehungsweise die Fähigkeit, eine solche aufzubauen.

Schon damals wurde mir deutlich, dass trotz der immer spürbaren Harmonie innerhalb der Gemeinde eine Art des Gruppenzwangs unter uns jungen Leuten entstand. Gezeigt hat sich dies zum Beispiel, als sich einer der ersten unserer Clique hat taufen lassen – und zwar Mike. Der Gedanke, dass er durch die Taufe auf ein neues Level innerhalb der Organisation gestellt wurde, war für viele von uns schwer zu ertragen; insbesondere für mich. Mike war sowieso immer der Erste bei allen Vorrechten. Der Erste „Mikrofonträger“ und auch der Erste, der als Gehilfe eines Ältesten die Literatur verkaufen und Bestellungen verwalten durfte.

Mike war mein bester Freund. Wir waren von klein auf wie Brüder und uns verband eine jahrelange Freundschaft, die auch durch seinen frühzeitigen Austritt bis heute nicht erloschen ist. Im Grunde „hingen“ wir jede Minute beieinander. Wir verbrachten unsere gesamte Freizeit zusammen, teilten alle Hobbys und gingen in alle möglichen, nicht „zeugenkonformen“ Kinofilme – während alle dachten, wir wären zusammen brav am Missionieren.

Als Mike mir erzählte, dass er sich taufen lassen wird, brach eine regelrechte Panik in mir aus. Natürlich, ich liebte es zu predigen. Ich liebte auch die Zusammenkünfte, die Teilnahme an der Predigtdienstschule, das Kommentare-Geben beim Wachtturm-Studium und die Gemeinschaft innerhalb der Versammlung.

Aber etwas hatte ich nicht: Die „Wahrheit" – wie Zeugen Jehovas ihre Lehren nennen – war kein Teil von mir und meiner Persönlichkeit. Die Anzeichen dafür waren im Grunde immer klar zu erkennen, sowohl als Jugendlicher als auch später als Erwachsener, doch besonders meine Eltern wollten dies wahrscheinlich nicht wahrhaben.

Ein Zeuge Jehovas wird nicht nur anhand seiner „öffentlichen Taten" gemessen. Es ist das eine, ob man fünfzig Stunden im Monat missionieren geht oder jede Zusammenkunft besucht. Ob man die „Wahrheit" aber auch tatsächlich „im Herzen trägt", diese verinnerlicht und seine Lebensplanung nach den Grundsätzen der Organisation ausrichtet, zeigen ganz andere Parameter.

So waren zum Beispiel meine Gebete, die ich ab meiner Taufe mit meiner Familie halten musste, auswendig gelernte, emotionslose „Morsenachrichten", die niemals eine tiefere Substanz hatten. *„Jehova, Bitte, Danke und Amen."* Ungefähr in dieser Reihenfolge.

Meine Eltern hatten die Angewohnheit, mindestens vier bis fünfmal am Tag mit uns zu beten. Morgens vor der Schule, zum Mittagessen, nachmittags zum Kaffee, zum Abendessen und insbesondere – und dies prägt mich bis heute – zum Einschlafen. Dieses „Ritual zur Nacht" war für mich spätestens als Teenager ein für Außenstehende nicht mehr nachzuvollziehendes Laster.

Mit kleinen Kindern zur Nacht zu beten halte ich aus religiös erzieherischer Perspektive für vertretbar und auch fördernd. Als ich jedoch älter wurde und mich mit sechzehn Jahren um 21 Uhr von *„TV Total"* aufrappeln musste, weil unser Vater mit allen im Wohnzimmer das Nachtgebet sprechen wollte, baute sich in mir eine regelrechte Abscheu dagegen auf. Weder verstand ich angesichts unseres Alters dieses Ritual, noch hielt ich es für notwendig.

Aber genau wegen dieser meiner Reaktion und Denkweise war mir schon sehr früh klar, dass es mir einfach an dem notwendigen Glaubensbekenntnis fehlte – eine unabdingbare Voraussetzung eines gläubigen Zeugen Jehovas. Denn das Gebet zu Gott ist etwas, was auch in den theokratischen Lehren als wichtigster Bestandteil eines wahren Christen beschrieben wird.

Jede, aber wirklich jede Entscheidung eines Zeugen Jehovas sollte unter Gebet getroffen werden – denn Gott ist nicht nur ein namenloses Wesen, sondern sollte der beste Freund eines jeden Christen sein. Und meine Eltern waren hier absolute theokratische Vorbilder. Denn zusätzlich zu den erwähnten täglichen „Fixgebeten" gab es unzählige weitere Situationen, bei denen man einfachste Entscheidungen des Lebens unter Gebet in die „Hand Jehovas" legte. Und genau hier erkannte ich in späteren Jahren, dass ich nicht ansatzweise als Zeuge Jehovas geboren bin, da mir diese Sichtweise komplett suspekt war.

Auch meine unzähligen Stunden im Predigtdienst waren meistens nicht Ergebnis vom fleißigen Missionieren, sondern von „Statistiktricks", bei denen man beispielsweise um neun Uhr morgens vor seiner Haustür einem Passanten ein Traktat in die Hand drückt und dann mit öffentlichen Verkehrsmitteln eine Stunde ans andere Ende von Wiesbaden in sein eigentliches Gebiet fuhr – auf dem Rückweg das Gleiche natürlich nochmal. Das Zeitfenster an sich zählte als Gesamtergebnis – und so kamen schnell mal vier Stunden „berichtskonformes“ Missionieren zusammen, obwohl es effektiv maximal 1,5 Stunden waren.

Auch die Bereitschaft, auf unseren Kongressen besondere freiwillige Dienste zu verrichten, war eher nicht vorhanden. Mike und ich drückten uns wo immer es ging vor irgendwelchen Aufgaben.

Bis heute kann ich voller Überzeugung sagen, dass mich die Vorstellung eines ewigen Lebens in einem Paradies spätestens ab dem Teeangeralter einfach nicht mehr interessierte – ebenso eine etwaige Vernichtung in Harmagedon. Der Eifer, den ich bis zu meinem siebzehnten Lebensjahr unbestritten exzessiv ausgelebt hatte, fand seine Motivation nicht im Beweggrund, meinem Gott aus Dankbarkeit zu dienen oder mich der biblischen Hoffnung für die Zukunft verdient zu machen, sondern darin, ein anerkanntes und beliebtes Mitglied der Gemeinde zu sein.

Das Leben als Zeuge Jehovas stellte einen existenziellen Gegenpol zu meinem nicht vorhandenen realen Leben in der Welt dar. Meine Freizeit, mein Freundeskreis und im Grunde genommen meine gesamte Lebensgrundlage führte ich im geschlossenen Kreis der Organisation. Je mehr ich mich im Predigtdienst oder in den Zusammenkünften beteiligte, desto größer war der Zuspruch.

Irgendwann war der Level erreicht, der mir als Kompensation genügte – und deshalb gab es auch de facto keine Bereitschaft, mehr zu tun. Und so mogelte ich mich schon im Teenageralter jahrelang durch das System hindurch.

Mit dieser Lebensart – und den daraus resultierenden innerlichen Konflikten – war ich durchaus nicht allein. Rückblickend kann ich feststellen, dass heute alle meine damaligen Freunde entweder ausgeschlossen oder aber als Dienstamtgehilfen oder

Älteste tätig sind – irgendwelche „Mitläufer“ sind die absolute Ausnahme. Das Motto lautet: *„Ganz oder gar nicht.“*

Fast alle, die wie ich irgendwann aus der Organisation ausgetreten sind, hatten gleiche oder ähnliche emotionale Entwicklungsprozesse in jungen Jahren erlebt.

Bei Mike merkte man die Veränderung schon lange vor seiner Volljährigkeit. Er nahm absolut nichts mehr ernst und verarschte alles und jeden mit seinem zugegebenermaßen alle anderen übertreffenden Intellekt – verrichtete aber pflichtgemäß alle ihm übertragenen Aufgaben und Vorrechte. Es war seine persönliche „gute Miene zum bösen Spiel“ – welche mit seiner Volljährigkeit dann in einem für introvertierte Zeugen Jehovas fassungslosen Coming Out und seinem Austritt aus der Organisation endete. Niemand, nicht einmal ich, war darüber im Vorhinein eingeweiht worden. Er war noch nie so frei wie in diesem Moment.

Ein anderer in unserer Clique war eher der Bad Boy – und wurde aufgrund seiner Ähnlichkeit und seiner Lebensart der kleine *„Bon Jovi“* genannt. Er hing jedes Wochenende in irgendwelchen Bars und Discos ab und machte es sich zum Hobby, jeden Samstag aufs Neue sein Zölibat zu brechen. Er war anders als wir andere, da er seinen Protest öffentlich demonstrierte und auslebte. Niemals werde ich vergessen, wie er mitten im Wachtturm-Studium händchenhaltend mit seiner „weltlichen“ Freundin den Saal betrat, sich in die erste Reihe setzte und alle Anwesenden zum Fremdschämen brachte. So viel Mut brachte ihm den Respekt von uns anderen ein.

Dutzende solcher Laufbahnen hatten alle eines gemeinsam: Wir alle wahrten nach außen hin den Schein eines glücklichen Christen und versuchten bis zur Volljährigkeit durch das System zu schlüpfen. Fünf Jahre lang führte ich nach meiner Taufe dieses emotionale Doppelleben.

Auf der einen Seite ein eifriger treuer Zeuge Jehovas und auf der anderen Seite ein Christ, der bereits die – zugegebenermaßen verdrängte – Gewissheit hatte, lediglich wegen ihrer Menschen der Organisation treu zu bleiben.

# Fleißige Hände

Ein großes Thema unserer Jugendzeit war das „Vorrecht", im regionalen Baukomitee mitzuwirken.

Ein Aspekt der Religionsgemeinschaft der Zeugen Jehovas, welcher der Öffentlichkeit eher unbekannt und in all seinen Facetten auch den eigenen Mitgliedern oftmals so nicht bekannt ist, betrifft die Finanzierung der weltweiten Organisation.

Diese wird durch die Wachtturm-Gesellschaft schon seit über dreißig Jahren zur Gänze aus freiwilligen Spenden finanziert – und auch in den Jahrzehnten davor wurden nur geringe kostendeckende Verrechnungen für die verbreiteten Publikationen fakturiert. Diese Tatsache ist unbestritten – und auch wenn diverse „Kanäle" oft kriminellen Machenschaften vermuten, handelt es sich dabei um „Fake News". Acht Millionen Mitglieder finanzieren einzig und allein durch ihre freiwilligen Spenden dieses „Milliardengeschäft" – Steuern oder andere Abgaben existieren nicht. Gespendet werden kann alles, von Geld, über Wertpapiere, Immobilien, Testamente und Versicherungspolicen. Man freut sich über jede Form finanzieller Mittel.

Doch auch, wenn das Wort „freiwillig" im ersten Moment der Wahrheit entspricht, steckt hinter dieser Praxis ein psychologisch höchst ausjustiertes Vorgehen. Spenden werden in den Publikationen oft in den Konsens gesetzt, Jehova und Jesus näherzukommen und sich mit ihnen anzufreunden. Spenden sind somit zwar freiwillig, aber nur wer spendet, hat auch die Legitimation, Gott als seinen Freund zu bezeichnen.

Schon kleinen Kindern wird in biblischen Clips die Wichtigkeit des Spendens beigebracht und sie werden ermuntert, Teile ihres

Taschengeldes für das weltweite Werk zur Verfügung zu stellen.

Was sich im ersten Moment utopisch anhört, ist bei genauerer Betrachtungsweise allerdings nicht in der Sphäre göttlicher Segnungen zu finden.

Als Beispiel sei hier das weltweite Immobilienportfolio der Organisation zu nennen. In den sechziger Jahren erwarb die Wachtturm-Gesellschaft für ihre neue Weltzentrale in Brooklyn für drei Millionen Dollar eine Gewerbefläche von 68.000 m² – mit Blick auf die Brooklyn Bridge ein absolutes „Filetstück" auf dem dortigen Immobilienmarkt. Weitere drei Dutzend Immobilien wurden im Laufe der Jahre in Nähe des Zentrums dazu erworben. Dieses Portfolio wurde ab 2015 sukzessive abverkauft. Grund war der Bau einer neuen Weltzentrale im nahe gelegenen Warwick. Allein dieses eine Portfolio hatte nun – nach über vierzig Jahren – einen Marktwert von etwa einer Milliarde Euro.

Jeder, der sich mit dem Thema Immobilien beschäftigt, hat Kenntnis darüber, wie in den vergangenen Jahrzehnten die Immobilienpreise in 1a-Lagen – insbesondere bei Gewerbeimmobilien – exorbitant gestiegen sind. Und auch wenn sich die erzielte Rendite am Beispiel von Brooklyn zuerst unglaubwürdig anhören mag, so sind dies normale Wertsteigerungen, die man im Gewerbebereich oftmals vorfindet – besonders, wenn man den langen Zeitraum berücksichtigt. Vor allem in Hotspots wie London oder New York konnte man in den vergangenen Jahren mit Immobilientransaktionen solch hohe Renditen erzielen.

Jetzt sind es aber nicht nur solche wirtschaftlich schlauen „Schachzüge", derer sich die Organisation mit gutem Recht bedient, sondern sie nutzt auch ein einzigartiges Bausystem, welches man weltweit kein zweites Mal vorfindet.

Sämtliche Bauvorhaben, seien es nun die Königreichssäle, die Kongresssäle oder auch die Zweigbüros, werden fast ausschließlich durch die freiwillige und kostenlose Arbeit der eigenen Mitglieder errichtet. Viele unserer Gemeindemitglieder waren in diesem „Baukomitee“ freiwillig beschäftigt und verbrachten die Wochenenden auf regionalen Baustellen der Zeugen Jehovas.

In meiner Zeit in Wiesbaden konnte ich so ein Vorhaben selbst begleiten. Als 2003 mehrere neue Königreichssäle gebaut werden sollten, wurde der ganze Komplex über zwei Jahre hinweg durch hunderte freiwillige Helfer errichtet. Es war ein Projekt, in welchem die vier deutschen Versammlungen sowie die vielen fremdsprachigen Gruppen aus Wiesbaden Hand in Hand zusammenarbeiteten. Von der Planung bis zur Fertigstellung wurden Jung und Alt mit einbezogen. Es war ein großer Bauplatz und die Hundertschaften von freiwilligen Helfern mussten natürlich auch versorgt werden – all das geschah rund um die Uhr.

Ich gebe an dieser Stelle ehrlich zu, dass ich mich damals kein einziges Mal dort habe blicken lassen. Zum einen habe ich zwei linke Hände und zum anderen fehlte es mir an der „richtigen Einstellung“ dafür, neben meiner Selbstständigkeit kostenlose Arbeiten zu verrichten.

Nichtsdestotrotz durfte ich dieses Bauprojekt persönlich von der Planungs- bis zur Übergabephase hautnah miterleben – und es war faszinierend. Berufstätige Familienväter, die durch die Theokratie ohnehin kaum noch zeitliche Ressourcen hatten und Teile ihres Jahresurlaubs nahmen, Ehefrauen, die die Arbeiter drei Mal täglich mit Verpflegung versorgten, viele Ältere, die trotz gesundheitlicher Einschränkungen ihren Teil dazu beitrugen und selbst Jugendliche, die neben ihrer Schulzeit jede freie

Minute auf der Baustelle verbrachten, um die oftmals eintönigen, aber notwendigen Arbeiten zu verrichten. Genau diese Art des Zusammenhaltes und der solidarischen Hilfe ist ein Charakteristikum von Zeugen Jehovas. Hand in Hand und ohne jegliche finanzielle Zuwendung opfern sie in solchen Zeiten den letzten Funken ihrer zeitlichen Ressourcen für die Gemeinschaft.

Sie schulen und bilden ihre Helfer aus und sind bei Baubehörden weltweit für die penible Einhaltung höchster Sicherheitsstandards bekannt.

# Der (un)glücklichste Mensch auf Erden

## Reutte 2017

Jede Geschichte hat einen Anfang und irgendwann ein Ende. Ob die Geschichte meiner religiösen Laufbahn mit siebzehn Jahren begann oder endete, liegt ganz im Auge des Betrachters und einer sorgfältigen Definition des Wortes „Laufbahn".

Unbestritten ist jedoch die Tatsache, dass kurz vor meiner Volljährigkeit ein emotionaler Schnitt stattfand, ab dem meine Religionszugehörigkeit nur noch als alltägliche Belastung bezeichnet werden konnte.

Manche Konsequenzen versteht man im Leben erst mit ausreichendem Abstand und geistiger Reife. Und so konnte ich erst über zwanzig Jahre später, aus einer sachlichen und emotionslosen Perspektive heraus, ein realistisches Resümee dieser Entwicklung vornehmen.

Solange ich an meine Kinder- und Jugendzeit zurückdenke, gehörten zwei Aspekte untrennbar zu meiner Persönlichkeit. Zum einen war ich immer sehr zielstrebig und zum anderen hatte ich eine ganz genaue Vorstellung im Hinblick auf meine Ziele im Leben.

Von klein auf verbrachten wir als Familie die Sommer- und Winterferien in Österreich. In der Grenzregion von Deutschland und Österreich, im wunderschönen Tirol, bauten sich meine Eltern im Laufe vieler Jahrzehnte einen großen Freundeskreis auf. Tirol symbolisierte immer die Art von Leben, die sich meine Eltern als „das Paradies" vorstellten.

Hier – nur wenige Kilometer hinter der deutschen Grenze – tickten die Uhren noch anders. Inmitten der unberührten Landschaft, wunderschönen Seen und idyllischen Dörfern, schienen die Probleme einer Großstadtfamilie weit hinter einem zu liegen.

Im Laufe der Jahre wurden der Anschluss zu der dortigen Versammlung und die Freundschaften mit vielen Familien über die Landesgrenzen hinaus immer enger. Natürlich war es wie zuhause – die sozialen Kontakte bestanden ausschließlich aus den dortigen Zeugen Jehovas.

Ich war noch sehr jung, als für mich feststand, dass ich später einmal in Österreich leben und arbeiten werde. Natürlich spielte die kindlich-naive Sicht auf ein gefühlt „sorgenloses Land" eine große Rolle bei diesem Ziel, aber mit Beginn der Realschule legte ich bereits alle Weichen, um dieses Vorhaben zu erreichen. Mein damaliger Berufswunsch spielte mir bei meinen Planungen mit in die Karten. Seit meiner Kindheit schwärmte mir mein Vater vom Beruf des Försters vor, den er selbst immer zu gerne ausgeübt hätte. Für mich war irgendwann klar, dass dies meine Bestimmung sein wird – als Förster in Tirol zu leben, nichts war mehr in Stein gemeißelt als dieser Plan.

Bereits mit fünfzehn Jahren sicherte ich mir deshalb in Wiesbaden einen Ausbildungsplatz als Forstwirt. Schulische Leistungen waren ab diesem Zeitpunkt absolut nebensächlich. Ich hatte meine Zusage und alles andere spielte keine Rolle mehr.

In dieser Zeit wurde auch mein persönlicher Freundeskreis in Tirol immer größer. Einen fünfzehn Jahre älteren Einheimischen, der mir die Schönheiten der Berge zeigte und mit dem ich viele unvergessene Bergtouren über mehrere Tage und Wochen in Tirol verbrachte, durfte ich bald als einen meiner besten

Freunde bezeichnen. Er war wie ein großer Bruder, durch den ich noch mehr in die dortige Gemeinde integriert wurde. Was die Versammlung dort sicherlich ausmachte, war der außergewöhnlich spürbare Zusammenhalt und die Verbundenheit untereinander – man verbrachte praktisch jede freie Minute miteinander.

Dazu kam die permanente „Verstärkung" von „Zeugen-Jehovas-Touristen", die in der Gegend Urlaub machten, die Zusammenkünfte brav besuchten und in alle Aktivitäten mit eingebunden wurden.

Alles dort war lockerer, lustiger, nicht so steif wie in den Stadtversammlungen und überhaupt waren alle netter – so zumindest meine damalige „etwas" naive Auffassung. Aus heutiger Sicht waren viele meiner gefühlten Emotionen zu Tirol und dem dortigen Leben unbestritten Träumereien und Schwärmereien. Aber das sind Erkenntnisse, die ich eher in den Sphären meines späteren Geschäftslebens in Österreich gemacht habe. Als naiver Jugendlicher hätte ich damals alles und jeden als Lügner abgestraft – so augenscheinlich perfekt war das dortige Leben.

Damals war Tirol meine persönliche Vorsehung. Hier wollte ich leben, wohnen, arbeiten und alt werden. Mein Plan war, die Ausbildung in Wiesbaden abzuschließen, anschließend hier als Förster zu arbeiten, zu heiraten und viele Kinder zu bekommen. Mit viel Vorstellungsvermögen konnte ich mir sogar das eine oder andere theokratische Vorrecht vorstellen – schließlich sollte man als „Bruder" nicht zu sehr als „fauler Drückeberger" bekannt sein; schon gar nicht in meinem geliebten Tirol. Das war mein Masterplan. Punkt, aus und Ende.

Noch bevor die Ausbildung überhaupt begann, kontaktierte ich bereits die Ämter in Tirol, um mich über die Möglichkeiten eines Jobs zu erkundigen. Bereits nach einem halben Jahr der Ausbildung durfte ich mit Genehmigung der Stadt Wiesbaden einen Teil meiner Ausbildung in Tirol verbringen und konnte so erste Kontakte knüpfen.

In dieser Zeit stand meine theokratische Motivation auf ihrem Höhepunkt. Ich fühlte mich im Leben angekommen und hätte Bäume ausreißen können. Die engen Freundschaften waren unzertrennbar mit der Zugehörigkeit zur Wachtturm- Gesellschaft verbunden – ohne das eine ging das andere nicht; dies war für mich eine seit Langem akzeptierte Tatsache, der ich mich „beugte". Was fehlte nun noch zur Perfektion? Natürlich „die Frau".

Über die berühmte erste Freundin kann jeder seine eigene Geschichte erzählen. Meistens steht „sie" oder steht „er" untrennbar mit der Vorstellung des einzigen existierenden, perfekten Partners zusammen. Nur DIESE einzige Person allein wird man je lieben. Es gibt keine andere, wird es nie geben und überhaupt werden wir alle sterben, wenn derjenige uns verlässt. Als Erwachsener kann man über diese Phasen meistens nur schmunzeln – als betroffener Teenager denkt man, die Welt gehe unter.

So ungefähr erging es mir auch.

Bei einer Party in Tirol lernte ich ein Jahr vor meinem Ausbildungsbeginn ein zwei Jahre älteres Mädchen kennen, das der dortigen Gemeinde zugehörte. Im Grunde waren es nur wenige Minuten, nach denen für mich feststand, dass diese Frau die Mutter meiner damals fünf geplanten Kinder werden würde – eine Zahl, die sicherlich auch einen Grund für das spätere Beziehungsende darstellte. Sie war zwar zu der Zeit vergeben, aber das war egal – mein Selbstbewusstsein war groß genug, um den übergewichtigen Tiroler nicht als Gegner zu betrachten. Ich war schockverliebt – und so fingen wir an, uns zu schreiben. Früher gab es noch keine WhatsApp-Nachrichten, E-Mails oder SMS – es war die Zeit der klassischen, handgeschriebenen Briefe, auf die man jeden Montag sehnsüchtig wartete. Auf Diddl-Briefpapier und einparfümiert. Nach einem Jahr des Schreibens war mein letzter großer Tirolaufenthalt vor dem Berufsleben geplant. Zwei Monate und die feste Absicht, meiner Herzensdame meine für sie bereits in Stein gemeißelten Zukunftspläne schmackhaft zu machen.

Der folgende Sommer hatte etwas von einer Nikolas-Sparks-Schnulze à la *„The Notebook"*. Eigentlich war er perfekt. Es war die Zeit von Hubert von Goiserns Hit *„Wie die Zeit vergeht"*, die unsere jugendlich romantische Verliebtheit begleitete.

Wir kamen zusammen und sie schwor mir „ewige Liebe" – zumindest bildete ich mir das damals ein. Und nichts auf der Welt schien unserem Glück im Wege zu stehen. Jetzt konnte mich nichts mehr aufhalten. Nichts wie zurück nach Hause, Ausbildung beenden und ganz schnell in Tirol eine neue Existenz beginnen.

Aber meine temporäre Abwesenheit hatte einen faden Beigeschmack. Die „böse Mutter" meiner Auserwählten hatte andere Pläne für ihre Tochter. Nur, dass es im Gegenzug zum *„Notebook"* nicht die leibliche Mutter war, die durch Hinterlist meine Pläne gefährdete, sondern zwei sehr konservative Älteste aus der Gemeinde. Acht Wochen später stand mein nächster Besuch an – und die Keule „von oben" zerschlug alle meine Pläne.

Irgendwie muss ich doch etwas an mir gehabt haben, was die

Ältesten veranlasste, meine Auserwählte – wahrscheinlich sogar buchstäblich – nach dem Sommer intensiv ins „Gebet" zu nehmen. Als wir uns wiedertrafen, hatte ich eher einen emotionslosen Eisblock als meine „Zukünftige" vor mir. Irgendwann rückte sie dann auch mit der Sprache heraus und eröffnete mir, dass sie auf Anraten der Gemeindeältesten lieber erstmal Single bleiben wird, als Pionier viele, viele Stunden missionieren will und wir daher erstmal nur „gute Freunde" bleiben werden.

Autsch. Ach ja – und Kinder werden in einem so bösen System, welches von Satan dem Teufel beherrscht wird, auch nicht mehr in die Welt gesetzt – erst im Paradies. Die „Zahl fünf" muss dann wohl doch zu sehr geschockt haben – wobei diese Einstellung auch noch heutzutage ein typisches Verhaltensmuster theokratischer Eheleute und eine offizielle Haltung der Wachtturm-Gesellschaft darstellt. Nichts soll einen Zeugen Jehovas von seinen Verpflichtungen in den letzten Tagen vor Harmagedon ablenken – das ewige Leben bietet noch genügend Zeit für eine kleine Fußballmannschaft.

Nichts war mehr wie vorher, als ich wie ein „geprügelter Hund" meine Heimreise antrat. Zwanzig Jahre später kann ich über diese Epoche zugegebenermaßen lachen, aber zum damaligen Zeitpunkt durchlebte ich persönlich meinen schlimmsten Albtraum. *„Kein Mensch vorher oder nachher hatte je so einen Liebeskummer zu erleiden"* – da war ich mir zu hundert Prozent sicher. Und ein Funken Wahrheit war vielleicht dran.

Denn endgültig abschließen konnte ich mit ihr erst zehn Jahre später, als meine Auswanderung nach Österreich endlich umgesetzt werden konnte. Selbst über meine erste Ehe hinaus war sie meine große Liebe und ich hätte alles für sie aufgegeben.

Natürlich war eine unglückliche Liebe mit siebzehn Jahren nicht Grund oder Auslöser dafür, als Erwachsener eine Religionsgemeinschaft zu verlassen.

Aber in diesen prägenden und entscheidend wichtigen Jahren, die man als Jugendlicher bis zu seiner Volljährigkeit durchläuft, gaben mir diese „verlorenen Emotionen" einer seit Jahren verdrängten Tatsache eine beunruhigende Gewissheit.

Denn nicht der Glaube an einen Gott, die Angst vor einem Weltuntergang oder die Hoffnung, für immer in irgendeinem Paradies zu leben, waren die eigentlich entscheidenden Gründe für meine Hingabe und Taufe nur wenige Jahre zuvor und schon gar nicht für den jetzigen Eifer gewesen.

Auch wenn ich an das alles glaubte, waren es schlicht und einfach die Menschen. Die Menschen in der Organisation, in meinem Freundeskreis und die meiner Familie. Es war das Gefühl und die Bestätigung, aufgehoben, angenommen und angekommen zu sein, in einer solidarisch geschlossenen Gemeinschaft integriert zu sein und geschätzt zu werden.

Mein geschlossener Kreis in Wiesbaden, der mir so wichtige Freundeskreis in Tirol, das Gefühl der gesellschaftlichen Akzeptanz in einem fremden Land und dann natürlich die Vorstellung, die „perfekte Frau" gefunden zu haben, hatten alle einen gemeinsamen Nenner:

Der Glaube an die Vernichtung der Menschheit unter der Federführung einer neuen Weltherrschaft. Auf diesem Fundament baute sich alles andere auf.

Durch unser seit frühester Kindheit routiniertes Leben außerhalb der realen Welt war diese Einheit unser Elixier – wir kannten einfach nichts anderes. Von der Organisation und unserer Familie wurden wir von allen Einflüssen von „außen“ abgeschirmt – alles, was sich außerhalb des Schutzschirms der Wachtturm-Gesellschaft bewegte, war böse und gefährlich für unser Verhältnis zu Gott und seiner Organisation. Die angebliche Tatsache, dass ausschließlich die Gemeinschaft der Zeugen Jehovas den göttlichen Willen für den Umgang eines wahren Christen personifiziert, stellten wir niemals in Frage.

Jehovas Zeugen sind natürlich nicht die einzige Organisation mit solchen Strukturen.

*„Sei lieb, bete und gehorche“.* Der Titel dieser außergewöhnlichen Dokumentation über eine amerikanische Sekte zeigt eine Vielzahl erschreckender Parallelen zu dem Erziehungskonzept für junge Menschen bei Jehovas Zeugen auf.

*„Lieb sein“* – also die uneingeschränkte Fügung unter alle Richtlinien und Vorgaben, OHNE Widersprüche und Konfrontationen.

*„Bete“* – die ununterbrochen gelehrte „Patentlösung“, falls man anfängt, im Glauben „schwach“ zu werden, indem man eigene Interpretationen der Bibel zu glauben beginnt.

Und schließlich der *„Gehorsam“.* Der bedingungslose Gehorsam gegenüber der Organisation bezeugt und symbolisiert unsere Liebe zu Jehova und seinem Vorsatz. Liebst Du Jehova, dann liebst du die Organisation, denn diese ist Jehovas Sprachrohr.

Für uns war dieser Verhaltenskodex die einzige Wahrheit.

Und ein weiterer, sehr viel einschneidender Grund, niemals die Religionsgemeinschaft zu verlassen, kristallisierte sich im Laufe der Jahre immer weiter heraus. Es war, einfach gesagt, das besonders gute Verhältnis zu meiner Mutter. Meine Mutter hatte besonders in meinen späteren Jahren einen sehr hohen Stellenwert in meinem Leben. Mit ihr konnte ich über vieles reden und sie gab mir in privaten Bereichen oft Hilfestellungen.

Dazu kam, dass sie, speziell als Jugendliche, selbst kein „Kind von Traurigkeit" gewesen war und deshalb viele meiner Herausforderungen als junger Zeuge Jehovas nachvollziehen konnte. Niemals hätte ich ihr einen „Austritt" zumuten können. Mir war klar, was es für sie bedeuten würde, ihren Sohn „an die Welt zu verlieren" – und das war für mich ein absolutes Tabu. So emotionslos ich in meinem späteren Business war, so hätte ich es niemals übers Herz gebracht, ihr so eine Entscheidung zuzumuten – eine Hemmschwelle, die mich bis zu meinem Austritt verfolgen sollte.

Mein gesamtes Kartenhaus stürzte in diesen Monaten in sich zusammen. Denn neben der nun schrittweisen Erkenntnis meiner eigentlichen Glaubensmotivationen kam eine Veränderung hinzu, die das imaginäre Schutzschild des geschlossenen Kreises zu durchbrechen begann.

Die folgenden vier Jahre waren von einem klassischen Doppelleben geprägt. Mit Beginn meiner Berufsausbildung war der erste Schritt der Freiheit, eine eigene Wohnung zu finden.

Dem Zufall war es zu verdanken, dass – direkt neben der meiner Eltern – eine weitere bezahlbare Wohnung frei wurde, in der ich mit meiner jüngeren Schwester einzog.

Die halbe Miete der Freiheit war damit geschafft. Meine Eltern hatten trotz ihrer strengen Erziehung nämlich immer einen Grundsatz.

Sobald ich meine Volljährigkeit erreicht hätte, würden sie sämtliche Verbote und Einschränkungen einstellen. Ich wäre ab diesem Moment nur noch gegenüber Jehova und weltlichen Gesetzen rechenschaftspflichtig. Diese Ankündigung hörte sich immer zu schön an, um wahr zu sein.

Aber sie trat ein. Im Mai 1998 war der Weg geebnet, die weite Welt zu erkunden. Keine Ausgehbeschränkungen mehr, keine Sperrstunde, keine Verbote – nichts mehr. Natürlich gab es Regeln. Diese lagen aber im Rahmen offizieller Vorgaben eines Zeugen Jehovas – was für mich im Umkehrschluss wiederum bedeutete, dass es einfach keine mehr gab. So einfach war das.

Im Nachhinein kann ich meine Eltern nur beglückwünschen, dass sie sich nicht den Stress antaten, meine nun begonnene Sturm- und Drangzeit zu unterbinden.

Diese hielt nämlich nicht lange an. Mit Mike machte ich zwar an den Wochenenden die Discotheken im Rhein-Main-Gebiet unsicher, was zum damaligen Zeitpunkt bei Jehovas Zeugen schon ein absolutes Tabu darstellte. Das war es dann aber auch schon. Rauchen, Alkohol oder nächtelanges Feiern interessieren mich bis heute nicht. Meistens waren wir um zwei Uhr morgens schon wieder im Bett und um neun Uhr brav in der Versammlung.

Anders sah es da schon mit der Suche nach einer „Erlösung des Tiroler Liebeskummers" aus. Es war ein einziger Hürdenlauf. Anders kann ich diese Epoche bis heute nicht beschreiben. Wiesbaden ist nicht sehr groß. Und das Verhältnis zwischen meinen immer wieder wechselnden Liebschaften stand im gefährlichen Kontrast zum Verhältnis der Wiesbadener Bevölkerungsdichte zu einem Zeugen Jehovas. Es war wohl eher dem Zufall geschuldet, dass ich in all den Jahren nie in flagranti erwischt wurde und zumindest nach außen hin den Schein eines gehorsamen, wenn auch nicht ganz vorbildlichen jungen Diener Gottes ausstrahlte. Vorbildlich war ich zumindest dann mit 21 Jahren – ich ehelichte eine Zeugin Jehovas.

# Eine Lehre – zwei Auslegungen

## 2002

Nach meiner Heirat 2002 zog ich in die Nähe von Frankfurt am Main. Ich war verbunden mit einer kleinen Gemeinde, die zum großen Teil aus älteren Brüdern und Schwestern bestand. Jüngere Leute gab es fast keine – die Ausnahme waren ein paar wenige Ehepaare, die in etwa gleichalt waren.

Theokratisch gesehen war ich jetzt mit 22 Jahren an einem Punkt angelangt, an dem es völlig egal war, was ich tat, was ich glaubte oder wie ich diese Lehre auslebte. In dem Moment, wo ein Zeuge Jehovas „im Herrn" geheiratet hat, ist aus Sicht der Organisation die halbe Miete bezahlt. Ein verheiratetes Ehepaar ist aus dem Blickwinkel der Gesellschaft aus dem Gröbsten raus. Themen wie „vorehelicher Sex" oder „schlechte Gesellschaft" sind erledigt. Durch die angeheiratete Zeugen-Jehovas-Familie erweitert sich der geschlossene Kreis, durch den man sich noch weiter vor einem weltlichen Einfluss schützen kann. Und sobald man als Zeuge Jehovas verheiratet ist, sind Themen wie Diskothek, Partys oder andere „weltliche Versuchungen" ohnehin passé. Mit einem Schlag war das Interesse an meiner Person, meiner Freizeitgestaltung und meiner Lebensweise aus Sicht der Versammlungsführung komplett abgeflaut.

Und auch für mich veränderte sich die Perspektive. Ich war jetzt ein verheirateter Zeuge Jehovas. Mein Leben war ab jetzt mehr oder weniger vorherbestimmt. Wie früher gab es drei Mal die Woche eine Zusammenkunft und am Samstagvormittag den Predigtdienst. Die gesamte Woche verlief so, wie ich es seit meiner Kindheit nicht anders kannte.

Durch die Heirat hatte ich es aber zumindest geschafft, aus den kontrollierten Strukturen und der kontinuierlichen Beobachtung durch mein engstes Umfeld zu entkommen. In einer gewissen Weise war ich frei. Und diese Freiheit war ja auch die Hauptmotivation, wegen der meine Frau und ich geheiratet hatten. Rückblickend ist es nur erschreckend, mir einzugestehen, dass die Heirat lediglich ein weiterer Fluchtversuch war, den strengen Hierarchien der Zeugen Jehovas zu entkommen.

In dieser Zeit setzte dann auch der Beginn meiner beruflichen Karriere ein. Ich hatte das große Glück, ein Kind der 2000er zu sein. Dieses Jahrzehnt war geprägt von einem unglaublichen Aufschwung der Versicherungen, Banken und vor allem der Immobilienwirtschaft. Anders als nach dem großen Crash 2008 konnte jeder junge Mensch, der motiviert und ein Verkaufstalent war, ohne eine adäquate Ausbildung eine berufliche Karriere aufbauen.

Nach meiner eher einfachen, handwerklichen Ausbildung und dem Abbruch einer Bankkaufmannslehre machte ich mich mit zwanzig Jahren als Versicherungsvertreter bei einer der größten Bausparkassen Deutschlands selbstständig.

Zumindest in einigen Bereichen konnte ich durch meine christliche Erziehung aus dem Vollen schöpfen: Ich war ein begnadeter Redner und Verkäufer, der für den Vertrieb geboren war. Und so bestand ich das zweitägige Assessment-Center als Gruppenbester und bekam im Alter von zwanzig Jahren einen Vertrag, der mir 5000€ Fixum plus Provision zusicherte. Auf einer Messe lernte ich einen zehn Jahre älteren Kollegen kennen und gründete mit ihm zusammen meine erste Firma, mit eigener Niederlassung in Wiesbaden.

Meine Woche setzte sich aus dem täglichen Pendeln zwischen Frankfurt und Wiesbaden, dem Aufbau meines Unternehmens und den theokratischen Verpflichtungen zusammen. In diesen Jahren dümpelte mein theokratisches Leben so vor sich hin. Ich hatte einen sehr engen und freundschaftlichen Kontakt zu meinen Schwiegereltern, die – im Vergleich zum „Standardzeugen" – eher locker gegenüber manchen Glaubenslehren eingestellt waren. Damit meine ich nicht, dass sie nicht auch an Harmagedon und den Grundlehren festhielten. Aber mein Schwiegervater war zum Beispiel ein leidenschaftlicher Sportler, Autofan und auch in beruflicher Hinsicht sehr zielstrebig. Geld konnte nie genug da sein. Das gefiel mir sehr, weil es eine komplette Kehrseite zu meinem Vater, respektive allen anderen Familienvätern war, mit denen ich aufgewachsen bin. Im Nachhinein war es in dieser Phase meines Lebens wiederum dieser geschlossene Kreis, wegen dem ich das Leben eines Zeugen Jehovas nicht schon aufgegeben hatte. Ich hätte als Konsequenz gar nicht mal austreten, sondern einfach nur den Status eines „Untätigen" erlangen müssen. Hier wird bei Zeugen Jehovas ein sehr großer und entscheidender Unterschied gemacht.

Sobald man getauft wird, ist man ein ordinierter Zeuge Jehovas mit allen Verpflichtungen. Möchte man zu einem späteren Zeitpunkt kein Zeuge Jehovas mehr sein – aus welchen Gründen auch immer – kann man zwar ohne Probleme die Gemeinschaft verlassen, wird aber exkommuniziert; mit allen weiteren Folgen. Genauso verhält es sich, wenn man eine oder mehrere von der Organisation definierten „Sünden" begeht, die Gemeinschaft aber nicht verlassen will. Bereut man diese Sünden und lässt „Taten der Reue" erkennen, so wird man zwar offiziell ermahnt, beziehungsweise in vielen Fällen auch öffentlich „bezeichnet", aber man wird nicht ausgeschlossen.

„Bezeichnet“ bedeutet in der Praxis, dass in der Zusammenkunft von der Bühne aus offiziell bekannt gegeben wird, dass „Bruder/Schwester XY aufgrund einer Sünde ermahnt“ wurde. Diese Maßnahme ist zwar eine klare Abgrenzung zu einem Gemeinschaftsentzug, trotzdem wird derjenige in aller Öffentlichkeit bloßgestellt und jeder weiß nun, dass XY sich etwas hat zuschulden kommen lassen.

Bei einem untätigen Verkündiger sieht das Ganze wiederum komplett anders aus. Ein Untätiger lässt sich nichts zu Schulden kommen – zumindest hat er die „geistige Reife“, es nicht offiziell werden zu lassen. Er kommt einfach nicht mehr in die Zusammenkünfte und beteiligt sich an keinen theokratischen Verpflichtungen mehr. Er wird zu einem U–Boot; wie solche Personen auch oft in der Gesellschaft genannt werden. Meine persönliche Meinung ist, dass ein untätiger Zeuge Jehovas einfach nicht das Rückgrat hat, seine Entscheidung konsequent umzusetzen. Es gibt natürlich auch Personen, die wegen gesundheitlichen oder privaten Gründen eine Auszeit benötigen – der klassische Untätige allerdings zieht sich einfach nur aus dem Alltagsleben eines Zeugen Jehovas zurück.

Weder die eine noch die andere Variante kam für mich aber in Frage. Ich war in genau dem Kreislauf gefangen, der es mir nicht erlaubte, einen Plan B zu entwerfen.

Mein soziales Umfeld bestand immer noch ausschließlich aus einer christlichen Familie sowie Freunden und Bekannten aus dem Kreis der Zeugen Jehovas – dieser wurde mit der Heirat sogar noch größer. Obwohl ich aufgrund meiner beruflichen Vielfalt in meinem bisherigen Leben den bis dahin größten

Kontakt zur „Außenwelt" hatte, war es meinem engen Zeitplan geschuldet, dass ich keinerlei Chancen wahrnahm, die bestehenden Möglichkeiten zu nutzen, einen neuen Freundeskreis aufzubauen.

Die Versammlung, zu der ich zugeteilt war – und die auch meine Schwiegereltern besuchten – wurde von acht Ältesten geleitet. Wie so oft in den einzelnen Versammlungen gibt es auch unter den Ältesten eine Abgrenzung zwischen Führungspositionen und Mitläufern; also Älteste, die zwar eine solche Zuteilung „genießen", sich aber eher bedeckt halten, was Führungs- und Lehrfunktionen betrifft. Auf der anderen Seite gibt es wiederum auch die Kandidaten, die ihr Amt als persönliche Kompensation von Im-Leben-nichts-wirklich-Erreichtem ansehen.

Auch wenn es Jehovas Zeugen gerne anders verkaufen – Älteste sind ganz normale Mitglieder, die sich diesen Status – aufgrund einer besonderen rhetorischen Begabung in Kombination mit einem überdurchschnittlichen Eifer im Dienst der Organisation – irgendwann verdienen. Diese Zielerreichung ist unabhängig von der Herkunft, dem gesellschaftlichen Rang, der Bildung oder des Alters. Legte er es darauf an, würde jeder halbwegs redegewandte männliche Zeuge Jehovas irgendwann ein Ältester werden.

Die Problematik, die sich daraus jedoch ergeben kann, ist die Gefahr, dass sich gewisse Individuen in dieser Position häufig für etwas Besonderes und Unersetzbares halten. Viele kompensieren nicht vorhandene „weltliche" oder auch zwischenmenschliche Defizite mit der ihnen von der Organisation anvertrauten Stellung – die unbestritten auch eine gewisse Machtposition innerhalb der Versammlung einvernimmt. In der Struktur einer regionalen Versammlung, gibt es ein familiäres Grundmuster, was sich überall wiederholt.

Auf der einen Seite gibt es Familien, in welchen der Vater lediglich als Dienstamtgehilfe oder als normaler Verkündiger „dient". Diese Familien zeichnen sich durch eine eher liberale und lockere Lebensweise innerhalb der Versammlung aus. Die Kinder gehen oft aufs Gymnasium oder streben ein Studium an, Ehefrauen sind berufstätig und die Männer fahren gerne mal einen Wagen, der in der Klasse über einem VW steht. Sie leben zwar nach den theokratischen Richtlinien, aber man registriert eine gewisse Gelassenheit.

Demgegenüber gibt es die „Führungsriege". Und diese Bezeichnung kommt nicht von ungefähr. Die Familien, die sich zur Führungsriege zählen dürfen, sind sich dieser – natürlich nicht offiziellen – Bezeichnung sehr wohl bewusst. Meistens sind sie in der zweiten oder dritten Generation Zeugen Jehovas und bereits Vater und Opa waren vorsitzführende Aufseher, Kreis- oder Bezirksaufseher, beziehungsweise sind es noch immer. Primäres Ziel dieser Familien ist es, ihre Kinder zu genau solchen Entscheidungsträgern zu erziehen, wie sie es selbst sind – egal mit welchen Mitteln.

Eine Versammlungsältestenschaft hat eine Grundstruktur, die weltweit immer gleich aufgebaut ist. An oberster Stelle steht der vorsitzführende Aufseher. Der vorsitzführende Aufseher wird von der Wachtturm-Gesellschaft auf unbestimmte Zeit ernannt.

Er koordiniert die Tätigkeit der Mitältesten und hilft ihnen, ihren zugeteilten Aufgaben die angemessene Aufmerksamkeit zu schenken.

Der vorsitzführende Aufseher erhält auch die Versammlungspost und leitet sie an den „Sekretär" zur anschließenden

Bearbeitung weiter. Für die Vorbereitung der Zusammenkünfte der Ältesten bittet er die anderen Ältesten um Vorschläge zu Angelegenheiten, die besprochen werden müssen, und er stellt die Tagesordnung zusammen. Er dient bei den Zusammenkünften der Ältesten auch als Vorsitzender.

Wenn Entscheidungen gefällt werden, hat er die Oberhoheit der Gemeinde. Er beaufsichtigt die Vorbereitung der Zusammenkünfte und die Planung der öffentlichen Vorträge. Er genehmigt alle Bekanntmachungen an die Versammlung, alle regulären Zahlungen und sorgt dafür, dass die Versammlungskonten vierteljährlich geprüft werden. Der vorsitzführende Aufseher koordiniert auch die Tätigkeit des Dienstkomitees der Versammlung als dessen Vorsitzender. Wenn jemand, der die Bibel studiert, als ungetaufter Verkündiger anerkannt werden will oder sich ein ungetaufter Verkündiger taufen lassen möchte, sorgt der vorsitzführende Aufseher dafür, dass Älteste mit dem Betreffenden zusammenkommen und ihn auf Tauglichkeit prüfen. *(Quelle 6)*

In unserer Gemeinde war der vorsitzführende Aufseher ein etwa sechzig Jahre alter Bruder, den alle nur U.H. nannten – die Initialen seiner Namen. U.H. war auch im „weltlichen" Leben in einer Führungsposition und als Prokurist eines großen Unternehmens in Frankfurt tätig. U.H. war eine sehr neutrale Persönlichkeit. Er war, wie man so schön sagt, weder „Fisch noch Fleisch". Man konnte weder etwas Negatives noch etwas Positives über ihn sagen, außer, dass er in allem sehr korrekt war. Er war weder die Persönlichkeit, die eine sehr herzliche Ausstrahlung ausstrahlte – etwa in Form eines „liebevollen Hirten" – noch die eines Patriarchen.

U.H. war sachlich korrekt und führte seine Gemeinde wie ein gewissenhafter Buchhalter. Sein Wort war Gesetz. Und egal, welche „Ideen“ seine Mitältesten manchmal hatten: War er damit nicht einverstanden, war das Thema vom Tisch.

Und als solcher konnte er natürlich auch eine klassische „Risikoanalyse“ durchführen. Für ihn war ich ein harmloser, frisch verheirateter Ehemann, der keinerlei Ambitionen zeigte, sich in nur irgendeiner Form an dem Versammlungsgeschehen aktiv zu beteiligen. Aber durch die enge Verbindung zu meinen Schwiegereltern – mein Schwiegervater durfte immerhin das Amt eines Dienstamtgehilfen begleiten – lag mein „Ausfallrisiko“ aus seiner Sicht nur bei moderaten zwanzig Prozent; wenn überhaupt. Und so rutschte ich unter dem Radar von U.H. hindurch.

Unter dem vorsitzführenden Aufseher steht der Dienstaufseher.

Der Dienstaufseher ist für den Fortschritt des Predigtwerkes in dem Gebiet verantwortlich, das der jeweiligen Versammlung zugeteilt ist. Er ist er maßgeblich dafür verantwortlich, die Lehren der Zeugen Jehovas in diesem Gebiet zu verkünden. Selbst ein eifriger Christ, übernimmt er die Führung darin, alle Angelegenheiten in Verbindung mit dem Predigtdienst zu organisieren. Als fähiger Lehrer hilft er gleichzeitig den einzelnen Verkündigern, im Missionieren wirkungsvoller zu werden.

Dieser Älteste hat die unmittelbare Aufsicht über die Tätigkeit der Dienstamtgehilfen, die sich um die Literatur, die Zeitschriften und die Gebiete kümmern und ist dafür verantwortlich, dass jeden Monat genügend Literatur vorhanden ist.

Der Dienstaufseher ist auch für die Aufsicht über die verschiedenen Dienstzweige zuständig, darunter das Missionieren in Geschäftsvierteln und den Straßendienst. Er achtet darauf,

Vorkehrungen für Zusammenkünfte und für den Predigtdienst während der Woche und an Feiertagen zu treffen. *(Quelle 7)*

Als in jeder Hinsicht konträres Spiegelbild von U.H. war der Dienstaufseher unserer Gemeinde ein in Frührente gegangener „Ur-Hesse“, der mit seiner Frau zusammen eine enge Freundschaft mit meinen Schwiegereltern und damit automatisch auch mit mir pflegte.

Günther – wie ich ihn an dieser Stelle nennen werde – war das komplette Gegenteil von U.H. Er war Bibliothekar einer Grundschule und seine Aufgabe bestand jahrzehntelang darin, die Bücher an Schüler zu verteilen, zu dokumentieren und zu archivieren. Ein „Sesselfurzer“, wie er im Buche steht, und wie wir ihn gerne auch sarkastisch nannten. Sein Leben war ein Hamsterrad „par excellence“. Das bedeutete aber ganz und gar nichts Negatives. Günther war die Liebenswürdigkeit und Herzlichkeit in Person. Es wäre niemals in seiner Natur gewesen, etwas mit Hintergedanken oder unter einem Vorwand zu tun. Was Günther dachte, das sagte er auch. Günther war ein Original und so eifrig er seine Aufgabe als Dienstaufseher betrachtete, genau so sah er es als seine „heilige“ Verpflichtung an, uns in die Vorzüge hessischer Weine und Kulinarik einzuführen.

Und so wechselten sich unsere theokratischen Aktivitäten stets mit Ausflügen in die dominierenden Weingüter von Bingen, Mainz und Umgebung ab. Es gab kein Weinfest, was wir in all den Jahren versäumt haben. Günther hatte nur eine Person in seinem Leben, der er Rede und Antwort stand. Und das war seine Hildegard. Was Hilde sagte, das wurde auch getan. Und wenn Hilde der Meinung war, dass Günther wieder mal zu engstirnig „seine Schafe unterwies“, dann äußerte sie das auch gerne mal vor anderen. Als Reaktion bekam sie dann stets den leicht nervösen Dackelblick ihres Günther zugewandt, der ihr aber bestimmt niemals widersprochen hätte.

Diese kleine Welt war ein Zustand, der mir in meinen zwanziger Jahren genügte, die meines Erachtens totalitären Zustände der Zeugen Jehovas zu vergessen. Natürlich – die Welt stand mir offen. Meine berufliche Karriere nahm enormen Schwung auf. Mit 24 Jahren fuhr ich ein Luxusauto nach dem anderen und führte ein Leben ohne finanzielle Einschränkungen.

Aber auf der anderen Seite war mir auch bewusst, dass es in meiner Situation nahezu unmöglich war, einen anderen Lebensweg als den jetzigen einzuschlagen. Ich lernte – ähnlich wie in meiner Zeit vor der Hochzeit –, mich emotional zu „organisieren". Die Mauer um mich herum wurde immer größer.

Es war die Zeit, in der ich begann, mich an das Leben eines christlichen Ehemannes zu gewöhnen. Mir war in jeder Minute klar, dass es diese Organisation niemals nur ansatzweise schaffen würde, mir das Gefühl zu geben, im Leben angekommen zu sein – dafür hasste ich die engmaschigen Strukturen und das permanente Kontrollsystem viel zu sehr.

Aber durch die streng christliche Erziehung war der Glaube an einen Gott bei mir nach wie vor dominierend. Zu keinem Zeitpunkt zweifelte ich nur ansatzweise die Grundlehren der Zeugen Jehovas an. Nahezu jede Lehre war für mich „inspiriert" (als inspiriert bezeichnen Zeugen Jehovas alle Lehren, die direkt von Jehova oder Jesus persönlich kommen).

Die Organisation schaffte es auch bei mir, den Zustand dauerhaft zu halten, mit dem sie es bis heute zustande bringt, ein Millionenvolk zu kontrollieren, zu beaufsichtigen und zu dominieren. Es war der absolute Glaube daran, dass es sich bei ihr um das Sprachrohr Gottes auf der Erde handelt, um die von Jesus selbst eingesetzte Leitung, die sie, die einzig wahre Religion, durch die Schlacht von Harmagedon führen wird.

Um diese essenzielle und vor allem aus Sicht der Organisation lebenswichtige Glaubenslehre aufrechtzuhalten, bedient sich die Gesellschaft bis heute eines sehr intensiven Lehrwerks, welches in den verschiedensten Lebensbereichen immer wieder suggerieren soll, dass bestimmte Vorkommnisse, Erfolge oder manchmal nur lapidare Begebenheiten seinen Ursprung ausschließlich auf den Segen Jehovas zurückzuführen seien.

Im Alter von 23 Jahren wurde meine heile Welt erstmals massiv ins Wanken gebracht. Dies sollte den Beginn einer Entwicklung darstellen, die letztendlich sieben Jahre später zu meinem Austritt führte.

Eines der „Personal-Identity-Merkmale" der Zeugen Jehovas ist der Gemeinschaftsentzug, das heißt, die Exkommunikation einer Person, die – aus welchen Gründen auch immer – an irgendeinem Punkt ihres Lebens kein Zeuge Jehova mehr sein und die Religionsgemeinschaft verlassen möchte und dies auch tut.

Die Exkommunikation ist dabei keine Erfindung der Zeugen Jehovas.

Eine der berühmtesten exkommunizierten Personen war Martin Luther. Martin Luther, der Hauptantreiber des Protestantismus, war ein Professor für Bibelauslegung an der Universität von Wittenberg und stellte sich in einer Vielzahl von Grundlehren gegen die katholische Kirche. Am 3. Januar 1521 erließ Papst Leo X. die päpstliche Bulle „Decret Romanum Pontificem", mit der Martin Luther von der Kirche exkommuniziert wurde.

Exkommunikation bedeutet – wie im Fall Luthers – den Ausschluss aus der kirchlichen Gemeinde durch den Bischof oder Papst, nicht jedoch aus der Kirche selbst, da die Aufnahme in die Kirche durch die Taufe unwiderruflich ist. Eine Exkommunikation erfolgt aufgrund eines bestimmten Vergehens, der Exkommunizierte verliert alle kirchlichen Rechte, darf keine Sakramente empfangen oder spenden, weder aktiv noch passiv am Gottesdienst teilnehmen und erhält kein kirchliches Begräbnis.

Die Exkommunikation, beziehungsweise der Kirchenbann, hatten im Mittelalter die weltliche Reichsacht zur Folge. Der Geächtete galt als "vogelfrei". Das bedeutete, er durfte kein Eigentum besitzen, war nicht mehr durch Recht und Gesetz geschützt und konnte sogar ungestraft getötet werden.

Bei den großen Weltreligionen – wie der evangelischen, der orthodoxen oder der römisch-katholischen Kirche – gibt es zwar teilweise noch heute die Sanktion der Exkommunikation, allerdings wirkt sich diese nahezu kaum noch auf das Leben der betroffenen Person aus. Die Sanktionen variieren zwischen dem Verbot der Teilnahme am Abendmahl oder der Erlaubnis, gewisse Kirchenämter zu begleiten, dem Ausschluss an den Sakramenten, der Beichte, der kirchlichen Eheschließung, der Krankensalbung oder der kirchlichen Begräbnisfeier.

In diversen Sekten oder religionsähnlichen Gesellschaften gibt es eine Form des Gemeinschaftsentzuges, die der von den Zeugen Jehovas ähnlich ist. So praktizieren zum Beispiel die Mormonen den Entzug, bei dem betroffene Personen nur noch eingeschränkte Mitgliedsrechte besitzen. Diese Maßnahme wird für ernste Übertretungen der kirchlichen Gebote und Regeln ausgesprochen. Einer Person unter Gemeinschaftsentzug wird der sogenannte Tempelempfehlungsschein entzogen. Das bedeutet, dass dieses Mitglied nicht mehr den Tempel betreten darf. Weiterhin darf diese Person kein kirchliches Amt ausüben und keine Handlungen des Priestertums vollziehen. Auch darf die Person keine öffentlichen Ansprachen halten oder öffentliche Gebete leiten. Zum Gemeinschaftsentzug können auch zusätzliche Auflagen ausgesprochen werden, wie beispielsweise die Distanz zu pornografischen Schriften und anderen negativen Einflüssen im Sinne der Kirchenmoral. Weitere Auflagen können das Lesen von mormonischer Literatur und das regelmäßige Besuchen von Versammlungen sein.

Gemeinschaftsentzug ist ein vorübergehender Zustand. In der Regel wird er für die Dauer von mindestens einem Monat verhängt. Wenn ein Mitglied ehrliche Reue zeugt, kann der Disziplinarrat sich erneut zusammensetzen und darüber entscheiden, dem Mitglied wieder die vollen Mitgliedschaftsrechte einzuräumen. Sollte das Mitglied keine Reue zeigen, so kommt der Rat zusammen und beschließt, entweder den Gemeinschaftsentzug fortzuführen oder das Mitglied auszuschließen.

Neben den Mormonen gibt es noch die Gemeinschaft der Christadelphian oder die neuapostolische Kirche, die die Praxis der Exkommunikation auslebt. *(Quelle8)*

Unbestritten ist die Praxis des Gemeinschaftsentzuges bei den Zeugen Jehovas als eine der folgenreichsten Sanktionen im Hinblick auf psychische und physische Folgen eines Ausgeschlossenen zu betrachten.

In drei Fällen kann ein Zeuge Jehovas aus der Gemeinschaft ausgeschlossen werden – wobei das Ergebnis in allen Fällen gleich ist.

**Leugnen der Souveränität der Wachtturm-Gesellschaft; vertreten durch die leitende Körperschaft**

Eine der schwerwiegendsten Entscheidungen eines Zeugen Jehovas ist es, die Leitende Körperschaft – also das Leitungsgremium der Wachtturm-Gesellschaft – nicht mehr als das von Jehova und Jesus eingesetzte Sprachrohr auf der Erde anzuerkennen.

Dies bedeutet auch, alle Lehren, die die Gesellschaft als inspiriert ansieht, als tatsächliche Wahrheit und als „geistige Speise" direkt von Gott zu betrachten. Jegliche Kritik oder das Leugnen einer der Glaubenslehren – sogar das Andersdenken – führen zum Ausschluss. Gleiches verhält sich mit Personen, die der Meinung sind, lediglich die Bibel als Grundlage ihres Studiums zu erachten und nicht die zahllosen Publikationen der Organisation benutzen.

**Begehen einer durch die Organisation definierten Sünde, ohne zu bereuen**

Es gibt dutzende von Sünden, die zu einem Gemeinschaftsentzug führen – immer mit der Prämisse, dass man seine Sünden nicht bereut. Der Klassiker ist Unmoral – also Sex vor der Ehe. Es folgen Rauchen, Materialismus wie Casinobesuche, Bluttransfusionen, das Feiern von weltlichen Feiertagen, übermäßiger Alkoholkonsum, Scheidung ohne den biblischen Grund des Ehebruches, Homosexualität und viele mehr.

**Persönliche Entscheidung, die Religionsgemeinschaft zu verlassen**

Nicht selten entscheiden sich Personen einfach dazu, die Religionsgemeinschaft als solche zu verlassen, weil sie sich einer anderen angehörig fühlen, den Glauben an ihren Gott zur Gänze verloren haben oder Jesus auf ihre persönliche Weise dienen möchten.

Die Wachtturm-Gesellschaft nutzt einen hohen Teil ihrer Lehrressourcen dafür, ihre Mitglieder permanent und eindringlich darüber aufzuklären, wie sie mit Ausgeschlossenen umgehen sollen.

In meiner Kindheit und meinen Jahren in christlicher Erziehung, besonders zwischen meiner Schul- und Berufsausbildung, war das Thema Gemeinschaftsentzug eher ein „Randereignis"; es betraf meine Altersgruppe nur bedingt. Der Grund lag einfach darin, dass nahezu alle Kinder und Jugendlichen das gleiche Alter hatten. Unsere Versammlung in Wiesbaden war eine der kinderreichsten und hatte eine interessante Struktur. Viele Ehepaare hatten drei Kinder – so wie meine Eltern. Alle hatten einen Altersunterschied von maximal ein bis zwei Jahren. Daneben gab es noch Familien mit ein bis zwei Kindern, die ebenfalls in meiner Altersklasse angesiedelt waren. Die Besonderheit unserer Versammlung bestand darin, dass nahezu alle später verheirateten Paare auch zusammen aufgewachsen sind. Mein Vater und die Väter aller meiner Freunde waren ebenfalls schon als Kinder der Gemeinde zugehörig und Jugendfreunde gewesen. Die in anderen Versammlungen eher gemischte Struktur gab es bei uns weniger. Dies hatte zur Folge, dass es in unserer Versammlung nur sehr selten zu einem Gemeinschaftsentzug kam. Es fehlten schlichtweg die Kandidaten. Trotzdem kam es auch bei uns hin und wieder vor, dass einer unserer Brüder oder eine unserer Schwestern exkommuniziert wurde. Dies war immer ein einprägsames und nachwirkendes Ereignis. Wir wussten aus der Unterweisung schon, weshalb eine Person ausgeschlossen und als Abtrünniger tituliert wurde. Jeder wusste – zumindest theoretisch –, wie man eine solche Person zu behandeln hat. Die Praxis sah dann aber anders aus. Ich kann mich an nahezu alle Ausgeschlossenen meiner Jugendzeit erinnern. Da gab es die vierzigjährige Ehefrau eines guten Freundes von mir, die partout das Rauchen nicht lassen konnte. Es gab den spielsüchtigen Büroangestellten, der am Zweiten des Monats seinen gesamten Lohn verspielte und es gab den Hetero, der sich entschloss, homosexuell zu werden.

Jedes Mal, wenn vor dem eigentlichen Beginn der Zusammenkunft der Redner bekannt gab, dass der vorsitzführende Aufseher noch eine Bekanntmachung geben wird, konnte man im Königreichssaal die Stecknadel fallen hören. Er ging auf die Bühne und gab kurz und knapp bekannt:

*„Ein Rechtskomitee hat Bruder/Schwester XY die Gemeinschaft entzogen."* In den neunziger Jahren wurde diese Bekanntmachung dann weltweit adaptiert und wie folgt formuliert: *„(Name) ist kein Zeuge Jehovas mehr."* Der Vorsitzende ging von der Bühne und niemand wusste, wohin er schauen sollte. Manchmal konnte man ein Kopfschütteln registrieren, in anderen Fällen sah man auch Tränen in den Augen einiger Anwesender.

Eine „Nebenerscheinung" in dieser ganzen Thematik war die berühmte „letzte Reihe", beziehungsweise in unserem Königreichssaal die Empore. Hinten im Saal gab es eine Galerie, die sich komplett von links nach rechts zog und eine Höhe von etwa fünf Metern hatte. Diese Galerie sollte eigentlich als zusätzliche Sitzplatzmöglichkeit dienen, etablierte sich aber im Laufe der Jahre als „Rückzugsort" der Ausgeschlossenen. Dieses Phänomen kann man noch heute in jeder Versammlung beobachten –

wobei sich der Treffpunkt dort auf die „letzte Reihe“ bezieht.

Ich weiß nicht, warum sich jemand ausschließen lässt, wenn er dann weiterhin die Zusammenkünfte besucht. Genau diese Erscheinung war aber gang und gäbe. Immer Punkt eine Minute nach Beginn der Zusammenkunft – meistens schon während des Liedes – öffnete sich die hintere Saaltür und mit einem „demütig gebeugten Kopf“, schnell und leise, kamen diverse Ausgeschlossene in den Saal, um das Programm zu verfolgen.

Mit dem Versuch, sich unbemerkbar zu bewegen, schlichen sie sich auf die Empore, von wo aus sie das meist zweistündige Versammlungsprogramm verfolgen konnten. Die Motivation dazu hatte die unterschiedlichsten Gründe. Während die einen weiterhin – zumindest einen physischen – Kontakt zur Versammlung haben und so bedingt die Gemeinschaft „erleben“ wollten, waren andere bereits einen Schritt weiter.

Als Ausgeschlossener hat man immer die Möglichkeit, seine „Sünden“ zu bereuen, sich der Organisation wieder anzuschließen und so den Status Quo wieder zu erlangen. Den Folgen der extremen psychischen Ausnahmesituation, die eine Exkommunikation für die Persönlichkeit vieler Menschen bedeutet, ist nicht jeder gewappnet. Die von der Organisation als „liebevolle Erziehungsmaßnahme Jehovas“ verkaufte Sanktion veranlasste früher viele Ausgeschlossene, zu einem späteren Zeitpunkt wieder zu ihr zurückzukehren. Heutzutage kann man dieses Phänomen so gut wie nicht mehr finden. Mir sind hunderte von Ausgeschlossenen bekannt – aber fast niemand, der sich zu einem späteren Zeitpunkt zu einer Rückkehr entschlossen hat.

In dem Moment, wo der vorsitzführende Aufseher eine Exkommunikation bekanntgab, war diese Person für uns ein „Dämon“. Noch heute, zwanzig Jahre später, fällt mir kein anderes

Wort ein, um unser Gefühl für einen Abtrünnigen zu beschreiben. Diese Person stellte sich – gemäß der Interpretation der Gesellschaft – willentlich gegen Jehova und seine Organisation. Sie war ein Abtrünniger, der verbannt und gesellschaftlich nicht tiefer angesehen werden konnte. Und die Organisation lehrte uns eindringlich, wie man eine solche Person zu behandeln hat. Schon ein schlichter Gruß, ein „Hallo" oder ein „Guten Tag" – wie es ein normales höfliches Miteinander gebietet – sind ausdrücklich verboten. *(Quelle16)*

Im *Wachtturm* vom 15. Dezember 1981 heißt es auf Seite 24, dass „ein einfacher Gruß der erste Schritt zu einer Unterhaltung und vielleicht sogar zu einer Freundschaft sein kann." Mit einer der typischen rhetorischen Fragen – die suggestiv gar nicht besser ausgeschmückt werden kann – schließt der Absatz mit der Frage:

*„Möchten wir bei einem Ausgeschlossenen diesen ersten Schritt tun?"*

Es ist völlig absurd, einen „Gruß" in den Kontext einer Unterhaltung und dieselbe in Folge als Beginn einer Freundschaft zu setzen. Aber bereits an dieser einzelnen Anweisung sieht man, wie extrem die Wachtturm-Gesellschaft das Thema Gemeinschaftsentzug behandelt. Die in meiner Zeit ausgeschlossenen Personen sah man natürlich hin und wieder auch in der Stadt oder bei Freizeitbeschäftigungen. Und auch, wenn sie sich erst nach Programmeröffnung auf die Empore „schlichen", so trafen sich die Blicke doch immer wieder.

Für uns Kinder war es immer etwas Mystisches, wenn wir die „Abtrünnigen" im Saal sahen, da die Gesellschaft auch bei uns Kleinsten nicht vor der unmenschlichen Handhabung dieser Personen Halt machte.

Bis heute sehe ich die ängstlichen und unsicheren Ausdrücke dieser Personen, wenn sie bemerkten, dass man sie fixierte. Sie waren sich bewusst, dass sie in unseren Augen einen niederen Wert hatten als die ohnehin schon bedauernswürdigen „Weltmenschen." Ich erinnere mich an keinen einzigen, der mit einem gewissen Stolz oder einem „Rückgrat" sich seiner Entscheidung stellte und versuchte, eine gewisse „Coolness" an den Tag zu legen.

Einen ersten direkt persönlichen Bezug zum Thema Gemeinschaftsentzug bekam ich mit 22 Jahren, kurz nach meiner Heirat in der Versammlung in Frankfurt. Ich bewohnte damals noch eine kleine Drei-Zimmer-Wohnung in Neu-Isenburg, die uns von meinen Schwiegereltern überlassen wurde. Ein Umzug nach Wiesbaden – allein schon aus beruflichen Gründen – war schon länger geplant. Die Wohnung befand sich in einem Haus für drei Parteien. Neben der Vermieterin, einer gehörlosen 85-Jährigen, waren just der Sohn unseres guten Freundes Günther zusammen mit seiner Frau und ihrem zweijährigen Kind unsere Nachbarn. Der Kontakt mit Philip und Chantal hatte eine Qualität zwischen Nachbarschafts- und einer typischen Zeugen-Jehovas-Freundschaft.

Die Frauen waren ab und zu unter sich und zwischen mir und Philip war es eher eine lockere Männerfreundschaft. Wir gingen ab und an zusammen ins Gym, auch mal in den Predigtdienst, und das eine oder andere Mal wurde auch mal ein Kasten Bier auf unserer Dachterrasse gekippt. Es war genau die Art Bekanntschaft, die in mein „Profil" passte. Nicht zu viel und nicht zu wenig Verpflichtung. Der kleine Sohn der beiden war ein Sonnenschein und so verbrachten wir viele gesellige Stunden zusammen.

An einem Sonntagnachmittag hörten meine Frau und ich plötzlich ein wildes Geschrei aus der Wohnung unter uns. Es war nicht zu überhören, dass sich zwischen Chantal und Philip wohl ein Ehestreit anbahnte – etwas, was den beiden völlig fremd war. Der Streit zog sich über mehrere Stunden hin und am späten Nachmittag sahen wir Chantal zusammen mit ihrem Kleinen – gerüstet mit mehreren Koffern – zum Auto marschieren und davonfahren. Ihr Mann war nirgends zu sehen und wir konnten uns zu dieser Situation keinen Reim machen.

In der Folgewoche verdichteten sich die Hinweise darauf, dass etwas im „Argen" liegt. Die drei kamen nicht zurück und auch in den Zusammenkünften fehlten sie. So eine Situation war bei einer Familie der Zeugen Jehovas – insbesondere in den damaligen Jahren – absolut selten und bildete eine Ausnahme. Aber noch jemand fehlte. In unserer Gemeinde gab es ein weiteres junges Ehepaar, mit welchem wir ebenfalls regelmäßig die Freizeit verbrachten, die aber wiederum die besten Freunde von Philip und Chantal waren. Beide waren etwas älter als ich und bereits mehrere Jahre verheiratet. Ludwig und Ilse – so nenne ich sie hier – waren in gewisser Hinsicht ein Unikat.

Sie lebten nach außen ein skandalfreies, typisches „Zeugen-Jehovas-Ehepaarleben." In den Zusammenkünften fehlten sie nie, er war sogar ein Dienstamtgehilfe und beide waren stark in die Gemeinde integriert. Sie machten aber nicht ansatzweise einen Hehl daraus, dass sie in ihrer Ehe todunglücklich waren. Diese Offenheit war sogar manchmal der Anlass für eine klassische *„Erde geh auf, ich will versinken"*-Situation. Kurz bevor ich heiratete, waren meine damalige Verlobte und ich einmal mit den beiden in einem Restaurant essen gewesen. Nach einer Flasche Weißwein, die besonders er so liebte, saß die Zunge wieder locker und mit einer todernsten Miene schaute er uns an und stellte uns – vor seiner Frau – die Frage: *„Seid ihr euch sicher, dass ihr heiraten wollt? Ab dann ist euer Leben nämlich vorbei und es gibt kein Zurück. So wie bei mir."*

Ich werde diese Situation nie vergessen. Wir saßen in einem Biergarten an einem See in Mörfelden Walldorf und weder ich noch meine Zukünftige wussten wohin mit unseren Augen. Eine klassische Situation zum Fremdschämen, die von der schockierten Reaktion seiner Frau noch verstärkt wurde. Irgendwie haben wir die Lage noch gerettet – aber diese Begebenheit war für mich dahingehend ein Schock, dass ich mir wieder einmal eingestehen musste, dass dieser arme Teufel als treuer Zeuge Jehovas keine andere Chance hatte, als lebenslang in seinem persönlichen Ehekäfig gefangen zu sein.

Naja – das „Lebenslang" war dann doch etwas kürzer, als ich gedacht hatte. Denn neben unseren lieben Nachbarn fehlten ab diesem Moment auch unsere beiden Turteltäubchen. Bei einer Zusammenkunft ist das noch ein Zufall, bei der zweiten schon verdächtig ... aber spätestens ab der dritten Zusammenkunft, in der alle Vier fehlten, fingen wir an, unsere Fühler auszustrecken. Und es kam, wie es kommen musste. Chantal und Ludwig hatten schon länger eine Affäre gehabt. Beide hatten im jeweils anderen Ehepartner ihrer Freunde eine neue Liebe gefunden. Chantal zog an diesem besagten Tag zu Ludwig und Ilse räumte das Feld.

Das sind Geschichten, die das Leben schreibt – und auch, wenn die Kurzfassung vielleicht etwas an einen Groschenroman erinnert, kann man sich vorstellen, dass auf beiden Seiten sehr viel Schmerz verursacht wurde; auch wenn es niemandem zusteht, die Geschehnisse zu kritisieren. Interessant ist allerdings, wie die Geschichte weiterging.

Die gehörnte Ilse machte mir nie den Eindruck, als dass sie lange trauern würde. Sie hatte aus theokratischer Sicht einen Sechser im Lotto gewonnen. Ihr Mann hatte einen klassischen Ehebruch begangen. Aus Sicht der Zeugen Jehovas war sie das Opfer und durfte sich – ohne mit einer einzigen Sanktion zu rechnen – scheiden lassen. In dieser Phase richten sich die Vorgaben der Organisation eng an die Judikatur „weltlicher" Gerichte. Wichtig ist, dass sie ihrem Mann nicht vergibt, was zum Beispiel der Fall wäre, wenn sie danach noch einmal Sex mit ihm haben würde. Ähnlich wie bei einer Unterhaltsklage für Expartner – eine Verschuldensscheidung ist juristisch nur dann als eine solche zu bewerten, wenn der betrogene Part innerhalb gewisser Fristen einen Scheidungsantrag stellt – darf ein Zeuge Jehovas sich nur dann scheiden lassen, wenn er betrogen wurde und dies nicht verziehen hat. Meine persönliche Meinung ist, dass Ilse diesen Tag bis heute als persönlichen Feiertag begeht.

Chantal und Ludwig entschieden sich, die Organisation zu verlassen. Sie fanden in ihrer Beziehung ihr neues Glück, was auch wichtiger als die Zugehörigkeit einer Religionsgemeinschaft ist. Zumindest vorläufig, wie sich später herausstellte. Als „Täter" einer der größten Sünden – des Ehebruches – wurden beide aus der Gemeinschaft ausgeschlossen. Nun gab es aber das eigentliche Opfer – Philip. Philip war der Situation hilflos ausgeliefert. Ihn traf die Trennung völlig unvorbereitet. Er hatte weder eine Ahnung von der seit längerem laufenden Affäre seiner Frau und seines besten Freundes gehabt, noch hatte er in seiner Beziehung Anzeichen dafür gesehen, dass Chantal nicht mehr glücklich mit ihm gewesen wäre. Was jedoch am schlimmsten für ihn – und sicherlich für jeden anderen auch – gewesen war, war der Umstand, dass er von jetzt auf gleich sein Kind verloren hatte. Wie bei vielen getrennten Paaren dauerte es seine Zeit, bis die Umgangsformalien geklärt waren. Auch die finanziellen Einbußen machten Philip stark zu schaffen. Insgesamt nahm ihn die Situation psychisch und physisch sehr mit. Er zog sich eine Zeit lang aus der Gemeinschaft zurück, um in Ruhe trauern und lernen zu können, mit seiner neuen Lebenssituation umzugehen.

Einige Zeit später lernte Philip eine neue Frau kennen. Er war beim besten Willen kein Womanizer und eine Beziehung war auch nichts, was er „mir nichts, dir nichts" unüberlegt begann. Man merkte, wie er wieder Kraft sammelte, in sein altes Lebensmuster zurückfand und wieder begann, Kontakte zu Frauen zu knüpfen. Er fing sich wieder auf und schöpfte neuen Mut nach einer solchen negativen Lebenserfahrung.

Nur hatte Philip jetzt ein völlig anderes Problem. Seine neue Liebe war keine Zeugin Jehovas. Und damit stand er vor der größten Entscheidung seines Lebens. Zeit seines Lebens war er ein treuer und gehorsamer Zeuge Jehovas gewesen; er hatte seinen Platz im theokratischen Leben gefunden. Er hatte „die Sturm-und-Drang-Zeit" seines jugendlichen Lebens überwunden. Er hatte sich an alle Lehren, an alle Gebote und insbesondere an alle Verbote gehalten, die seine Eltern ihm auf Grundlage der Belehrung der Wachtturm-Gesellschaft vermittelt hatten. Er hatte „im Herrn" geheiratet und war ein adäquates Mitglied der Gemeinde geworden. Als Dienstamtgehilfe hatte er seinen „Brüdern und Schwester" gedient und sein Leben in den Dienst der Organisation gestellt.

Was bedeutete dieser Werdegang für sein soziales Umfeld, für seinen Freundes- und Bekanntenkreis? Philip kannte nur die Organisation. Er war Opfer des Räderwerks eines jungen Zeugen Jehovas. Immer treu und gehorsam der Wachtturm-Gesellschaft unterworfen, pflegte er lediglich soziale Kontakte bei den Zeugen Jehovas. Er hielt sich an alle Regeln des theokratischen Lebens. Und jetzt? Sein Leben lag in Trümmern, weil andere sich nicht an diese Regeln hielten. Doch nun hatte er die Möglichkeit auf einen Restart. Aber wenn er diese Chance ergreifen würde, seinem Herz folgte und eine Beziehung mit einer „weltlichen" Frau begänne, so würde ihm die Exkommunikation drohen.

An einem Donnerstagabend im Jahr 2002 wurde ihm die Gemeinschaft entzogen. Er entschied sich für seine neue Liebe und damit gleichzeitig dafür, sein Leben komplett bei null zu beginnen. Seine Exkommunikation hatte bei vielen in unserer Gemeinde einen sehr faden Beigeschmack. Die Geschehnisse waren noch sehr frisch und wir alle konnten seinen Schmerz und den Versuch, nicht zu zerbrechen, monatelang verfolgen. War es nun fair, einer solchen Person die noch vorhandene Lebensgrundlage zu entziehen? Ja, das war es. Dies war das einhellige Fazit der Gemeinde. Philip brach ein göttliches Gesetz und es gab keine andere Möglichkeit, als ihn zu exkommunizieren. Mit der Bekanntmachung an diesem Abend begann sowohl für Philip als auch für alle anderen von uns das Protokoll für den Kontakt mit „Abtrünnigen".

Allerdings war diesmal etwas anders. Ich war keine zwölf Jahre mehr alt. Der „Abtrünnige" war kein mir unbekannter Raucher oder Casinogänger, der ohnehin keine große Verbindung mit der Versammlung hatte, wie so oft zuvor in meiner Kindheit. Es war ein gleichaltriger, fest im Leben stehender Mann, auf dessen Leben nun gespuckt wurde. Sollte ich ihn im Treppenhaus nicht mehr grüßen? Im Gym wortlos an ihm vorbeigehen? Allein der Gedanke daran war an Absurdität nicht mehr zu überbieten.

Einige Monate später kam dann die ultimative Wende. Wieder an einem Donnerstagabend kam es zu einer erneuten Bekanntmachung. Denn auch die Wiederaufnahme eines „Abtrünnigen" wird kurz und knapp von einem Ältesten bekanntgegeben. Und so nahm die Szenerie ihr erneutes Spiel. Der vorsitzführende Aufseher ging auf die Bühne. Stille. Er richtete sein Mikrofon und der eine Satz schallte durch den Saal:

*„Ludwig und Chantal sind als Zeugen Jehovas wieder aufgenommen worden."*

KISS ME ON THE BACKSIDE – genau das waren meine Gedanken. Die arme Socke von Philip war mittlerweile der Geächtete aus dem Ort. Der Abtrünnige, der nicht einmal mehr gegrüßt werden durfte, weil er durch eine neue Liebe seinen Frieden gefunden hatte. Und auf der Gegenseite Ludwig und Chantal. Die beiden bereuten ihr Handeln – klar, man konnte ja jetzt auch problemlos vögeln –, heirateten und ließen sich wieder in die Christenversammlung aufnehmen. Das war Shakespeare im 21 Jahrhundert. Und wie es das Regelwerk der Organisation vorgibt, waren beide ab dem Moment wieder vollwertige Mitglieder der Gemeinschaft. Was vorher alles geschehen war? Scheißegal.

In dieser Zeit begann ich mir mehr und mehr Gedanken über das Machtgefüge der Organisation zu machen. Wie konnte es sein, dass Millionen von Anhängern den Vorgaben zur Behandlung von „Abtrünnigen" so bedingungslos nachkamen? Wie konnte es sein, dass überhaupt hunderte von

Verhaltensnormen, Regeln im Alltag, im Berufsleben und in quasi allen Lebenslagen eines Menschen von einem Komitee aus nicht mal einem Dutzend Männern bestimmt werden konnten?

Die Causa Philip ließ mir keine Ruhe. Fragen über Fragen beschäftigten mich und ich begann zu recherchieren. Anfang der 2000er Jahre begann das Internet auch bei Zeugen Jehovas immer mehr Einzug ins Leben zu nehmen. Zeugen Jehovas selbst nutzten dieses Medium noch nicht – dafür aber ehemalige Zeugen Jehovas, die ihre Erfahrungen und ihr gesammeltes Wissen publik machten.

Und so begann ich ebenfalls, eigene Nachforschungen zu betreiben.

# Liebe hat zwei Gesichter

Im Laufe der letzten Jahrzehnte hat die Wachtturm-Gesellschaft die Anweisungen und das Regelwerk für den Kontakt mit Ausgeschlossenen regelmäßig adaptiert.

Insbesondere in der Zeit bis 1916 war die Organisation – damals noch als „Freie Bibelforscher“ bekannt – relativ frei vom Gesetzesdenken. Es gab zwar Regeln für einen christlichen Lebenswandel, aber keine wirklich ernsthaften Sanktionen bei Verstößen.

Unter der Leitung von Rutherford wurde von 1916 bis 1945 dann schon eine rigorose Haltung gegenüber Personen, die nicht an die Lehren der Organisation glaubten, eingeführt. Unter Rutherford wurde zum Beispiel der Fahnengruß, das Aufstehen bei der Nationalhymne, aber auch die Weigerung, einen Militärersatzdienst auszuführen, strikt verboten. All das waren schon Punkte, die in der Bibel ausdrücklich nicht verboten werden und teilweise Jahre später wieder ersatzlos aufgehoben wurden – sehr zum Leidwesen tausender junger Männer, die im Gefängnis saßen, weil sie den Ersatzdienst respektive den Militärdienst aus Gehorsam gegenüber den Lehren der Organisation ablehnten.

Der Gemeinschaftsentzug als primäre Lehrgrundlage, um Kritiker mundtot zu machen, wurde allerdings erst Anfang der fünfziger Jahre von der Wachtturm-Gesellschaft in seiner heute bekannten Härte eingeführt.

Im Wachtturm vom 01.05.1952 gab die Organisation interessanterweise erstmals Anweisungen für Personen heraus, die zwar ausgeschlossen waren, aber weiterhin am Predigtwerk teilnehmen und die Zusammenkünfte besuchten wollten. Diese

Kombination fand man in den Folgejahren so gut wie nie – heutzutage überhaupt nicht mehr.

Der Grund war, dass insbesondere nach dem zweiten Weltkrieg immer mehr Zeugen Jehovas anfingen, die biblischen Lehren zwar vom Grundsatz her zu leben, zu verkündigen und an diese zu glauben, aber dies eben nicht mehr unter dem „Dachverband“ der Wachtturm-Gesellschaft, beziehungsweise unter der Leitung des „treuen und verständigen Sklaven“ tun wollten.

Sie waren der Auffassung, dass Jesus und seine Apostel niemals die Verkündigung des Wortes Gottes an das Folgen einer irdischen Organisation gebunden hätte.

Die Jahre nach dem Krieg waren weltweit geprägt von Wohlstand und dem Wiederaufbau – es herrschte eine regelrechte Aufbruchsstimmung. Dies stand verständlicherweise im direkten Widerspruch zu den Weltuntergangsszenarien der Organisation. Diese aber als allgegenwärtig und omnipräsent zu halten war zwingend erforderlich, um den Mitgliedern das Gefühl zu geben, dass die Zeit drängt und ihnen den unabdingbaren Gehorsam gegenüber ihren Lehren abzuverlangen.

Immer mehr wurde daher in den Publikationen und auf Kongressen betont, dass die Organisation der Wachtturm-Gesellschaft DER Mitteilungskanal der „geistigen Mutter“ – also Gottes unsichtbarer Organisation im Himmel – für alle Versammlungen auf der Erde ist. Auf gut Deutsch: Wenn die „Mutter“ etwas sagt, so geschieht dies ausschließlich durch die theokratische Organisation der Wachtturm- Gesellschaft. *(Wachtturm 01.07.1957, Seite 402)*

Mit einem der ersten Artikel im Jahr 1952 begann die Organisation nun, das bis heute vorherrschende Rechtssystem der Zeugen Jehovas zu schaffen.

So wurden die Mitglieder von der leitenden Körperschaft aufgefordert, Ausgeschlossenen den Zugang zu den Versammlungen zu gestatten, *„solange sie sich recht aufführen und ordnungsgemäß handeln."*

Allerdings wurde hier schon festgelegt, *dass „solche Personen niemals zu begrüßen noch zu verabschieden sind."* Weiter wurde beschlossen, dass sie *„in unserer Mitte nicht willkommen und wir sie meiden werden. Wenn ein solcher im Wachtturm-Studium dasitzt und die Hand erhebt, sollte der Vorsitzende ihn nie beachten, noch ihm gestatten, einen Kommentar zu machen. Er ist nicht einer von uns. Er ist kein anerkanntes Glied in Gottes Versammlung. Jene, die unterrichtet sind und ihn kennen, sollten ihn bestimmt meiden, da sie ihm nichts zu sagen haben."* Mit diesen eindeutigen Anweisungen begann die Ära der Ächtung von andersdenken Zeugen Jehovas.

Genaue Instruktionen wurden auch gegeben, wenn ein Ausgeschlossener weiterhin *„in den Felddienst ausrücken möchte und man ihn daran nicht hindern kann. Die Versammlung sollte ihm hierzu kein Gebiet zur Verfügung stellen und auch seinen Predigtdienstbericht nicht annehmen bzw. diesen zerreißen und wegwerfen."*

Besonders zu berücksichtigen ist der Fokus des Artikels auf die Personengruppe der Abtrünnigen.Die erwähnten Zielgruppen waren nämlich keine „Sünder", die ein „gottloses Verhalten" führten und deshalb ausgeschlossen wurden, sondern Personen, die weiterhin die Anweisungen Jesu befolgten, sein Wort verkündeten, den Predigtdienst als eine unbedingte Anweisung an seine Nachfolger ansahen und die gleiche „Wahrheit" verkündigten, wie diejenigen der Zeugen Jehovas, die dies unter der Leitung des „Sklaven" taten.

Die Diffamierung geht wie folgt weiter:

*„Der Betreffende ist nicht einer von uns. Er ist ein Vertreter der Organisation des Teufels, welcher Verderbtheit einzuführen und zu stören sucht. Er ist nicht rein, und bevor er bereut und seine Handlungsweise ändert, kann er nie zurückkommen und einer vom Volke des Herrn sein. Unter keinen Umständen sollte er ... in Privatwohnungen ... willkommen geheißen, noch sollte ihm der Zutritt in einer solchen gestattet werden, denn die Schrift ist in diesem Punkt sehr bestimmt."*

Diese Richtlinien wurden bis Anfang der siebziger Jahre laufend verfeinert. Im Jahr 1974 kam es dann zu einer deutlichen Abschwächung der bisherigen Lehre, wie man zum Beispiel mit Ausgeschlossenen aus dem familiären Umkreis umgehen sollte. So wurde nun unter anderem gelehrt, dass Familienangehörige für sich selbst entscheiden dürfen, in welchem Ausmaß sie mit Ausgeschlossenen Umgang haben möchten, die nicht mehr in häuslicher Gemeinschaft leben.

Hier wurde eine klare Abgrenzung zu solchen Ausgeschlossenen gezogen, die zu einem früheren Zeitpunkt zwar aufgrund einer theokratischen Sünde exkommuniziert wurden, aber nun wieder einen Lebensweg führten, der keine „Beanstandung" hat – auch wenn sie ihrer Entscheidung treublieben, sich nicht wieder der Gesellschaft anzuschließen. Es wurde ausdrücklich erklärt, *„dass es nicht mehr Sache der Ältesten der Versammlung ist* – also respektive auch der Organisation – *darüber zu* *entscheiden, in welchem Ausmaß dieser Kontakt aussieht."*

Die Ältesten wurden angewiesen, vor allem darauf zu achten, dass durch die Gemeinschaft mit Personen, die wegen einer biblischen Sünde ausgeschlossen wurden, nicht wieder ein negatives Gedankengut in die Versammlung hereingebracht wird, statt einen rigorosen Kontaktabbruch zu kontrollieren. Als Beispiel wurde ein Vater angeführt, dem zwar die Gemeinschaft entzogen worden war, der aber seine Kinder oder seine Enkelkinder weiterhin besucht und von diesen auch aufgenommen wird. Ausdrücklich wurde erklärt, dass dieser Vater ein natürliches Recht hat, seine nächsten Verwandten und seine Kinder zu treffen. Auch die Betreuung von Familienangehörigen, die einer Pflege bedürfen, wurde unmissverständlich zugestimmt. Der Artikel endet mit den Worten:

*„Das sind menschliche Entscheidungen, die christliche Familien treffen müssen, und die Ältesten der Versammlung brauchen dagegen nichts zu unternehmen, solange keine stichhaltigen Beweise dafür vorliegen, dass die Versammlung dadurch wieder einem verderblichen Einfluss ausgesetzt würde."*

Die Verantwortung für die Trennung der Familienbande wird meist allein dem Ausgeschlossenen zur Last gelegt. Diese Erfahrung konnte ich selbst nach meinem eigenen Ausschluss sammeln. Logische und sachlich nachvollziehbare Gründe für den Kontaktabbruch konnten mir zum Beispiel meine Eltern nie liefern. Jede Diskussion endete mit den Worten: *„Die Gesellschaft gibt es so vor."* Und auch die nachvollziehbarsten Argumentationen und Beweise, die das – meiner Meinung nach – Lügengespinst der Wachtturm-Gesellschaft unmissverständlich aufzeigten, wurden stets zurückgewiesen.

Der gesellschaftliche Bruch der Familie mit Ausgeschlossenen und die damit verbundenen psychischen und physischen Auswirkungen werden in den allermeisten Fällen niemals aus der persönlichen Überzeugung oder den Emotionen der jeweiligen Familienangehörigen herbeigeführt, sondern ausschließlich aus dem kompromisslosen und unabdingbaren Gehorsam gegenüber der Organisation und ihrer Anweisungen.

Dazu kommt die bei vielen permanent im Unterbewusstsein schwelende Angst, selbst als Abtrünniger exkommuniziert zu werden, sofern man sich den Anweisungen der Gesellschaft widersetzt – denn soziale Kontakte mit Abtrünnigen können ebenfalls zum Ausschluss führen. Ein ständig rotierender Kreislauf zwischen der Verpflichtung eines unbedingten Gehorsams und einem moralischen Bedenken, oft auch in Kombination mit der Verunsicherung über den Sinn desselben, sind die Folge.

Dies trifft umso mehr zu, weil ein Zeuge Jehovas, der aus Gewissensgründen einen Standpunkt oder eine Lehre der Wachtturm-Gesellschaft ablehnt, auf die gleiche Stufe gestellt wird, wie eine Person, die beispielsweise unmoralisch handelt.

Ab dem Jahr 1980 wurde dies noch konkreter. In einem Brief vom 01.09.1980 an alle Kreisaufseher verkündete die Leitende Körperschaft, dass es nun schon für einen Gemeinschaftsentzug reichen würde, *„wenn jemand nur etwas anderes glauben würde als das, was die Sklavenklasse verkünde – er müsse noch nicht einmal darüber reden." (Originalbrief „Der Gewissenskonflikt", S. 320– 322)* Das Ziel dieser verschärften Richtlinie war es augenscheinlich, eine kontrollierte und überschaubare Sphäre zu schaffen, in der zwar die Lehren und Richtlinien der Organisation gelehrt werden konnten, aber nicht mehr dem gleichzeitigen

Risiko ausgesetzt sein zu müssen, sich mit ernsthaften und nachvollziehbaren Zweifeln auseinandersetzen oder biblische Einwände und Gegenbeweise widerlegen zu müssen. *(siehe auch „Auf der Suche nach christlicher Freiheit", Seite 324)*

In dieses Raster fielen insbesondere in den achtziger Jahren eine Vielzahl von Zeugen Jehovas, die – vor allem durch den nicht stattgefundenen Weltuntergang 1975 – selbst anfingen, Nachforschungen zu betreiben. Es gibt eine Vielzahl von dokumentierten Fällen, in welchen treue Zeugen Jehovas, die jahrzehntelang ihr Leben in den Dienst der Organisation gestellt hatten, ausgeschlossen oder, in manchen Fällen noch schlimmer, aus dem Bethel „komplimentiert" wurden. Zum Teil waren diese Personen schon über achtzig Jahre alt und hatten keinerlei Möglichkeit mehr, durch ein anderes soziales Netz aufgefangen zu werden. Sie wurden „entsorgt" und exkommuniziert, um jeden Kontakt der Gemeinde zu diesen Zweiflern zu verhindern. *(Quelle 17)*

Die Änderungen 1974 wurden von den Mitgliedern der Zeugen Jehovas jedenfalls erstmal dankbar aufgenommen. Es war nun eine etwas abgeschwächte Sanktion, die es einem Zeugen Jehovas aber nach wie vor verbot, Kontakt mit einem Ausgeschlossenen zu pflegen, wenn dieser versuchen würde, ihn von seiner Anbetung abzubringen oder nach wie vor einen untheokratischen Lebenswandel führte.

Wurde also beispielsweise einem Kind die Gemeinschaft entzogen, weil es Unmoral begangen hat, heute aber verheiratet ist oder respektive seine unmoralischen Handlungen beendet hat, ist der Umfang des Kontaktes nicht mehr in der Entscheidung der Versammlung gelagert. Für Eltern, die ein solches Szenarium erlebt haben, war es sicherlich mehr als nachvollziehbar, dass sie ihr Kind, welches jetzt in „geordneten" Verhältnissen lebte, wieder wie früher behandeln durften.

Der Friede währte allerdings nicht lange. Bereits sechs Jahre später entschied sich die Leitende Körperschaft, die eigenen neu interpretierten Vorgaben über den Gemeinschaftsentzug wieder zu revidieren und brachte am 15.12.1981 mehrere Artikel zu dem Thema Gemeinschaftsentzug heraus.

Das Fazit war eindeutig: Man ging wieder zur ursprünglichen, menschenverachtenden Praxis der Exkommunikation zurück. Alle nur wenige Jahre zuvor gelockerten Anweisungen wurden widerrufen. Parallel wurden auch die bereits erwähnten Kreisaufseher dazu angehalten, ab sofort auf die neuen Kriterien für einen Gemeinschaftsentzug zu achten: Den absoluten Gehorsam gegenüber den Lehren „des Sklaven".

Diese Artikelserie war der Beginn einer beispiellosen Ausschlussserie von meist älteren „Brüdern", die in Führungspositionen standen und zum damaligen Zeitpunkt begannen, eigene Nachforschungen zu betreiben und teilweise gravierende Widersprüche in der Lehre der Zeugen Jehovas fanden. Einer der renommiertesten Kritiker dieser Gruppe war Raymond Franz. Raymond Franz war selbst Mitglied der leitenden Körperschaft und in so ziemlich alle Abläufe der Organisation involviert. Er leitete nicht nur mehrere Komitees der Wachtturm-Gesellschaft, sondern war auch maßgeblich für die Unterweisung in den Publikationen zuständig. Raymond war – um es mit den Worten der Organisation zu beschreiben – über vierzig Jahre lang eines der „Sprachrohre Gottes" auf Erden.

Anfang der achtziger Jahre wurde Raymond mit 61 Jahren ausgeschlossen. Vorausgegangen war jedoch schon sein eigener sukzessiver Rücktritt aus allen Führungsgremien der Weltzentrale. Raymond erkannte viele Jahre vor seinem Ausschluss gravierende Widersprüche und Fehlinterpretationen der Gesellschaft.

Ausschlaggebend für seinen Rücktritt waren aber seine dokumentierten Beweise – bis heute hunderte – dafür, dass die Organisation in vielen Fällen nicht nach dem Wort Gottes, sondern nach ihrer eigenen Auslegung handelt.

Als ich mit meinen eigenen Nachforschungen zu der Thematik des Gemeinschaftsentzuges begann, hatte ich ein Déjà-Vu, welches mir von vielen Gleichaltrigen aus der damaligen Zeit bestätigt wurde.

Wir waren alle noch sehr jung – zwischen sechs und zehn Jahre alt –, als in den damaligen Versammlungen das Gerücht von einem „prominenten Abtrünnigen“ die Runde machte. Was damals den Unterschied zu üblichen Ausschlussverfahren darstellte, war die Panik, die sich ganz offenkundig unter den Ältesten abspielte. In Zeiten, wo es weder Internet noch Handys gab, war es uns „Normalverkündigern“ – respektive uns Kindern und Jugendlichen – nahezu unmöglich, irgendwelche Fakten zu erhalten. Es war offensichtlich, dass man versuchte, bestimmte Informationen zu vertuschen.

Dem Zufall war es zu verdanken, dass ich bei meinem Onkel auf dem Schreibtisch einen Brief der Wachtturm-Gesellschaft an alle Ältesten fand. In diesem Schreiben wurde mitgeteilt, dass ein ehemaliges Mitglied der leitenden Körperschaft sich den

Lehren der Organisation – also in dem Fall seiner eigenen – widersetzte und ausgeschlossen wurde. Es wurde eindringlich vor dem Buch gewarnt und verlangt, genau zu prüfen, ob jemand aus der Versammlung im Besitz eines Exemplars wäre. Das ganze Schreiben wurde von einer augenscheinlichen Angst geprägt, dass die Versammlungen den Inhalt des Buches lesen könnten.

Ich habe dieses Buch mittlerweile sieben Mal komplett gelesen oder eher gesagt „studiert“. Und noch immer verursacht es bei mir Gänsehaut, mit welch sachlichen und genau dokumentierten Beweisen Raymond Franz die Struktur der Organisation beschreibt. Belegt mit hunderten von Originaldokumenten, die dem Leser unmissverständlich aufzeigen, welcher Methoden sich die Organisation bedient, um ihre Macht und ihren Einfluss über die mittlerweile fast acht Millionen Mitglieder zu erhalten.

Zurück zur Geschichte der Exkommunikation bei Jehovas Zeugen:

Ab den achtziger Jahren wurde die Vorgehensweise gegenüber ehemaligen Zeugen Jehovas Jahr für Jahr verschärft. Die Vorgaben für den Kontaktabbruch waren ohnehin schon in einem Bereich, der keine Steigerung mehr zulassen konnte. Allerdings wurde die Intensität der Anweisungen sukzessive erhöht.

Teilweise wurde die Haltung der Organisation sogar noch als „tolerant“ abgeschwächt, indem man biblische „Vorbilder“ aus dem Alten Testament heranzog und mit völlig aus dem Kontext gezogenen Beispielen den Mitgliedern lehrte, dass es im Alten Testament noch strengere Gesetze gegen Abtrünnigkeit gibt. *„Selbst wenn ein Familienangehöriger abtrünnig wurde, durften die übrigen Familienangehörigen kein Mitleid haben, sondern mussten sich an der Hinrichtung des Betreffenden beteiligen.“ (Einsichten Buch, Band 1, S. 555)*

Um dem Plan gerecht zu werden, jeden Lebensbereich eines Zeugen Jehovas zu „kontrollieren“, - wobei sich dieses Wort in der Sphäre meiner eigenen Meinung befindet - begann die Organisation 1976 ein umfangreiches Regelwerk zu schaffen, welches den Zweck hatte, genau diese Bereiche zu bestimmen. Das Buch *„Hilfe zur Beantwortung von Anfragen an das Zweigkomitee“* war ein Konvolut aller Entscheidungen, die die leitende Körperschaft in den Jahren zuvor aus ihrer eigenen Rechtsprechung den Ältesten und Kreisaufsehern übermittelt hatte. Jede erdenkliche Lebenskonstellation – sei es Familie, Ehe, Beruf oder soziale Verhältnisse – wurde hier abgedeckt. Wer sich bei einem Rechtskomitee nicht eng an diese Vorgaben hielt, dem konnte die Exkommunikation drohen. *(Quelle 18)*

In Summe 174 Themengebiete wurden hier abgehandelt. Angefangen von noch nachvollziehbaren christlichen Themen wie Abtreibung, Alkoholismus, Geburtstag, Geschäftsbeziehungen, Militärdienst oder Neutralität gab es auch absolut absurde Abhandlungen zu Themen wie Berufstätigkeit, Geschlechtsumwandlung, Impotenz, Karate, Hosen und Frauen, Konfettiregen bei Hochzeiten, Hypnotisieren, Sterilisierung, Verabredungen mit Personen anderen Geschlechts oder Zivilehe. *(Quelle 18)*

Die Auslegung eines dieser 174 Themengebiete konnte ich in meiner Jugend selbst bei einem Interessierten aus unserer Versammlung miterleben. Dieser sonst tadellose und vorbildliche junge Mann konnte sich jahrelang nicht taufen lassen, weil er einen handwerklichen Beruf auf der Militärbasis in Wiesbaden ausübte – er reparierte dort die Kraftfahrzeuge und Lastwagen. Erst viele Jahre später fand er einen neuen Arbeitsplatz und konnte sich taufen lassen.

Diese Konstellation wird im Themengebiet der Berufstätigkeit abgehandelt und wurde später auch offiziell in die Publikationen aufgenommen. Dabei war dieser Interessierte nur einer von vielen, der sich den willkürlichen Auslegungen der Organisation beugen musste, in welcher Form ein Zeuge Jehovas einen Beruf ausüben darf, der aktiv oder passiv den Militärdienst unterstützt. Wie absurd diese selbst ausgelegte Gesetzgebung ist, zeigt das Beispiel von zwei Frauen. Die eine ist als Hausangestellte bei einem Militärangehörigen tätig, während die andere als Reinigungskraft in der Kaserne von diesem Soldaten beschäftigt ist. Während die erste ihren Lohn von einer Privatperson bezieht, erhält die zweite ihren Sold von den Streitkräften und lädt damit Blutschuld auf sich. Sie muss von der Versammlung abgeschnitten werden, da sie damit die Ziele des Militärs fördert.

Eine Vielzahl solcher „Rechtsfragen" wurden in den Jahren vor 1976 der leitenden Körperschaft zugetragen, die das Konvolut in Folge anfertigen ließ. Bemerkenswert ist, dass selbst bei dieser Vielzahl von Themen die damaligen Ältesten stets die leitende Körperschaft kontaktierten, um Anweisungen zu deren Behandlung zu erhalten. Persönliche, auf Grundlage der Bibel angewandte Belehrungen wagten die meisten nicht zu äußern, sondern vertrauten blind der Gesetzgebung der leitenden Körperschaft. *(Quelle 18)*

In welche Absurditäten diese Praxis führte, zeigt das von der Wachtturm-Gesellschaft 1973 offiziell eingeführte Verbot von Oral- und Analsex unter verheirateten Ehepaaren. In vielen Abhandlungen zu Jehovas Zeugen bereits berichtet, aber immer noch ein Klassiker.

Im Wachtturm vom 15.02.1973 wurde die Ansicht vertreten, dass diese „pervers sexuellen Praktiken einen widernatürlichen

Gebrauch“ darstellen und zu „verabscheuen seien“ – selbst innerhalb der Ehegemeinschaft.

Allein der Umstand, dass sich Millionen von Zeugen Jehovas die kleinsten Lebensparameter von der Wachtturm -Gesellschaft als „im Einklang mit dem Willen Gottes“ absegnen ließen, zeigt die schon damals unbeschreibliche Hörigkeit der Mitglieder zu der Führungsriege. Die Anweisungen hatten – wie so oft – keinerlei biblischen Kontext und wurden trotzdem als bindend angesehen.

Die dazu veröffentlichten Bestimmungen gingen sogar so weit, dass Ehepaare genötigt wurden, solche „Sünden“ der Ältestenschaft zu melden, die dann, sofern die Praktiken nicht eingestellt wurden, einen Gemeinschaftsentzug aussprechen konnten. Kein einziger biblischer Grundsatz lag einem solch willkürlichen Dekret zugrunde. Aber wie bei vielen anderen beliebigen Themengebieten nahm sich die Organisation mMn heraus, eigenes Gedankengut als das Wort und den Willen Gottes zu interpretieren. Der kompromisslose Gehorsam und das Vertrauen der Mitglieder in die Leitende Körperschaft, die angeblich Gottes Wort als Sprachrohr vermittelt, drang selbst in solch intimste Sphären hinein, in denen man sich der Verpflichtung genötigt sah, sich die Genehmigung der Organisation einzuholen.

Wer als Leser nun denkt, dass in diesem Themenkomplex schon die Spitze des Eisberges erreicht wurde, wird enttäuscht werden. Im Wachtturm vom 15.02.1975 gingen die Anweisungen noch einen Schritt weiter. Nun wurde nämlich die offizielle Erlaubnis erteilt, dass „unschuldige Ehepartner“, die vom jeweils anderen zu solchen „Perversionen“ genötigt wurden, den einzigen biblischen Grund für eine Scheidung zugesprochen bekamen – nämlich den der Hurerei.

Der offensichtliche Ehebruch eines verheirateten Ehemannes oder einer Ehefrau – und der damit einzige biblisch-legitime Grund einer Scheidung – wurde 1973 in die gleiche Konnexität gebracht wie das normale Sexualleben verheirateter Menschen.

Doch es ging noch weiter. Im Zuge der ganzen Abhandlungen in diesen Jahren wurde das hebräische Wort *porneia* – welches das Wort Hurerei beschreibt – in seine Eizelteile zerlegt. Hierzu muss man folgende – bereits zitierte – biblische Grundlage verstehen. In Matthäus 5:32 wird der einzig biblische Grund für eine Ehescheidung erklärt. In der Bergpredigt sagte Jesus Christus: *„Ich sage euch, dass jeder, der seine Frau durch Scheidung entlässt, ausgenommen wegen Hurerei, sie dem Ehebruch aussetzt, da jeder, der eine Geschiedene heiratet, Ehebruch begeht (Matth. 5:32).“* Später sagte er einmal zu den Pharisäern: *„Ich sage euch, dass jeder, der seine Frau durch Scheidung entlässt, ausgenommen aufgrund von Hurerei, und eine andere heiratet, Ehebruch begeht (Matth. 19:9.).“*

Dies ist ein biblischer Grundsatz, denen sich Zeugen Jehovas bis heute fügen und der keine Kompromisse oder Interpretationen zulässt. Nun kam es in den siebziger Jahren aber im Zuge dieser Thematik zu Fällen, in welcher Ehemänner ihre Frauen zwar betrogen, aber dies eben nicht in der Form, wie sie die Organisation als Hurerei interpretierte.

In mir persönlich berichteten Fällen wollten Ehefrauen sich von ihren Männern scheiden lassen, weil der untreue Ehemann zwar außereheliche Beziehungen zugab, diese Beziehungen aber zum Beispiel nur Analsex und keinen Genitalsex umfassten. In anderen Fällen hatten die Ehemänner Sex mit Tieren gehabt. In allen diesen Fällen ist es mehr als nachvollziehbar, dass eine Ehefrau nicht mehr mit dem Partner zusammenleben und sich scheiden lassen wollte. Für jeden normal denkenden Menschen ist der Tatbestand der Hurerei, beziehungsweise der Untreue, erfüllt.

Nicht so für die Leitende Körperschaft. Im Wachtturm vom 15.03.1972 wurde unmissverständlich geschrieben, dass *„Homosexualität und Sodomie zwar abscheuliche perverse Handlungen sind, aber weder in dem einen noch in dem anderen Fall die Ehe gebrochen wird. Die Ehe kann nur durch Handlungen gebrochen werden, durch die ein Verheirateter ‚ein Fleisch' wird mit jemandem vom anderen Geschlecht, der nicht sein rechtmäßiger Ehegefährte ist".*

Auf gut Deutsch: Weil bei homosexuellen Handlungen – Analsex unter Heteropaaren wurde 1972 noch als solche beschrieben – und bei Sodomie keine Kinder gezeugt werden können, galten solche Praktiken nicht als Hurerei im biblischen Sinne und gestatteten es einem betrogenen Ehepartner nicht, sich scheiden zu lassen, ohne exkommuniziert zu werden.

Karl Uwe kann es mit seinem Gewissen nicht vereinbaren, sich von seiner Ehefrau Ilona eine blasen zu lassen, ohne in der ständigen Angst leben zu müssen, wegen solch perverser Praktiken innerhalb der Ehe ausgeschlossen zu werden. Alternativ geht er also abends in den Stall und vergnügt sich mit Dolly dem Schaf. Ilona erwischt ihn dabei, bekommt einen Schock und will sich scheiden lassen. Dies wird ihr von den Ältesten der Gemeinde aber mit der biblischen Begründung verwehrt, dass es sich bei dem Liebesspiel zwischen Karl Uwe und Dolly im warmen Stroh um keinen biblischen Scheidungsgrund handelt – schließlich kann Karl Uwe keine „kleinen Dollys" zeugen und hat damit nicht unmoralisch gehandelt. Weil Ilona aber von nun an jeden Abend den haarigen Hintern von Dolly neben sich im Bett liegen sieht, entschließt sie sich, Karl Uwe trotzdem zu verlassen und wird ausgeschlossen.

So absurd sich dieses Beispiel anhört, musste die Organisation diese Thematik im Wachtturm 1972 auch behandeln. Die leitende Körperschaft verstand sich meiner Meinung nach als Gerichtshof und gleichzeitig als gesetzgebende Körperschaft und alle Anweisungen hatten scheinbar bindenden Charakter, dem sich jedes Mitglied fügen musste, da ihm alternativ die Exkommunikation drohte.

Das Perfide, was nicht nur in dieser, sondern in zahlreichen weiteren Anweisungen in Folge passierte, ist der Umstand, dass nur zehn Jahre später im Wachtturm vom 15.06.1983 der Gemeinschaftsentzug bei *„perversen Praktiken innerhalb der Ehe"* dahingehend abgeschafft wurde, als dass diese zur Gewissensentscheidung herabgestuft wurden und keinen Ausschluss mehr nach sich zogen.

Auch Sodomie und andere unmoralische Handlungen wurden als Hurerei im Sinne der biblischen Beschreibung für *porneia* verifiziert – was für die arme Ilona freilich zu spät kam.

Was für ein Schlag gegenüber den vielen Ehepaaren, die sich seit 1972 den willkürlichen Anweisungen gebeugt hatten oder aufgrund ihrer eigenen Standhaftigkeit ausgeschlossen wurden. Mit keiner einzigen Silbe wurde in dem Artikel Bedauern darüber gezeigt, dass sich die Organisation geirrt oder die biblische Interpretation falsch ausgelegt habe. Der Artikel veröffentlichte kurz und knapp die adaptierten Richtlinien, die einem „neuen Licht" entsprangen und hunderttausende von Paaren gingen abends mit einem Lächeln im Gesicht nach Hause um „viele Jahre nachzuholen".

Es ist der heutigen medialen Transparenz geschuldet, dass eine Vielzahl von solch widerlegten Lehren der Organisation für jeden mit relativ wenigen Klicks im Internet zu finden sind. Genügte es vor zwanzig Jahren noch, alle paar Jahre einen Wachtturm-Artikel über das Thema zu veröffentlichen, so wird heutzutage mit jedem erdenklichen Medium – angefangen von theatralischen Filmen bis hin zu Vorträgen auf internationalen Kongressen – versucht, Millionen von Zeugen Jehovas „in der Spur zu halten". Dazu werden die unterschiedlichsten psychologischen Methoden verwendet.

Als Beispiel sei ein Filmdrama zu beschreiben, welches man auf der „JW Org"-Webseite findet und welches die manipulative Belehrung der Organisation verdeutlichen soll. Der Film handelt von einer christlichen Familie mit mehreren Kindern. *(Quelle 22)*

Im Mittelpunkt steht die älteste Tochter Sophia, die – in Rückblenden gezeigt – bereits als Kind getauft und als „Vorzeigechrist" mit ihrer Familie in einer Versammlung tätig war.

Mit melancholischer Musik im Hintergrund erzählt die in der Neuzeit nun erwachsene Tochter – mittlerweile selbst Mutter von zwei kleinen Kindern –, wie sie sich als junge Frau in einen „weltlichen" Arbeitskollegen verliebte. Da sie sich für die Beziehung entschied, wurde sie aus der Versammlung ausgeschlossen. In Rückblenden lernt man die beiden Eltern kennen, wobei die Mutter den eher emotionalen und der Vater den rationalen Part spielt. Dieser erklärt seiner Tochter nach dem Gemeinschaftsentzug, dass sie das gemeinsame Haus verlassen muss, da sie ihre Lebensweise nicht ändern und so einen negativen Einfluss auf ihre jüngeren Geschwister ausüben könnte.

Das offensichtlich perfide in den bereits ersten Minuten des

Filmes ist die permanente Fokussierung und Hervorhebung der angeblichen Tatsache, dass nicht die Eltern „die Bösen“ in dieser Causa sind und sie eine Schuld an der jetzigen Familiensituation trifft, sondern ausschließlich die Tochter, weil sie das „Böse“ – ihren damaligen Freund – nicht hasste, ihn verließ und die Beziehung beendete.

Immer wieder gesteht sich die heute erwachsene Tochter ein, dass sie selbstsüchtig und egozentrisch war, als sie den Lehren der Organisation nicht mehr folgte und „ihren Eltern damit das Herz brach“.

Im weiteren Verlauf werden nun die Eltern gezeigt, die unter dem Kontaktabbruch der Tochter augenscheinlich auch sehr leiden. Hier sind die Rollen ebenfalls klar verteilt, in der Form, dass die Mutter in fast jeder Szene herzzerreißend irgendwelche Bilder ihrer Tochter in der Hand hält, während der Vater – das „geistige Oberhaupt“ – seiner Frau am romantischen Kaminfeuer im Wohnzimmer aus der Bibel oder am Küchentisch aus Publikationen vorliest und ihr so den Standpunkt der Organisation verdeutlicht.

Man sieht nun, wie nach einigen Wochen die Tochter versucht, telefonischen Kontakt zu ihrer Mutter aufzunehmen. Hier beginnt nun die eigentliche niederträchtige Message des Films.

Im Off erzählt die erwachsene Tochter, wie ihre Eltern ihr verständlicherweise sehr fehlten und sie einfach nur gerne wieder ihre Stimme hören wollte. Sie wusste aber gleichzeitig, dass ihre Eltern sich aufgrund der theokratischen Belehrung darüber im Klaren waren, dass ihr als Tochter vielleicht schon der kleinste Kontakt genügt hätte, um den eigenen Trennungsschmerz zu erdulden und sie das eventuell weiterhin daran gehindert hätte, in die Gemeinschaft zurückzukehren.

Diese „Telefonszenen“ findet man auch in diversen anderen Filmen der Organisation, wenn versucht wird, Eltern die Wichtigkeit der Isolation ihrer Kinder zu verdeutlichen. Als wenn dies nicht schon reichen würde, wechselt die Szenerie jetzt auf die Seite der Mutter. Sie erzählt in permanent weinerlicher Stimme, wie ihr das Beispiel des Hohepriesters Aaron aus der Bibel Kraft gegeben hat. Gott tötete die zwei Söhne Aarons, da diese nicht mehr der „wahren Anbetung“ folgten. Wie sollten Aaron und seine Familie darauf reagieren? Gemäß der Bibel untersagte ihnen Gott sogar, über den Verlust seiner beiden Söhne zu trauern. Die ganze Nation sollte sehen, wie auch die Familie die „erzieherischen Maßnahmen“ Jehovas unterstützte und keine Trauer zeigte. Die Mutter nahm sich nun vor, genauso loyal zu sein wie dieser Aaron, indem sie dem Rat der Bibel folgte, mit niemandem Umgang zu haben, der sich nicht an die Grundsätze der Organisation halten würde.

Als die Trauer der Mutter nach einer gewissen Zeit überhandnimmt, kommt wieder der rationale Vater ins Spiel, der seiner Frau anhand von Publikationen erklärt, dass sie bei einem Kontakt mit ihrem Kind der erzieherischen Maßnahme Jehovas im Wege stehen und so schuld sei, wenn der Geist Gottes ihre Tochter nicht erreichen würde. Auf der anderen Seite würde die Tochter sehen, wie ihre Eltern loyal sind und vielleicht allein deshalb zur Organisation zurückkehren. Eine klassische Täter-Opfer-Umkehr.

Der Film endet, wie er enden muss. Die Tochter erkennt „ihre Sünden“, fühlt sich mehr und mehr „unwürdig“, knickt nach fünfzehn Jahren endgültig ein und kehrt in die Organisation zurück; ordentlich, wie es sein muss, ein Jahr in der letzten Reihe sitzend, und wird wieder aufgenommen. In Abschlussblenden sieht man sie im Familienkreis zusammen, weinend im Arm der Mutter und mit dutzenden Zeugen Jehovas freudestrahlend am Lagerfeuer sitzend. Sanfte Klavierklänge blenden die Szene aus.

Diese Art von Filmen ist seit der Gründung der Webseite *„JW Org“* im Jahr 2014 zu einem festen Bestandteil der Unterweisung geworden.

Was diese Filme – und auch die umfangreiche Literatur dazu – bei vorliegender Thematik allerdings nicht wahrhaben will, ist die kaum zu ertragende psychische Ausnahmesituation auf Seiten der „in der Wahrheit“ verbliebenen Familienmitglieder. Die Erfahrung zeigt, dass gerade diese die eigentlichen Opfer einer solchen Exkommunikation sind, da ihr kompromissloser Gehorsam sie daran hindert, ihren wahren Gefühlen nachzugeben.

Nehmen wir als Beispiel die Eltern der im Film gezeigten Sophia. In Rückblenden lernt man kurz die Lebensgeschichte der Eltern kennen. Beide heirateten in jungen Jahren und stellten ihre gesamte Zeit in den Dienst der Organisation. So wie für Millionen heute aktiver Zeugen Jehovas waren für sie die Organisation und deren Lehren die Grundlage jeder Lebensentscheidung.

Als ihre Kinder geboren wurden, begannen sie, auch diese in die Religionsgemeinschaft zu integrieren. Die im Video gezeigten Sequenzen sind auf keinen Fall als Fiktion oder als überspitzt zu werten. Kinder werden von Geburt an in den Lehren der Organisation unterwiesen und belehrt. Die Beteiligung am Predigtdienst und in den Zusammenkünften beginnt bereits lange vor Schulbeginn. Eine christliche Familie lebt ausschließlich dafür, gemeinsam in einem „Paradies“ auf der Erde zu leben – und dies für immer; sprich mit der Hoffnung auf ein ewiges Leben. Diese Erwartung ist die treibende Kraft im gesamten Leben eines Zeugen Jehovas.

Jede Entscheidung, die er fällt und jede Planung, die er trifft, wird auf der Grundlage dieses Glaubens entschieden. In dem Moment, wo sich ein Familienmitglied entscheidet, kein Mitglied der Organisation mehr zu sein und als Folge exkommuniziert wird, bedeutet dies für alle Familienmitglieder – neben dem irdischen Verlust – auch die Gewissheit, sein Kind in weiterer Folge dem Tode geweiht zu sehen.

Am eigenen Beispiel habe ich erlebt, was diese psychische Belastung und der Leidensdruck mit einem Menschen machen. Meine Mutter war eine Vorzeigemutter, die ihre ganze Liebe und Zeit in ihre Kinder investierte. Während mein Vater eine theokratische Karriere anstrebte, war sie diejenige, die „alle Zügel" in der Hand hielt und dabei selbst oft zurücksteckte. Dies war auch kein Zustand, der sich auf unsere eigentliche Kindheit beschränkte, denn unsere Bindung wurde auch im Erwachsenenalter immer größer. Wie schon im vorigen Kapitel beschrieben, war dies der einzige Grund, der mich jahrelang davon abhielt, mich von der Organisation schon viel früher zu trennen. In dem Moment, wo ich mich dann entschied, die Wachtturm-Gesellschaft zu verlassen, verlor meine Mutter einen Teil ihrer Seele, die sie bis heute nicht mehr wiedergefunden hat.

Ich war zwar noch ihr leiblicher Sohn, aber ihr war es verboten, weiterhin mit mir – und damit auch gleichzeitig mit meiner neuen Familie, ihrer Schwiegertochter und ihren Enkeln – „vernünftigen" Kontakt zu halten; sporadische SMS oder ein kurzes Telefonat zwei- bis dreimal im Jahr seien hiervon ausgenommen. Auf der anderen Seite war sie sich jede Minute lang bewusst, dass ihr einziger Sohn von Gott zum Tode verurteilt wurde. So oder so hatte sie mich aus ihrer Sicht verloren. Man kann dies mit einem Patienten vergleichen, der dringend auf ein Spenderherz wartet, da er ohne eines sterben wird. Nur mit einem kompatiblen Ersatzorgan kann sein Leben gerettet werden – wobei der Krankheitsverlauf und damit der Tod immer weiter voranschreitet. Für die Familie gibt es keine realistische Hoffnung – lediglich eine utopische Perspektive, deren Wahrscheinlichkeit gegen null geht.

Ähnlich sind für Eltern der Zeugen Jehovas die psychischen Auswirkungen einer Exkommunikation zu beschreiben. Zum Zeitpunkt des Ausschlusses wird ihr Kind in Harmagedon – der Grundlage ihres Glaubens – vernichtet. Mit diesem Gedanken gehen sie abends ins Bett und stehen morgens wieder auf. Der einzige „Hoffnungsschimmer", der ihnen bleibt, ist die Möglichkeit, dass ihr Kind seine Handlungen bereut, in die Organisation zurückkehrt und wieder ein Mitglied der Gemeinschaft wird. Und so versuchen Eltern Tag für Tag, sich selbst dahingehend zu motivieren, dass ihre Kinder vielleicht irgendwann in die Organisation wiederkehren. Es wird auf jedes kleinste „Zeichen" geachtet, auf jedes Wort, auf jede Bemerkung, die man versucht, im Leben seines Kindes positiv „zu entdecken" und so eventuell den neuzeitlich „verlorenen Sohn" aus Jesus' Beispiel irgendwann wieder in den Armen halten zu können.

Dessen ist sich auch die Organisation bewusst, weshalb sie keine Möglichkeit auslässt, durch Filme und Literatur betroffenen Eltern die Hoffnung auf eine Rückkehr ihres Kindes zu suggerieren.

In den zwölf Jahren nach meinem Austritt konnte ich dieses „Klammern" Jahr für Jahr schmerzlich erleben. Jedes Jahr zu Neujahr erhielt ich von meiner Mutter einen handschriftlichen mehrseitigen Brief. So liebevoll diese Geste auch gemeint war, war jeder Brief von einer tiefen Traurigkeit geprägt, einer seelischen Zerrissenheit, einem gedanklichen Festhalten „an alte Zeiten" und dem ständigen Versuch, mich wieder in irgendeiner Form zur Rückkehr zu bewegen. Dies geschah durch alle möglichen Versuche – angefangen von Einladungen zu Kongressen oder Zusammenkünften bis hin zum Versenden von Publikationen und dem Vermitteln von persönlichen Gefühlen; manchmal auch in vielen, vermutlich unbewussten, Satzformulierungen in ihren Briefen.

Obwohl der Kontakt auf ein Minimum beschränkt war, nutzten meine Eltern jede Möglichkeit, mich zu einem Rücktritt zu bewegen. Diese Situation war für mich in all den Jahren belastender als jeder andere Aspekt meines eigentlichen Austrittes. Teilweise öffnete ich die jährlichen Briefe erst Monate nach Eintreffen, aus Angst vor dem Inhalt.

Um genau zu sein war es die einzige negative Begleiterscheinung meines Ausstiegs, war mir doch bewusst, dass nicht ich es war, der in irgendeiner Form an den Folgen des Ausschlusses litt, sondern einzig und allein meine Familie. Und welcher Sohn möchte seine Mutter in dieser Form leiden sehen? Mein Vater war da abgeklärter. In den zehn Jahren nach meinem Ausschluss kann ich die WhatsApp Nachrichte bzw. Telefonate an nicht mal einer Hand abzählen. Meist wurde der Hörer schnell an meine Mutter weitergegeben.

Während ich eine Freiheit genoss, die mir dreißig Jahre lang verwehrt geblieben war, beendeten meine Eltern jeden Abend ihres Lebens damit, den Gedanken an den baldigen Tod ihres Sohnes zu verarbeiten.

Als ich dieses Buch zu schreiben begann, bin ich noch einmal Vater geworden. Meine kleine Tochter war ein absolutes Wunschkind und es vergeht kein Tag, an dem ich nicht mit ihr auf der Couch sitze und Gott danke, so ein Kind im Arm halten zu dürfen.

Als Vater ist es für mich nicht ansatzweise nachvollziehbar, wie eine Religionsgemeinschaft es durch den Vorwand göttlicher Inspiration schaffen kann, Eltern zu veranlassen, ihr eigenes „Fleisch und Blut" zu verstoßen. Ich bin bestimmt nicht der einzige Vater, der von sich behauptet, für sein Kind sterben zu wollen – sofern es die Situation dazu erfordern würde. Die Vorstellung, mit meiner Tochter zu brechen, sie zu ächten und *„eine liebevolle Erziehungsmaßnahme Gottes"* als Begründung für eine offenkundige emotionale Erpressung zu benutzen, mit der einzigen Absicht, sie wieder in eine Religionsgemeinschaft zurückzuholen, der sie aus Gewissengründen nicht mehr zugehören möchte, ist für mich an Abnormität nicht mehr zu überbieten.

Das allein wäre aber noch nicht die ganze Wahrheit. Zu dieser Ausgrenzung würde nun noch meine feste Überzeugung kommen, dass meine Tochter jederzeit vernichtet werden kann.

JEDERZEIT – diese Überzeugung hätte ich als treuer Zeuge Jehovas – kann Harmagedon über die Welt hereinbrechen. Während ich dann mit meinen Brüdern und Schwestern einem „Pandora" entgegenjuble, liegt meine Tochter zerschmettert zwischen den Trümmern ihres Hauses. Aber egal – ich werde erleben, wie Löwen und Lämmer zusammen spielen und mich meines Lebens erfreuen.

Persönlich frage ich mich oft, wie Eltern, die eine solche familiäre Trennung erleben und verarbeiten mussten, überhaupt den Wunsch verspüren können, in so einem imaginären Paradies zu leben. Wie kann man eine Religion – die von sich behauptet, auf Liebe zu beruhen – weiterhin als Lebensgrundlage betrachten, wenn sie von einem fordert, mit seinen Liebsten zu brechen?

Was Familien, die in dieser Form mit ihren Angehörigen umgehen, oftmals auch völlig ignorieren, ist das enorme Erkrankungsrisiko, welchem sich manche Ausgeschlossenen aufgrund des psychischen Druckes aussetzen. Im Ärzteblatt von September 2011 wurde dazu eine sehr interessante Abhandlung veröffentlicht:

Unter der Überschrift *„Hohes Erkrankungsrisiko – soziale Zurückweisung kann sich lebenslang nachteilig auf die psychische Gesundheit auswirken"* behandelt der Artikel mögliche Folgen der sozialen Ächtung. Er erklärt, wie der Mensch als soziales Wesen andere Menschen braucht, um zu überleben und daher in hohem Maße auf ihre Zuwendung und Unterstützung angewiesen ist. Folglich ist es für ihn katastrophal, wenn er zurückgewiesen und ausgeschlossen wird. Er verspürt dann nicht nur Schmerzen, sondern kann psychisch erkranken bis hin zum Suizid. Soziale Zurückweisung ist somit ein ernsthaftes Risiko für Gesundheit und Wohlbefinden. Forscher fanden heraus, dass Menschen regelrechte Schmerzen empfinden, wenn sie von anderen ausgeschlossen, ignoriert oder zurückgewiesen werden, auch dann, wenn nahestehende andere Personen betroffen sind. Die Erklärung für das Schmerzempfinden ist im Gehirn zu finden. Dort wird beim Zufügen psychischer oder sozialer Pein dasselbe Hirnareal aktiviert wie beim Zufügen körperlicher Pein. Da körperliche Verletzungen ebenso lebensbedrohlich sein können wie sozialer Ausschluss, hat die Evolution es so eingerichtet, dass das Gehirn bei beiden Gefahren Warnsignale in Form von Schmerzen aussendet. Soziale Zurückweisung kann sich lebenslang nachteilig auf die psychische Gesundheit auswirken. Das Risiko ist besonders hoch, wenn das Persönlichkeitsmerkmal „Zurückweisungsempfindlichkeit" vorliegt. „Mit Zurückweisungsempfindlichkeit wird die Disposition bezeichnet, in sozialen Situationen davon auszugehen, zurückgewiesen zu werden, potenzielle soziale Zurückweisungen vorschnell wahrzunehmen und darauf zu reagieren", erklären Dipl.-Psych. Charlotte Rosenbach und Prof. Dr. Babette Renneberg von der FU Berlin. Soziale Zurückweisung als Erkrankungsrisiko sei bisher *„unterschätzt und zu wenig beachtet worden. Umso mehr ist die Forschung bestrebt Lösungsansätze zu finden"*.

Meine Erfahrung in den letzten Jahren hat mir gezeigt, dass es immer von der Persönlichkeit und den individuellen Umständen eines Ausgeschlossenen abhängt, wie sehr ihm die soziale Isolation und Ächtung zusetzen. In meinem eigenen Fall kann ich ganz klar sagen, dass jede noch so beleidigende und abstoßende Ausgrenzung, die ich seit meinem Austritt erfahren musste, zur Gänze „abgeprallt" ist. Im Gegenteil. Ich konnte erleben, wie nicht ich es war, der mit den negativen Folgen des Austrittes leben musste, sondern meine unmittelbaren Familienangehörigen.

Dabei bilde ich auch keine Ausnahme. Fast alle meine ehemaligen „Weggefährten", die sich früher oder später entschieden haben, aus der Organisation auszutreten, haben diesen

Schritt niemals bereut. Jeder von ihnen steht heute fest im Leben, hat eine gesicherte Existenz und eine eigene Familie.

Trotzdem lernte ich in den letzten Jahren auch dutzende von Personen kennen, die dem immensen Druck der Ächtung nicht standhielten und lediglich wegen sozialer Kontakte und bestehender Bindungen in die Organisation zurückkehrten. Aus meiner Zeit in Wiesbaden stehe ich noch heute mit einer ehemaligen Zeugin Jehovas in Kontakt, die sich vor fast 15 Jahren entschied, die Organisation zu verlassen. Sie lernte einen Mann kennen, der kein Zeuge Jehovas war und wurde exkommuniziert. Bis heute wurde sie dreimal ausgeschlossen und wieder aufgenommen. Der Druck des sozialen Kontaktabbruches, den sie insbesondere durch ihre streng theokratischen Eltern erfahren musste, veranlasste sie, immer wieder einzubrechen und sich den Reihen der Organisation erneut anzuschließen. Ihre Eltern brachen den Kontakt in allen Fällen zur Gänze ab und verursachten bei ihr damit extreme psychische Probleme – die noch dadurch verstärkt wurden, dass sie alleinerziehende Mutter war.

An ihrem Beispiel kann man sehr gut erkennen, dass das Prinzip der emotionalen Erpressung durch die Exkommunikation – wenn überhaupt – nur temporär funktionieren kann. Der emotional schwierige Schritt, eine Religionsgemeinschaft wie die der Zeugen Jehovas zu verlassen, um dann nur kurze Zeit später den mühevollen Weg der Wiederaufnahme über sich ergehen zu lassen und wieder aufgenommen zu werden, kann nur dann zum Erfolg führen, wenn man sich auch seine „Fehler", die zum Ausschluss führten, eingesteht und bereit ist, den Weg des bedingungslosen Gehorsams wieder aufzunehmen. Die Motivation, nur deshalb zurückzukehren, damit man sein soziales Umfeld zurückzugewinnt, ist sonst zum Scheitern verurteilt.

Wenn man denkt, bereits alles gesehen und erlebt zu haben, wird man bei der leitenden Körperschaft der Zeugen Jehovas oft überrascht und eines Besseren belehrt – ob positiv oder negativ liegt im Auge des Betrachters.

Einige Monate nach dem Video von Sophia wurde ein weiterer Lehrfilm veröffentlicht, welcher meiner Meinung nach einen neuen Meilenstein der Ächtungsphilosophie der Organisation einläutete.

In dem Video geht es um eine etwa siebzig Jahre alte ausgeschlossene Mutter, die versucht, mit ihrer „fest in der Wahrheit" stehenden Tochter Kontakt aufzunehmen, von dieser aber konsequent abgewiesen wird. Grundthematik des Films ist der innere Kampf der Tochter mit der Entscheidung, damit umzugehen beziehungsweise zu leben, ihre eigene Mutter aufgrund ihres Austrittes zu ächten und sie zu verstoßen.

Während ihr Telefon klingelt und die Tochter mit bekannt theatralischen Blicken auf ihr Handy und das „Telefonbild der Mutter" schaut, wird man Zeuge ihrer Selbstgespräche:

*„Der Ausschluss von Mama fühlt sich immer noch so hart an"*, sagt Elsa und hört sich die Nachricht ihrer Mutter an:

*„Elsa, bitte nimm ab. Ich brauche dich so sehr. Ich muss einfach deine Stimme hören."*

*„Es ist so ein Kampf … ich vermisse sie“,* hört man Elsa winseln.

Elsa beginnt sich an alte Zeiten zu erinnern, in denen sie eine enge Beziehung zu ihrer Mutter hatte – lange bevor diese sich entschloss, kein Zeuge Jehovas mehr zu sein. Sie schaut sich Erinnerungsfotos mit sich und ihrer Mutter an – selbstverständlich nur Bilder im Kontext von Zeugen-Jehovas-Aktivitäten, wie einen Besuch im Bethel, ein Bild vom Gedächtnismahl, bei einem Picknick oder wie sie gemeinsam Blümchen malen. Kitschiger geht es gar nicht mehr.

*„Sie war meine engste Freundin“,* sagt Elsa.

*„Was kann es schaden, ab und zu anzurufen? Um zu plaudern. Vielleicht kann ich ihr sogar helfen, zu Jehova zurückzukehren.“*

Elsa wirkt gedankenversunken, da sie sich bewusst ist, dass sie für den etwaigen „Umgang“ mit ihrer verstoßenen Mutter selbst ausgeschlossen werden könnte. Die Szenerie wechselt nun in einen Königreichssaal, in welchem Elsa wie eine Musterschülerin allein in einer Stuhlreihe sitzend dem Programm lauscht. Die Kamera wechselt zum Redner und seinem völlig aus jedem Kontext gezogenen Vergleich zu Elsas Situation:

*„Abel* (Sohn von Adam und Eva) *war im Grunde ein geistliches Waisenkind. Aber unabhängig davon, was seine Eltern wählten, hörte er auf Jehova und wartete geduldig darauf, dass dieser seine Verheißungen erfüllte“,* hört man ihn sagen.

Nun sieht man Elsas überraschtes Gesicht:

*„So habe ich das noch nie gesehen. Was hat mir Jehova versprochen, wenn ich geduldig warte?“*, sagt sie verblüfft.

Quentin Tarantino hätte es nicht besser in Szene setzen können, als Elsa langsam ihren Blick nach links schwenkt, während sie weiter nachdenkt:

*„Geistliche Brüder ...“*, hört man sie sinnieren, während die Kamera auf zwei Zeugenmänner schwenkt, die man mit der Kneifzange nicht anpacken würde.

*„Schwestern ...“*, überlegt sie weiter, während sie zu ihrer Linken auf drei Frauen blickt.

*„Und natürlich Mütter ...“*, denkt sie, als sie vom Lächeln einer Schwester überrascht wird – *„Smile“* lässt grüßen. In der nächsten Szene wird Elsa erneut von ihrer Mutter angerufen und wieder drückt sie den Anruf beharrlich weg. Sie holt ihr „Wachtturm Tablet“ hervor und beginnt, Publikationen zu studieren, die ihren Entschluss bekräftigen, ihre Mutter vollständig aus ihrem Leben zu verbannen.

*„Wenn ich mich auf das konzentriere, was ich habe, und geduldig warte, kommt vielleicht eines Tages auch das, was ich nicht habe, zu Jehova zurück“*, zieht Elsa ihr Resümee.

Ursprünglich sollte dieses Ächtungsvideo am Samstagnachmittag auf dem Kongress 2023 „Übt Geduld“ veröffentlicht werden. Der Inhalt des Vortrages lag auf den Vorteilen der Ächtung ausgeschlossener enger Familienmitglieder, mit spezieller Hervorhebung der Eltern-Kind-Beziehung.

Einige Tage vor dem Kongress verschwand das Video aus allen Onlineportalen der Wachtturm-Gesellschaft. Warum, wird nur die Organisation selbst wissen. Interessanterweise verloren Jehovas Zeugen aber nur kurze Zeit vor diesem Schritt ihre Registrierung als religiöse Organisation in Norwegen – als Begründung wurde unter anderem die Verletzung des Menschenrechtsschutzes von Kindern bei der Exkommunikation angeführt. Google vergisst bekannterweise nie und so ist das Video – trotz dieser „Hauruckaktion" – noch heute abrufbar. (*https://youtu.be/xAxAcvsqNqI?si=32i645rCvnHqQnKK* )

Während die erwähnten Filme und Publikationen eher die emotionale Seite der Eltern und Familienangehörige treffen wollen und ihnen damit die Wichtigkeit des Kontaktabbruches suggeriert wird, versucht man mit anderen Medien eine etwas härtere Gangart einzulegen.

2019 hat ein Vertreter der Wachtturm-Gesellschaft sogar die rhetorische Idee, „Nichtgläubige" als „Ungeziefer zu bezeichnen, die es verdient haben ausgerottet zu werden". 2020 forderte ein ranghoher Vertreter der Organisation seine Zuhörer auf, kein Mitleid mit Ausgeschlossenen zu haben und zitierte 5. Mose 13:6, wo Gott sein Volk Israel auffordert, kein Mitleid mit Andersgläubigen zu haben, sondern sie sogar zu töten. Man könnte noch hunderte Beispiele dieses geschürten Hasses anführen.

In Anbetracht der Tatsache, welche Anstrengungen und welchen organisatorischen Aufwand die leitende Körperschaft betreibt, um seine Mitglieder vor andersdenkenden Mitgliedern zu schützen, stellt man sich unweigerlich die Frage, wo der „Kosten-Nutzen-Faktor" liegt.

Schaut man sich die jüngere Geschichte der Organisation an, findet man eine Vielzahl von Beispielen, welche die Praxis der Exkommunikation – besonders im Hinblick auf die öffentliche Wahrnehmung juristischer Auseinandersetzungen im Hinblick auf steuerliche Vergünstigungen und Themen der rechtlichen Anerkennung – eher als kontraproduktiv beschreiben.

So hat zum Beispiel die norwegische Regierung 2022 in einem aufsehenerregenden Prozess festgestellt, dass Jehovas Zeugen als Religionsgemeinschaft das Recht ihrer Mitglieder auf freie Meinungsäußerung verletzen und damit auch gegen das Recht auf Religionsfreiheit verstoßen. Dies wurde als besonders schwerwiegend bewertet.

Die juristische Feststellung des Vorsatzes wurde durch die Praxis der Religionsgemeinschaft, ihre Lehren systematisch über die verschiedensten Kanäle zu verbreiten, verifiziert. Deshalb verloren Jehovas Zeugen in Norwegen für 2021 zunächst staatliche Fördergelder und in weiterer Folge auch noch die Registrierung als Religionsgemeinschaft. *(Quelle 20)*

Ein wesentlicher Grund für die Einstellung der staatlichen Förderung und die Entscheidung, die Registrierung als Religionsgemeinschaft zu streichen, ist unter anderem, dass auch Kinder und Jugendliche von Ausschluss und Ächtung betroffen sind. Es wurde festgestellt, dass *„die Ausschlusspraxis bedeutet, dass Mitgliedern der Kontakt zu ausgeschiedenen Mitgliedern verwehrt wird. Dies gilt auch für Mitglieder, die freiwillig aus der Glaubensgemeinschaft ausgetreten sind. In der Praxis bedeutet* *dies, dass diejenigen, die sich dagegen entscheiden, keinen Kontakt zu Familie und Freunden in der Kirche haben können. Unserer Meinung nach verhindert dies das Recht auf freien Austritt und verstößt gegen § 2 des norwegischen Religionsgemeinschaftsgesetzes … Die Religionsgemeinschaft erlaubt auch den Ausschluss getaufter Minderjähriger.*

*Das bedeutet, dass Kinder ausgeschlossen werden können, wenn sie gegen die Regeln der Religionsgemeinschaft verstoßen. Wir glauben, dass dies negative soziale Kontrolle ist und die Rechte der Kinder verletzt. Ungetaufte Kinder, die gegen die Regeln der Religionsgemeinschaft verstoßen, können sozialer Isolation ausgesetzt werden. Dies wird auch als negative soziale Kontrolle und Verletzung der Kinderrechte empfunden. Eine solche Behandlung von Kindern verstößt gegen § 6 des norwegischen Religionsgemeinschaftsgesetzes." (Quelle 9)*

Eine ähnliche Niederlage erlebte die Organisation 2019 in der Schweiz. Das Bezirksgericht Zürich sprach eine Sektenexpertin in allen Anklagepunkten frei. Sie war von den Jehovas Zeugen wegen übler Nachrede angezeigt worden. Im Frühling 2020 stand dann fest: Die Zeugen Jehovas in der Schweiz verzichten auf Berufung und das Urteil, das für sie vernichtend ausgefallen ist, wurde rechtskräftig.

*„Anhand von umfangreichem Beweismaterial prüfte das Gericht eingehend die Aussagen der Sektenexpertin zu zentralen Kritikpunkten der Lehre der Zeugen Jehovas. Es kam zu dem Schluss, dass die Kritik berechtigt war: Die Praxis der Jehovas Zeugen*

*verstößt gegen elementare Rechte der Mitglieder und ihrer Angehörigen. Das Urteil ist wichtig für die Aufklärung – denn die Lehre der Jehovas Zeugen ist weltweit gleich. Es ist aber auch von besonderer Bedeutung, weil es Fragen rund um die Körperschaftsanerkennung der Zeugen Jehovas in Deutschland aufwirft. Gerade dieser Punkt ist hochinteressant, da er ein wesentlicher Aspekt meines Austrittes 2010 war. Bemerkenswert an dem Verfahren war insbesondere, dass die Beklagte nicht nur beweisen konnte, dass ihre Aussagen der Wahrheit entsprachen und die Äußerungen zudem in Wahrung öffentlicher Interessen erfolgten. Obwohl sie 24 Zeugen benannte, verzichtete das Gericht auf deren Vernehmung, weil der Entlastungsbeweis bereits durch das umfangreiche schriftliche Beweismaterial erbracht worden sei. Ein Leugnen war zwecklos. Das Urteil ist auch aus folgenden Gründen wegweisend: Bisher wurden in der Schweiz die kritisierten religiösen Vorgaben, welche die psychische und körperliche Integrität von Kindern und Erwachsenen innerhalb der Gemeinschaft der Zeugen Jehovas gefährden, toleriert.*

*Nach diesem Urteil sind Schweizer Politiker gefordert, aktiv zu werden und die Gesetzgebung zu überprüfen und zu entscheiden, welche politischen Maßnahmen zu ergreifen sind.*

*Deutschland und Österreich müssen erklären, weshalb sie als Staaten ein Religionsrecht billigen, das von (sexueller) Gewalt betroffene Kinder und Frauen zum Schweigen bringt, das Eltern auffordert, ihre minderjährigen Kinder zu ächten und das Menschen in Lebensgefahr im Stich lässt.*

*Das Urteil macht außerdem deutlich, dass die Zeugen Jehovas beim Anerkennungsverfahren um die Körperschaft des öffentlichen Rechts dem Staat offensichtlich nicht die Wahrheit gesagt haben, denn Ächtung betrifft auch die Kernfamilie: Eltern-Kind-, Geschwister- und Paar-Beziehungen, sie trifft sogar Kinder und Jugendliche. Ächtung reißt Familien auseinander – in Deutschland und Österreich mit staatlicher Billigung." (Quelle 10)*

Aufgrund dieser Entwicklungen stellt man sich zwangsläufig die Frage, warum die Organisation so rigoros an ihrer Ächtungspraxis festhält. Hier lohnt es sich, einen Blick in die umfangreichen Publikationen und Lehranweisungen zu werfen. In Summe kann man die Gründe in drei Erklärungskomplexe aufgliedern – wobei meiner Meinung nach nur der erste davon nachvollziehbar und ansatzweise legitim ist.

Der erste Beweggrund wird immer wieder mit dem Erhalt der Reinheit der Versammlung erklärt. Im Wachtturm vom 15.11.2006 wird erläutert, dass ein Ausschluss verhindert, *„dass Schmach auf den heiligen Namen Jehovas kommt, und der gute Ruf seines Volkes gewahrt wird. Außerdem werden Gottes Maßstäbe hochgehalten und die Versammlung bleibt geistig rein".*

In einem anderen Artikel wird erklärt, dass der schlechte Einfluss *„gewisser Personen eine ganze Versammlung durchsetzen und verderben kann. Die Versammlungen sollten sich daher vor einem solchen Einfluss schützen".* (Wachtturm 01.11.1974)

Zeugen Jehovas sind nicht die einzige Religionsgemeinschaft, die das Prinzip der Exkommunikation dafür nutzen, um ihrer Meinung nach unchristliche Weltanschauungen beziehungsweise unmoralisches Verhalten aus der Christenversammlung zu verbannen. Obwohl es aus Sicht einer Religionsgemeinschaft durchaus sinnvoll erscheint, darauf zu achten, dass die aus Überzeugung gelebten moralischen Normen auch eingehalten und nicht durch diversen Einfluss von außen „vergiftet“ werden, stellt sich trotzdem die Frage, warum diese Sanktionen bis in den engsten Kreis der Familie Einzug halten müssen.

Diesen Ansatz erkannte die Wachtturm-Gesellschaft bereits 1972, wo sie insbesondere im Bereich der Familie umfangreiche Adaptierungen bei der Vorgabe für den Kontakt mit Ausgeschlossenen festlegte – diese aber später wieder zur Gänze aufhob.

Der zweite Grund liegt in der bereits beschriebenen „liebevoll erzieherischen Maßnahme Jehovas“, ein auf Abwegen geratenes „Schaf“ wieder auf den richtigen Weg zu bringen – in Wahrheit eine emotionale Erpressung. Genau hier befindet sich jedoch der Gedankenfehler der Organisation. Durch die Praxis der Ächtung wird genau das Gegenteil von dem erzielt, was sie als Erziehungsmaßnahme bezeichnet und bezwecken möchte.

Es gibt natürlich immer wieder Personen, die dem Druck der Ächtung nicht standhalten und sich tatsächlich nach Jahren des Ausschlusses wieder entscheiden, in die Religionsgemeinschaft zurückzugehen.

Sie gehören einer Gruppe von Personen an, die zwar die Grundlehren der Bibel verstehen, an diese auch glauben und eine tiefe Liebe zu Gott und Jesus verspüren. Allerdings sehen sie keine Alternative, ihre religiöse Überzeugung außerhalb der Vereinigung einer Organisation und mit Hilfe derselben auszuleben. Für sie ist das Gefühl der Geborgenheit und der Abschirmung, der Zugehörigkeit und der Empfindung einer weltweiten Verbundenheit wichtiger, als einen offensichtlichen Dogmatismus abzulehnen und Gott auf ihre eigene Art zu dienen. Ich bezeichne mich nicht als einen emotionalen Menschen – trotzdem muss ich zugeben, dass das Gefühl der weltweiten

Verbundenheit, der christlichen Liebe und der Einheit, die die Zeugen Jehovas an Aura versprühen, an einem Menschen nicht spurlos vorbeizieht und eine Anziehungskraft hat.

Es ist egal, ob man seinen Urlaub im tiefsten afrikanischen Busch oder in New York City verbringt. Sobald man eines der acht Millionen Gemeindemitglieder in einem der 200 Länder trifft, verspürt man ein inneres Band der christlichen Liebe. Man ist sofort willkommen, wird privat eingeladen und ist ein Teil der dortigen Gemeinschaft. Die nun starke innere Überzeugung daran, dass der allmächtige Gott einzig und allein durch dieses vereinte Volk seinen Willen auf der Erde kundtut – natürlich durch die Leitung der Körperschaft – lässt im Menschen ein unglaubliches Gefühl der Zusammengehörigkeit und der Einheit entstehen. Man fühlt sich mit allen Sinnen über den „anderen" stehend – den gottlosen Weltmenschen, die bald in Harmagedon vernichtet werden, während man mit seinen Brüdern und Schwestern das Paradies erleben darf.

Dazu kommen oft Probleme in wirtschaftlichen, finanziellen, gesundheitlichen oder familiären Bereichen, die Ausgeschlossene nun selbständig lösen müssen.

Sind diese Grundelemente im Leben nicht gefestigt, so ist man dem Druck der Exkommunikation in den meisten Fällen nicht gewappnet. Anders dagegen, wenn man Teil der Gemeinschaft ist. Ich übertreibe nicht mit der Tatsache, dass Probleme und Herausforderungen des täglichen Lebens in den meisten Fällen durch die Einheit des geschlossenen Kreises der Zeugen Jehovas viel einfacher zu bewerkstelligen sind als ohne sie. Zeugen Jehovas achten aufeinander. Dabei ist es unabhängig, ob jemand finanzielle Schwierigkeiten hat und nicht mehr für seine Existenz sorgen kann, oder gesundheitliche Probleme – und auf

Unterstützung anderer für seine Familie angewiesen ist. Es ist egal, ob man als Rentner an den Rollstuhl gefesselt ist und nicht mehr ohne externe Hilfe am täglichen Leben teilnehmen kann oder als alleinerziehende Mutter Hilfe bei der Kinderbetreuung benötigt. Niemand wird auf der Strecke gelassen. Die in der Bibel verankerte christliche Liebe wird bei den Zeugen Jehovas – zumindest innerhalb der eigenen Reihen – kompromisslos gelebt.

Erleben kann man dies immer wieder bei Naturkatastrophen. Unabhängig vom Ort, dem Ausmaß oder organisatorischen Schwierigkeiten – Zeugen Jehova sind meist die Ersten, die neben staatlichen Hilfsgütern ihren Mitgliedern beistehen; sei es durch Spenden oder auch durch die Schaffung neuer Infrastrukturen.

All diese Umstände lassen es einem normal denkenden Zeugen Jehovas in der Regel unmöglich erscheinen, ihrem Gott ohne diese gewaltige Allianz dienen zu können. Sie gehen mit den kontinuierlichen Lehren der Organisation konform, dass der Glaube an Gott und das Gehorchen seines in der Bibel niedergeschriebenen Willens lediglich unter der Führung und Anleitung eines „irdischen Sprachrohrs Gottes“ zum Segen führt.

Eine der unmissverständlichen Glaubensgrundlage der Organisation ist die Verpflichtung der Mitglieder, alle Gesetze Gottes zu halten, ein gottesfürchtiges Leben zu führen und darüber hinaus dem Auftrag Jesu, die gute Botschaft vom Königreich zu missionieren, nachzukommen. Dies aber ausschließlich durch die persönliche Hingabe in die Organisation. Nur diese Kombination führt zu einem ewigen Leben in einem irdischen Paradies.

Aber trotzdem: Aus meiner eigenen und der Erfahrung vieler anderer Ausgeschlossener, mit denen ich groß geworden bin, kann ich bestätigen, dass jemand, der die Organisation aus freien Stücken verlässt, überhaupt keine Ambitionen hat, Unruhe oder Streit in die Gemeinde zu bringen. Viele entscheiden sich aus rein rationalen Gründen dafür, einen anderen Weg einzuschlagen. Das Letzte, was sie beabsichtigen, ist, den Bruch der Familie zu provozieren, zu fördern oder ihrem sozialen Umfeld das „Herz zu brechen" – wie es immer wieder in Lehrvideos erläutert wird.

Durch die Ächtung und Ausgrenzung bewirkt die Organisation aber irgendwann zwangsläufig genau diesen Zustand bei Ausgetretenen. Druck erzeugt bekanntlich Gegendruck – und schon ein altes Sprichwort sagt: *„Wie man in den Wald hineinruft, so schallt es auch heraus."*

Gerade im Hinblick auf den eigenen Anspruch von Zeugen Jehovas, allen ihren Mitmenschen mit Liebe zu begegnen, ist es doch sehr bedenklich, dass sie gerade in diesem Bereich ihrem oft zitierten Rat *„Behandle andere so, wie du von ihnen behandelt werden willst"* selbst nicht nachkommen. Die Praxis, ehemalige Zeugen Jehovas nicht einmal mehr zu grüßen, ist einmalig in allen bekannten Religionsgemeinschaften.

Im *„Einsichtenbuch Band 1"* werden Zeugen Jehovas auf Seite 1065 ermahnt, ehemalige Mitglieder zu „hassen und Ekel" gegen sie zu empfinden. Worte wie „heftige Abscheu" wechseln sich mit „vollendetem Hass" und „geschworene Feinde Gottes" ab. Genau hier nutzt die Organisation eine Möglichkeit der Manipulation, die an Perversion nicht zu überbieten ist.

Denn genau diese Emotionen sind das letzte, was ein Großteil der Ausgeschlossenen verspürt, wenn er sich entscheidet, die Organisation zu verlassen. Ich kann in diesem Fall sicherlich nicht für hunderttausende von ehemaligen Zeugen Jehovas sprechen. Aber in den vergangenen vierzig Jahren habe ich dutzende Freunde, Bekannte und Verwandte gehabt, die zu irgendeinem Zeitpunkt ihres Lebens die Organisation verlassen haben. Keiner von diesen hegte einen Hass, eine Abscheu oder Ekel gegen ihre einstigen Brüder und Schwestern.

Viele von ihnen verließen die Organisation an einem Zeitpunkt in ihrem Leben, in welchem sie feststellten, dass die Religionsgemeinschaft nicht das ist, für was sie sich ausgibt. Ein Beispiel hierfür musste ich im eigenen Familienbereich erleben.

Meine Großeltern mütterlicherseits waren streng konservative Zeugen Jehovas. Sie waren bereits seit den frühen Anfängen der Religionsgemeinschaft eng mit dieser verbunden und lebten einen kompromisslosen Gehorsam gegenüber der Organisation. Für sie erschien zum Beispiel der geplante Weltuntergang 1975 so realistisch, dass sie meine Mutter und ihre zwei Brüder nie in weltlicher Bildung oder Ausbildung förderten, da dies aus Sicht der Wachtturm- Gesellschaft ohnehin verlorene Zeit darstellte. Ich verbrachte als Kind oft meine Ferien bei ihnen und noch heute denke ich mit großem Respekt an den gelebten Glauben, insbesondere den meines Großvaters, zurück, der sich buchstäblich jede Minute seines Lebens mit den Lehren der Organisation befasste.

Meine Großeltern hatten drei Kinder. Meine Mutter war die Jüngste und sie hatte noch zwei ältere Brüder. Ihr großer Bruder war einer der intellektuellsten Menschen, den ich in meinen jungen Jahren kannte. Er lebte zusammen mit meiner Tante und meiner Cousine in der Nähe meiner Großeltern im Schwarzwald. Bei Besuchen unserer Großeltern genoss ich immer die

Abstecher zu ihm. Er war beruflich sehr erfolgreich, lebte in einer großen Wohnung mit Garten und fuhr einen luxuriösen Audi, der mich schon damals faszinierte. Meine Cousine war fast gleichalt mit mir und wir verbrachten viele großartige Ferien zusammen.

Mein Onkel war geprägt durch seine konsequent religiöse Erziehung und von der strengen Art meines Großvaters – daraus machte er auch nie ein Geheimnis. Dazu kam die örtliche Nähe, der er, im Gegensatz zu meiner Mutter und seinem jüngeren Bruder, permanent ausgesetzt war.

Mein Onkel war in der Struktur meiner gesamten Familie eine absolute Ausnahmeerscheinung. Im Gegensatz zu jedem anderen hatte er keine nennenswerten theokratischen Vorrechte. Während fast alle meiner männlichen Verwandten Älteste waren, war er nur ein „normaler" Verkündiger. Er war zwar getauft und führte mit seiner Familie das typische Leben eines Zeugen Jehovas. Aber – und das war der große Gegenpol zu allen anderen von uns – er war sehr skeptisch, zurückhaltend und kritisch gegenüber den Lehren und insbesondere der laufenden Adaptierung vieler Grundansichten, die die Organisation verkündete, eingestellt.

Mein Onkel war niemand, dem man mit immer wiederkehrenden Suggestivfragen eine bestimmte Lehre vorgaukelte. Er nahm jede Argumentation akribisch auseinander. In seinem Haus hatte er ein Arbeitszimmer, vollgestellt mit Büchern und Nachschlagewerken in wandhohen Regalen, welches ich bis heute in guter Erinnerung habe, weil es für uns immer tabu war. Bei jedem unserer Besuche war dieses Arbeitszimmer das „Diskussionspodium" zwischen meinem Vater und ihm – denn beide konnten in ihrer Glaubensauslegung unterschiedlicher nicht sein. Nächtelange Diskussionen sollten allerdings zu keinem Ergebnis zugunsten einer der Seiten führen, denn ich erinnere mich an stundenlange Telefonate der beiden auch außerhalb unserer Besuche. Ich war noch zu jung und in der Materie viel zu unerfahren, um die eigentliche Tragweite seiner kritischen Haltung zu verstehen.

Sein Leben lang haderte mein Onkel mit den Grundlehren der Wachtturm-Gesellschaft. Dabei war er ein sehr gläubiger Mensch und kannte sich in der Bibel nahezu perfekt aus. Die Lehren der Bibel waren nie das Problem seines Glaubens – einzig eine menschliche Organisation, die sich als unabdingbarer Diktator zur Ausübung derselben als berufen ansah.

Nach einem persönlichen Schicksalsschlag, den er kurz nach seinem Renteneintritt erleben musste, verließ er mit fast siebzig Jahren die Religionsgemeinschaft der Zeugen Jehovas. Mein Onkel brach sein ganzes Leben lang kein einziges Gesetz. Er war ein treuer Familienvater und hart arbeitender Ehemann, der sich zeitlebens an alle menschlichen und biblischen Richtlinien hielt. Aber in einem Alter, in dem er die Folgen seiner in jungen Jahren verkehrten Entscheidungen nicht mehr ignorieren und bestenfalls hätte rückgängig machen können, entschied er sich, die Organisation zu verlassen und sich einem anderen Glauben zuzuwenden.

Sein Austritt lag in zeitlicher Nähe zu meinem. Für meine Eltern bedeutete dies einen doppelten „Schmerz", da die Folgen der Exkommunikation natürlich auch für den eigenen Bruder galten. Ich glaube, für meinen Onkel bedeutete es nach fast siebzig Jahren aktiven Lebens in der Organisation einen unbeschreiblichen Befreiungsschlag, den er in seinen letzten Jahren noch genießen wollte. Mit siebzig Jahren liegt die Motivation eines Ausstiegs nicht mehr in materiellen Gründen oder dem Wunsch nach der Auslebung eines bestimmten Lebensstils. Sie liegt auch nicht darin, endlich mal Geburtstag oder Weihnachten zu feiern, Silvesterraketen zu böllern oder abends auf Partys zu gehen und „junge Hasen aufzureißen“ – was ich ihm mit seinem Charme durchaus hätte zutrauen können.

Ich hatte in dieser Zeit nur noch ein einziges Mal kurz Kontakt mit ihm – danach nie wieder. Aber es war offensichtlich, dass dieser Schritt für ihn nun bedeutete, seinen inneren Frieden zu finden und in einem so hohen Alter auch gleichzeitig zu akzeptieren, dass er als nun abtrünnig bezeichnete Person ebenfalls seine kompletten sozialen Bindungen, seine Familie und seinen jahrzehntelangen Freundeskreis verlieren würde – nicht aber seinen Stolz und seine feste Überzeugung.

An seinem Beispiel lässt sich exemplarisch der dritte Grund für die erbarmungslose Praxis der Zeugen Jehovas bei der Exkommunikation erklären. Denn schlimmer als ein Zeuge Jehovas, der die Christenversammlung durch eine Sünde „verunreinigt“ und deshalb ausgeschlossen wird oder ein Familienmitglied, das durch unmoralisches Handeln genötigt wird, durch die als erzieherische Maßnahme getarnte Ächtung umzukehren, ist ein Zeuge Jehovas, der sich einfach nur entscheidet, die Organisation zu verlassen, weil er die leitende Körperschaft beziehungsweise den treuen und verständigen Sklaven nicht mehr als Sprachrohr Gottes ansieht – Gott aber weiterhin auf Grundlage der Bibel dienen und gehorchen möchte - schlimmer als ein Weltmensch.

Diese Personengruppe wird von der Organisation in einer Art und Weise diffamiert, die man sich als Außenstehender nicht ansatzweise vorstellen kann.

Der Grund liegt allerdings auf der Hand. Im Gegensatz zu den Ausschlussgründen der Kategorie eins und zwei, entschließen sich diese Personen nicht aus flüchtigen emotionalen Handlungen zu einem Austritt, sondern aus rationalen und in den meisten Fällen lang durchdachten Beweggründen. In der Regel hat diese Personengruppe sich intensiv mit den Lehren und den Widersprüchen der Organisation beschäftigt und stellt daher eine ganz andere „Gefahrenquelle" dar als beispielsweise ein junger Mann, der wegen einer neuen Liebe die Religion verlässt.

Beobachtet man ein Löwenrudel, stellt man fest, dass eine Tiermutter ihre Kinder vor Gefahren von außen beschützt – das ist schon in der Natur so. In einem so sensibel geschlossen Kreislauf wie dem der Zeugen Jehovas ist es daher von höchster Wichtigkeit zu gewährleisten, dass jeder noch so geringe Widerspruch oder Einwand gegen die Führung schon im Keim erstickt wird. Der eigentliche Sinn und Zweck der Exkommunikation ist mMn daher nicht der Versuch, eine Rückkehr eines Verstoßenen in die Organisation zu erzwingen – die Praxis zeigt ohnehin, dass dies beinahe als utopisch zu bezeichnen ist. Er liegt auch nicht darin, eine angebliche „Reinheit" zu gewährleisten, da ein Ausgetretener nicht zwangsläufig seine Einstellung publik macht und andere Mitglieder dahingehend zu beeinflussen versucht. Der Sinn besteht mMn schlichtweg darin, jeden Widerspruch gegen die organisatorischen Lehren im Keim zu ersticken. Mein Onkel hätte sich in seinem hohen Alter weder bemüht, die Versammlung – derer er ja selbst den Rücken gekehrt hat – mit unmoralischen oder unbiblischen Handlungen zu „verunreinigen", noch hätte der in Folge rigorose, vor allem familiäre Kontaktabbruch ihn irgendwann nochmal dazu bewegen können, in die Gemeinschaft zurückzukehren.

Nein. Die Befürchtung, dass ein Abtrünniger – in Bedeutung der Gesellschaft eine Person, die zwar *„an die Bibel glaubt, aber die Organisation Jehovas ablehnt" (Quelle siehe Unterredungen anhand der Schriften, Abtrünnige)*, aktive Zeugen Jehovas über Falschlehren aufklärt, ist einer der größten Befürchtungen dieses und jedes anderen totalitär geführten Systems. Solche Personen gleichen – gemäß Vorstellung der Organisation – einem faulen Apfel in einem frischen Obstkorb, der nach und nach alle anderen vergiftet. Je fortgeschrittener sich die heutige Technologie aber entwickelt, umso bedrohlicher wird dieser Aspekt für die Organisation. Die Entwicklungen der vergangenen Jahre haben viele Fortschritte in der Informationsbeschaffung bewirkt. Diese haben dazu geführt, dass auch einem Außenstehenden mit wenigen Klicks im Internet Informationen transparent zugänglich werden, die mit umfangreichem Quellmaterial über viele der falschen Lehren der Organisation aufklären.

Dies hat die Wachtturm-Gesellschaft schon lange erkannt und daher ihr weltweites „Warnprogramm" nicht nur auf den physischen Kontakt mit Abtrünnigen beschränkt, sondern dies in den vergangenen Jahren auch intensiv auf Schriften und Informationen angeblicher Falschlehren ausgeweitet.

Einfluss und Transparenz in Form von Büchern und Abhandlungen sind ein Instrument, welches erst in den vergangenen fünfundzwanzig Jahren an Intensität und Bedeutung bei Jehovas Zeugen dazugewonnen hat. Die Gründe liegen einfach darin, dass erst ab Mitte der neunziger Jahre das Internet einen höheren technischen Stand erreicht hatte. Was heute über Google selbstverständlich ist, war früher noch verbunden mit wochen- oder sogar monatelanger intensiver Recherche in Bibliotheken der verschiedensten Fachrichtungen.

Als Raymond Franz in den achtziger Jahren sein Buch *„Der Gewissenskonflikt"* veröffentlichte, war die Technologie noch Lichtjahre davon entfernt, diese bedeutsame Aufklärung einem breiten Publikum zu unterbreiten.

Es war ein Geheimtipp. Ein Buch, das man als Durchschnittsverbraucher überhaupt nicht im Handel registriert hätte. Aber schon damals startete die Wachtturm-Gesellschaft eine länderübergreifende Aktion und forderte die Ältestenschaft auf, etwaige im Umlauf befindliche Ausgaben zu konfiszieren, beziehungsweise in den Versammlungen dafür zu sorgen, dass dieses Werk vernichtet wird.

Wie ist es heute? Verfolgt man die intensiven Belehrungen und Anweisungen der leitenden Körperschaft, wird man feststellen, dass diese in immer drastischeren Formulierungen vor der Aufklärungsarbeit externer Organisationen mahnen.

Mit der Begründung, dass solche „Irrlehren" lediglich den Versuch bilden, die christliche Einheit zu zerstören, suggeriert man den Mitgliedern den Verlust genau der Lebensgrundlage, die sie meinen, durch die Organisation genießen zu können.

Im Wachturm vom Juli 2011 wird in gewohnter Suggestivmanier folgender Vergleich gezogen:

*„Zeigt ein Straßenschild in die falsche Richtung, wird man nicht nur vom Weg abgebracht. Es kann auch richtig gefährlich werden. Angenommen, jemand hätte aus reiner Bosheit einen Wegweiser so manipuliert, dass Leute in die völlig verkehrte Richtung geschickt werden. Ein Freund erzählt dir davon und warnt*

*dich. Würdest du auf ihn hören? Ganz bestimmt!"*

Direkt danach wird das Beispiel auf Satan den Teufel übertragen – der Zeugen Jehovas durch Falschlehren in die Irre führen will. Ohne Umschweife wird dem Leser unmissverständlich indoktriniert, dass *„alle Gefahren auf ihn zurückzuführen sind. Er will uns damit von dem Weg abbringen, der zum ewigen Leben führt"*. Das Fazit ist klar. Jeder, der sich mit anderen Lehren beschäftigt, gefährdet SEIN ewiges Leben – genau die Hoffnung, für die jeder Zeuge Jehovas lebt. Es braucht nur noch drei Zeilen, bis auch die Helfer Satans gefunden sind. Natürlich die Abtrünnigen.

*„Abtrünnige schleusen ‚unauffällig' schädliches Gedankengut ein, ‚schmuggeln' ihre verkehrten Ansichten also heimlich, still und leise in die Versammlung. Und wie Betrüger, die mit geschickt gefälschten Dokumenten arbeiten, so versuchen Abtrünnige, anderen ‚verfälschte Worte', also irreführende Argumente, unterzuschieben, um ihnen ihre verkehrten Ansichten als ‚echt' zu verkaufen. Sie verbreiten ‚trügerische Lehren' und ‚verdrehen' die Schriften zu ihren Gunsten. Abtrünnige haben nicht das geringste Interesse daran, dass es uns gut geht. Ihnen zu folgen, würde uns nur vom Weg zum ewigen Leben abbringen"*, heißt es in dem Artikel weiter.

Versetzt man sich nun einmal in die Lage eines treuen Zeugen Jehovas, der sein gesamtes Denken und Handeln, sein Leben und seine Bestimmung in den Dienst der Organisation stellt, kann man sich vorstellen, dass solche Warnungen bei keinem spurlos vorbeiziehen. Hier wird eine imaginäre Angst vor jedem Einfluss von außen geschürt. Der Leser wird nicht ansatzweise vor die Wahl gestellt, doch selbst das angeblich „unrechte Gedankengut" zu prüfen, um so vielleicht selbstständig zu erkennen, dass die Organisation genau das Sprachrohr Gottes ist, für welches sie sich hält. Nein – die Anweisung ist eindeutig und wird in Folge mit einem neuen Vergleich untermauert:

*„Wie können wir uns vor falschen Lehrern schützen? Die Bibel erklärt unmissverständlich, wie wir uns ihnen gegenüber verhalten sollen. Gottes Wort sagt: ‚Meidet sie.' Andere Übersetzungen geben diese Formulierung wie folgt wieder: ‚Wendet euch von ihnen ab', ‚Geht ihnen aus dem Weg', ‚Haltet euch von ihnen fern'. An diesem von Jehova stammenden Rat gibt es nichts zu deuteln. Angenommen, ein Arzt schärft dir ein, dich strikt von einer Person fernzuhalten, die an einer ansteckenden, tödlichen Krankheit leidet. Dir wäre völlig klar, was der Arzt dir sagen will, und du würdest dich gewissenhaft daran halten. Über Abtrünnige sagt die Bibel, dass sie ‚geistig krank' sind und andere mit ihrem treulosen Gedankengut infizieren wollen. Jehova, der beste ‚Arzt', rät uns dringend, jeden Kontakt mit ihnen zu meiden. Uns ist klar, was er damit meint."*

Aber nicht nur vor dem persönlichen Kontakt mit Andersgläubigen wird ausdrücklich gewarnt.

*„Was ist denn genau damit gemeint, falsche Lehrer zu ‚meiden'? Wir würden sie weder in unser Haus aufnehmen noch grüßen. Genauso wenig würden wir ihre Schriften lesen, uns Fernsehsendungen anschauen, in denen sie auftreten, ihre Internetseiten lesen oder Kommentare dazu in ihre Blogs schreiben. Warum verhalten wir uns so konsequent? Aus Liebe. Wir lieben Jehovas Organisation,* – ich liebe diese Suggestivaussagen – *durch die er uns begeisternde Wahrheiten vermittelt hat: über seinen Namen und dessen Bedeutung, darüber, was er sich mit der Erde vorgenommen hat, über den Zustand der Toten und die Auferstehungshoffnung. Weißt du noch, was du empfunden hast, als*

*du kostbare Wahrheiten wie diese zum ersten Mal gehört hast?*

*Was für einen Grund könnte es dann geben, sich von verbitterten Leuten gegen genau die Organisation aufhetzen zu lassen, die dich all das gelehrt hat?"*

Es liegt in der Natur jedes Menschen, Dinge in seinem Umfeld zu prüfen, zu hinterfragen und sich in regelmäßigen Abschnitten gewisse Fragen über seine Ziele und Lebensinhalte zu stellen. Das sind normale Vorgänge, mit denen man sich zum Beispiel im Zuge seiner Karriere und oftmals auch in langjährigen Beziehungen befasst.

Sein gesamtes Leben und seine Existenz in den Dienst einer Religionsgemeinschaft zu stellen ist das gute Recht eines jeden. Aber wäre man dann nicht auch als freier Mensch befugt, die Lehren, Richtlinien und Vorhersagen einer solchen Institution regelmäßig zu prüfen oder die Richtigkeit von Theologien zu erforschen? Wenn man diese Frage mit einem „JA" beantwortet, muss man folgerichtig auch entscheiden, auf Grundlage welcher Informationsquellen man eine solche Überprüfung vornimmt. Sich kritische Fragen über eine Organisation und deren Lehren zu stellen und dann zu versuchen, die Antworten ausschließlich in eben dieser zu finden, ist kontraproduktiv.

Natürlich ist die Argumentation legitim, dass eine subjektive Betrachtung einer solchen Thematik auch nicht zur Gänze bei aktiven Gegnern dieser Gemeinschaft zu finden ist.

Die Wahrheit liegt immer irgendwo in der Mitte – und ohnehin im Auge des Betrachters. Und unabhängig davon, wie und wo man die Vorteile einer externen Informationsfindung nutzt, ist es ratsam, diese breitgefächert auszuschöpfen und sich objektiv mehrere Meinungen und Interpretationen anzusehen.

Genau das versucht die leitende Körperschaft aber mit allen Mitteln zu verhindern. Es liegt in der Natur der Sache, dass Kritiker bestimmter Lehren der Zeugen Jehovas automatisch die Führung NICHT als das Sprachrohr Gotte betrachten.

Aber genau diese Personengruppe wird von der leitenden Körperschaft als „Abtrünnige“ bezeichnet, die im Auftrag Satans handeln. Insofern ist eine objektive Beurteilung aus Sicht der Organisation gar nicht möglich und den Mitgliedern sogar strengstens verboten.

Mit der Pauschalisierung, dass „jedes Wort“ Gift, Müll oder „Werk des Satans“ ist, manipuliert man den Leser von vornherein dahingehend, alle Kritiken von außen zu meiden.

Aus eigener Erfahrung kann ich bestätigen, dass diese Form der Manipulation seine Wirkung nicht verfehlt.

# Mr. Big und die Eifrigen

In meiner über dreißigjährigen Mitgliedschaft bei Jehovas Zeugen habe ich so ziemlich jede Art von menschlicher Persönlichkeit und Eigenart kennengelernt. Das gesamte Spektrum von Charakteren – die entweder positiv oder abstoßend waren – ist dabei gewesen. Die Beispiele von Mr. Big und den Eifrigen sollen dies verdeutlichen.

Zurück in Wiesbaden begann 2003 mein erst wenige Jahre zuvor hinter mir gelassenes Martyrium wieder von Neuem – Altbekanntes ist bekanntlich Altbewährtes.

Als christlicher Ehemann hatte ich zwar wie in Frankfurt den Stand eines „moralisch unauffälligen Theokraten“, doch nicht nur Google ist dafür bekannt, nie zu vergessen. Der Ruf als theokratischer Drückeberger haftete an mir wie eine Klette.

Und niemandem konnte ich mehr etwas vormachen – durch meine vergangenen Jahre war ich für jeden Ältesten in unserer Versammlung transparent wie ein offenes Buch.

*„Ist der Ruf erst ruiniert, lebt es sich ganz ungeniert“.* Zu keiner Zeit in meinem Leben passte dieses Sprichwort besser als in diese Epoche. Der Fall war für mich klar. Ihr seid mir Zeit meines Lebens wegen weltlichen Freundinnen, Discos und allen anderen verpassten Freuden der realen Welt auf den Sack gegangen; jetzt könnt ihr mir gar nichts mehr.

Innerlich gab es nicht mehr den geringsten Funken an Freude und Eifer. Ich besuchte mehr schlecht als recht regelmäßig die Zusammenkünfte und ging auch einige Stunden monatlich missionieren. Ansonsten wurde der Predigtdienstbericht aber regelmäßig frisiert, um jedem Diskussionsrisiko aus dem

Weg zu gehen.

Jetzt trat genau das Gegenteil von dem ein, was meinen Alltag die ersten Jahre ausgemacht hatte. Waren in meiner Kindheit die weltlichen Kontakte ein notwendiges Übel, welches mit dem theokratischen Leben kompensiert wurde, war es nun genau andersherum. Die theokratischen Verpflichtungen wurden wöchentlich abgehakt und besaßen nicht mehr den geringsten Stellenwert in meinem Leben.

Im Gegenteil – während ich beruflich immer erfolgreicher und zukunftsorientierter wurde, waren sie für meine „Work-Life-Balance" eher eine Belastung.

Das Schlimmste aber war die Aussichtslosigkeit einer „verbauten" Zukunft, die mir immer mehr zu schaffen machte. Wo wollte ich im Leben hin? Welche Perspektiven eröffneten sich mir in meiner Konstellation? Immer mehr stellte sich mir die Frage, wie ich mit diesem „spirituellen" Doppelleben die nächsten Jahrzehnte umgehen sollte.

Ein Austritt kam noch immer nicht in Frage – viel zu sehr dachte ich an die emotionalen Folgen, die meine mittlerweile größer gewordene Familie damit hätte erleiden müssen. Aber sollte ich tatsächlich weiter den Schein eines Zeugen Jehovas aufrechterhalten, nur um anderen Menschen zu gefallen?

In dieser Zeit trat eine Person in mein Leben, die ich bis heute als meine wichtigste Bezugsperson in der damaligen Zeit bezeichnen darf – wahrscheinlich sogar in meinem ganzen bisherigen Leben. Einer Person, der ich nicht nur beruflich sehr viel zu verdanken habe, sondern die mir in persönlicher, emotionaler und spiritueller Hinsicht den wertvollsten Nutzen brachte, den mir jemals ein Zeuge Jehovas vorher oder nachher zu schenken imstande gewesen war.

Den Einfluss und die Achtung, die er in meinem damaligen Leben einnahm, kann ich als so stark bezeichnen, dass er wahrscheinlich der einzige Mensch gewesen wäre, der mich nicht nur an meinem Austritt hätte hindern, sondern mich noch Jahre danach wieder in die Organisation hätte zurückholen können.

Ich nenne ihn an dieser Stelle Mr. Big. Mr. Big verdient diese Bezeichnung sicherlich nicht deshalb, weil er eine körperlich imposante Persönlichkeit war – im Gegenteil. Mit einer geschätzten Körpergröße von 1,60 Meter hätte man ihm auf den ersten Blick nicht das Ansehen zugetraut, das er in nahezu allen Bereichen seines Lebens genießen durfte.

Mr. Big und seine Frau waren die ersten Jahre ihrer Ehe eifrige Zeugen Jehovas im deutschen Zweigbüro. Als sich die Geburt ihres Sohnes ankündigte, mussten sie dieses verlassen und begannen ein bürgerliches Leben in Wiesbaden. Mr. Big war zu diesem Zeitpunkt schon Ältester und begleitete darüber hinaus eine Vielzahl von theokratischen Ämtern. Mitte der achtziger Jahre wurde er mit seiner Familie unserer Gemeinde zugeteilt und löste meinen Onkel als damals amtierenden Gemeindevorsteher ab.

Zu diesem Zeitpunkt stand Mr. Big auf der theokratischen Karriereleiter schon weit oben. Es gab im Grunde kein Amt, welches er nicht ausübte. Er war nicht nur Kreisaufseher – also ein Ältester, der für ganze Gemeindekreise zuständig ist –, sondern auch Leiter der großen Kongresse und Vorsitzender etlicher anderer theokratischer Komitees. Er spielte an den Schaltern des deutschen Zweigbüros der Wachtturm-Gesellschaft ganz oben mit und hatte ein weitreichendes Netzwerk. Wenn jemand in theokratischer Hinsicht irgendetwas wollte, kam er an Mr. Big nicht vorbei.

Das war aber nur die eine, die christliche Seite von Mr. Big. Die andere war sein „weltliches“ Leben.

Als Mr. Big aus dem Bethel austrat, hatte er bereits eine kaufmännische Ausbildung abgeschlossen und konnte im Berufsleben unmittelbar Fuß fassen, um sich finanziell um seine Familie zu kümmern.

Das war ihm aber nicht genug. Parallel zu seiner normalen beruflichen Tätigkeit begann er, auch karrieremäßig die Erfolgsleiter hochzuklettern.

Ich habe ihm sehr viel zu verdanken, weshalb ich nicht weiter auf Einzelheiten eingehe. Nur so viel: Mr. Big übte im Bankensektor sowohl regional als auch überregional als Entscheidungsträger sehr wichtige Leitungs- und Führungspositionen aus. Irgendwann mischte er auch auf der politischen Bühne mit, da er als Geschäftsführer eines großen Unternehmens mit öffentlichen Aufträgen zu tun hatte.

Und das war – vor allem in der damaligen Zeit – eine absolute Ausnahmeerscheinung bei Jehovas Zeugen. Denn diese leben ausschließlich nach christlichen Werten. Dazu gehört vor allem, ein bescheidenes Leben zu führen, welches man nicht damit belasten sollte, übermäßig viel Kraft in weltliche Arbeit zu investieren und so Gefahr zu laufen, weniger Zeit für den Dienst an Jehova zu besitzen.

Noch heute ist es die offizielle Haltung der Organisation, junge Menschen vor einem weltlichen Studium abzuraten, da die „Zeit des Endes“ naht und ohnehin bald alles vernichtet wird.

Und was machte Mr. Big? Er wurde von einem Aufsichtsrat zum nächsten gewählt, war Geschäftsführer, Gesellschafter und

Vorstandsvorsitzender diverser Unternehmen. Aber es gab eine große Besonderheit, die Mr. Big zu einem absoluten Multitasking-Genie machte. Mit jeder neuen weltlichen Position wuchs auch sein Engagement im theokratischen Leben. Mr. Big hatte als Ältester eine Begeisterung, die oft weit über die eines „normalen" Verkündigers hinausging. Wie kein anderer Mensch, den ich jemals in der Theokratie kennengelernt habe, schaffte er einen vollkommenen, ausgeglichenen Spagat zwischen christlichen Aufgaben und Verpflichtungen – in Symbiose mit einer identisch erfolgreichen, weltlichen Karriere.

Genau das war das Bild, was jeder von Mr. Big hatte, als er in den achtziger Jahren unsere Versammlung als Vorsitzender übernahm und alles von Grund auf reformierte.

Ich erinnere mich noch gut an den Abend, als er mit seiner Frau das erste Mal unserer Versammlung vorgestellt wurde. Beide in maßgeschneiderten schwarzen Anzügen, Manschettenknöpfe von Montblanc, jeder eine goldene Cartier am Handgelenk – und standesgemäß in einem schwarzen Mercedes E-Klasse vorfahrend.

Ehrfurcht und Respekt wechselten sich mit Zurückhaltung und Ablehnung ab – das beschreibt am besten die verschiedenen Emotionen, die viele in diesem Moment verspürten.

Wir hatten schon diverse Geschichten von ihm gehört und auch „live" versprühte er genau die Aura, die man ihm nachsagte.

Die eines knallharten Geschäftsmannes.

Wenn Mr. Big gewusst hätte, was ihn mit dieser Zuteilung erwartet, hätte er sie abgelehnt – dem bin ich mir heute zu hundert Prozent sicher.

Denn unsere Versammlung bestand fast ausschließlich aus

einfachen Familien. Die Frau mit den Kindern zuhause und der Mann als hart arbeitender Versorger die ganze Woche auf der Arbeit. Geld und Finanzen dienten als Mittel zum Zweck – aber stellten bei keinem einen Lebensinhalt dar. Ein CEO, der als Pinguin verkleidet auch noch weltliche Ämter begleitete – in denen man auch noch „unkultiviert“ viel Geld verdiente – passte nicht ansatzweise in das Bild der damaligen Zeugen Jehovas.

Unsere Versammlung war eine große Familie, in der jeder auf den anderen aufpasste und die Grenzen zwischen Privatleben und theokratischem Leben oft miteinander verschwammen.

Mr. Big wäre aber nicht er selbst gewesen, wenn ihm das auch nur das Geringste ausgemacht hätte. Direkt nach seiner Ernennung begann er seine eigene Struktur in die Gemeinde zu bringen. Jeder bekannte Führungs- und Organisationsstil, den man als Geschäftsführer gewohnt ist, in seinem Unternehmen umzusetzen, sollte sich in der Disziplin „seiner Gemeinde“ widerspiegeln.

Eine dieser Veränderungen ist mir noch heute in lebhafter Erinnerung geblieben, da sie alles bis dato Erlebte auf den Kopf stellte.

Solange ich mich zurückerinnern kann, feierten wir als Versammlung ein „jährliches Versammlungsfest“. Es stellte einerseits eine Kompensation für die vielen verbotenen Feiertage dar und sollte andererseits den Zusammenhalt untereinander fördern. Meistens wurde ein Bürgersaal angemietet, eine Bühne für Sketsche und die Musikband aufgebaut und jeder brachte etwas zu essen und zu trinken mit. Diese Feste waren immer sehr gelungen.

Nun musste das Ganze aber auch organisiert und vorbereitet werden. Und so war es jahrelange Praxis, dass am Ende der offiziellen Zusammenkunft von der Bühne aus die Details dieser Feier besprochen wurden. Wer backt den Käsekuchen? Wer organisiert das Bier und so weiter – immerhin mussten auch über hundert Mäuler versorgt werden.

Meine Familie war hier federführend. Meine Mutter war ein Organisationstalent, wenn es um das leibliche Wohl ging, und sie blühte in ihrer Aufgabe regelrecht auf.

Anekdoten erzählten noch Jahre später, wie Mr. Big regelrecht vom Glauben abfiel, als er von dieser Vorgehensweise das erste Mal Kenntnis bekam. Planungen für private Feste – und das mitten in einer offiziellen Zusammenkunft! Das war ein absolutes No-Go und passte nicht ansatzweise in sein akkurates Bild einer christlichen Gemeinde – auch wenn es dazu keine offiziellen Anweisungen oder Verbote von Seiten der Organisation gab.

Und so begann ein jahrelanger interner „Machtkampf" zwischen Mr. Big und dem gesamten Rest der „bürgerlichen Gemeinde" – angeführt von meiner Mutter. Die Feiern wurden zwar nicht abgeschafft, aber jegliche Planungen während einer Zusammenkunft wurden ausdrücklich untersagt. Und was tat Mr. Big am Tag des Festes? Er setzte drei Stunden vor Beginn noch einen Treffpunkt für den Predigtdienst an, den er selbst leitete. Es war ein Bild für die Götter, wie zahlreich dieser immer pflichtbewusst besucht wurde. Und Mr. Big kam abends – wenn überhaupt – stets mit zweistündiger Verspätung auf die Party nach, um so zu demonstrieren, was er von solchen „Verflechtungen" hält.

Ich gebe ihm heute zu hundert Prozent Recht, was seine Einstellung in dieser Causa betraf. Auch wenn ich mich dabei selbst als konservativ abstemple, bin ich der Ansicht, dass in einer offiziellen christlichen Zusammenkunft eine solche Aktion keinen Platz finden sollte. Was man privat macht, ist das eine – aber ein öffentlicher Gottesdienst ist etwas anderes. Sicherlich würde man auch keinen katholischen Pfarrer finden, der während seiner Messe anfängt, über Partyplanungen am Wochenende zu diskutieren.

Ich hatte Mr. Big schon früher für seine Kompromisslosigkeit und harte Linie bewundert. Die Ablehnung, die ihm von vielen widerfuhr, war nicht zu übersehen, da insbesondere sein weltliches Engagement und sein Lebensstil vielen konservativen Zeugen Jehovas nicht ansatzweise in den Kram passten. Dazu kam noch sein sehr gepflegtes und vornehmes Auftreten, was wiederum das komplette Gegenteil vieler anderer aus der Gemeinde darstellte. Im Großen und Ganzen war es einfach nur Neid – denn dieser Mann war unantastbar.

Aber genau deshalb war es ihm egal. Er führte unsere Versammlung wie eine Firma – egal, wie oft über seine Südfrankreichurlaube gelästert wurde.

Er schaffte es, durch sein gleichzeitig höchst vorbildlich geführtes christliches Leben niemandem auch nur ansatzweise die Möglichkeit einer Angriffsfläche zu bieten.

Im Laufe der Jahre ließen die Vorurteile dann langsam nach. Mr. Big wurde in vielem ausgeglichener und spätestens, als er durch sein Netzwerk ein Baugrundstück für einen neuen Königreichssaal in Wiesbaden fand, schlossen die meisten mit ihm ihren Frieden.

Als ich in die Versammlung Wiesbaden zurückkehrte, gab es ein von der Allgemeinheit unbekanntes Projekt der Wachtturm-Gesellschaft.

Brüder oder Schwestern, die offenkundig im „Geiste schwach" waren – so die höfliche Umschreibung für theokratische Faulheit –, wurden einem Ältesten zugeteilt, der sich um diese Personen „kümmern" sollte. Das Ganze war nicht offiziell, sondern der von der Ältestenschaft der jeweiligen Versammlung zugeteilte Bruder begann einfach, engeren Kontakt mit dem „Sorgenkind" aufzubauen.

Es versteht sich von selbst, dass ich auf der Liste der Problemfälle ganz oben stand. Und zugeteilt wurde mir Mr. Big. Darüber hatte ich natürlich keine Kenntnis, als er mich eines Abends in der Versammlung ansprach und sich mit mir zum Predigtdienst verabredete. Ablehnen wäre unhöflich gewesen, also stimmt ich zu.

Dieser Termin war der Beginn einer engen und für mich sehr wegweisenden Freundschaft. Zum ersten Mal schaffte es jemand, einen emotionalen Zugang zu mir zu errichten.

Viele meiner Ansichten und Einstellungen zur Religion an sich und insbesondere zu den Anhängern der Zeugen Jehovas änderten sich durch diese Begegnung. Mr. Big wurde für mich ein Vaterersatz. Damit will ich nicht behaupten, dass ich mit meinem Vater kein gutes Verhältnis hatte. Nein. Aber unterschiedlicher als mein Vater und ich können Menschen gar nicht sein.

Es gab im Grunde nie etwas, was uns in irgendeiner Form jemals verband. Wir hatten keinen Streit oder Auseinandersetzungen – aber Zeit meines Lebens habe ich meinen Vater nie verstanden und andersherum war es wohl genauso. Seine strikte und erzkonservative Unterwerfung zur Religion, die er allem anderen überstellte, ist für mich bis heute ein Buch mit sieben Siegeln.

Manchmal redete er nächtelang auf mich ein und versuchte mir seine Sicht zu biblischen Themen – die er mir meist in Zusammenhang mit irgendeinem Verbot für mich erklärte – zu vermitteln. Das Bild war immer das Gleiche: Ich stellte auf kompletten „Durchzug“, ließ ihn einfach reden und saß das Ganze aus. Getan habe ich dann sowieso, wie, was und wo ich etwas wollte.

Besonders das Fehlen jeglicher Zielsetzungen in Dingen, die über die Theokratie hinausgingen, wurde mir immer fremder. Wirklich jede noch so kleine Entscheidung im Alltag wurde unter Gebet mit der allseits geliebten Frage *„Was würde Jesus tun“* zu lösen versucht. Mein Vater ging nicht einmal ins Kino, ohne vorher um heiligen Geist zu beten. Ein großer Grund meiner ablehnenden Haltung gegenüber religiösen Themen in bereits jungen Jahren lag in dieser Art der christlichen Erziehung und Lebensführung – so etwas wollte ich niemals und projizierte dies automatisch auf alle Zeugen Jehovas.

Durch die Freundschaft mit Mr. Big stellte ich nun allerdings fest, dass man auch komplett anders leben und denken kann. Natürlich hatte er die gleichen strikten Ansichten zu biblischen Lehren wie andere – aber darum ging es nicht. Mir wurde im Laufe der Zeit bewusst, dass sein christlicher Eifer und seine Liebe zu Gott kein Mittel zum Zweck darstellten – sprich eine Reaktion auf sein weltliches Engagement – sondern ein wirkliches Glaubensfundament besaßen.

Jeder Mensch darf glauben, was er möchte. Ich habe und werde nie jemanden für das kritisieren, was er spirituell glaubt. Betrachtet man die verschiedenen Weltreligionen, so ist der Glaube an ein Harmagedon mit anschließendem ewigem Leben für ein Prozent der Weltbevölkerung, nicht weniger skurril als der Glaube der Scientologen, dass Außerirdische unter uns leben, die später mal die Weltherrschaft übernehmen, oder der katholischen Kirche, die an eine Hölle glaubt oder der Buddhisten, die überzeugt sind, dass ihre Seele später in einer Hauskatze wiedergeboren wird.

Aber es gibt einen großen Unterschied darin, wie man seinen Glauben auslebt. Verfällt man in einen Extremismus oder lebt man als gläubiger Mensch einfach ein gottesfürchtiges Leben?

Hier trennt sich für mich bis heute die Spreu vom Weizen.

Durch Mr. Big lernte ich, dass man sehr wohl ein gläubiger Mensch sein, aber gleichzeitig auch ein Leben außerhalb des „Kreises" führen kann – das eine schloss das andere nicht mehr aus. Im Laufe der Jahre wurde unsere Freundschaft enger und er half mir in vielen beruflichen Entscheidungen, zu neuen Perspektiven zu gelangen. Aufgrund seiner Interventionen hatte ich die Möglichkeit, ein mehrjähriges Studium zum Ökonomen zu absolvieren und so mein Unternehmen noch erfolgreicher zu führen.

Zum ersten Mal konnte ich mir eine Vorstellung davon machen, wie ein Leben als Zeuge Jehovas doch noch für mich aussehen könnte. Schlussendlich kam es dann zwar anders – aber das Bild, welches ich mir in all den Jahren aufgebaut hatte, wurde um einiges relativiert.

Nach einigen Jahren zurück in Wiesbaden wechselten meine damalige Frau und ich die Gemeinde. Durch einen Umzug waren wir nicht mehr in die Zuständigkeit der Versammlung von Mr. Big, sondern die einer Gemeinde etwas außerhalb zugeteilt.

Diese Versammlung wurde „beherrscht" von den „Eifrigen" – und diese haben in meinem Leben einen ebenso einprägsamen Stellenwert wie Mr. Big; nur genau in der anderen Richtung.

Die „Eifrigen" waren in der Regel gerade volljährig gewordene Junggesellen, die entweder aus dem tiefsten Osten oder Süden Deutschlands in die Europazentrale der Zeugen Jehovas nach Selters gezogen waren.

In der deutschen Zentrale, auch Bethel genannt, wohnten und arbeiteten in den neunziger Jahren etwa 1100 Mitarbeiter. Heute sind es aufgrund der auch dort immer weiter einziehenden Digitalisierung nur noch zirka 800. Sie sind verantwortlich für den Druck und die Verbreitung der Literatur. Ihre Tätigkeit verrichten sie ehrenamtlich als sogenannte „Vollzeitdiener" und genießen einen Status, der dem eines Mönchs in einem Kloster nahekommt. Nur eben ohne Kutte.

Außer einem kleinen Taschengeld von 100 Euro sowie zwei Wochen Urlaub gibt es keine finanziellen Vergütungen. Kost und Logis sind frei und man stellt seine gesamte Zeit in den Dienst der Organisation. Das Bethel ist eine geschlossene Gemeinschaft, die sich komplett um alle lebensnotwendigen Bereiche seiner Bewohner kümmert.

Fast alle Bethelmitarbeiter sind den umliegenden Gemeinden und Versammlungen zugeteilt und nehmen damit auch an den wöchentlichen Zusammenkünften sowie dem organisierten Predigtdienst vor Ort teil. Jeder Bethelmitarbeiter verpflichtet sich, kein Geld hinzuzuverdienen, sondern seine ganze Arbeitskraft der Organisation zu widmen. Wer nicht zuvor Geld gespart hat, wird meistens von seiner Familie unterstützt, die stolz darauf ist, einen Angehörigen im „Bethel" wissend zu haben.

Die Eifrigen hatten – wenn überhaupt – nur eine kurze und

oftmals unbedeutende Lehrausbildung absolviert. Eine „weltliche“ Tätigkeit ist das letzte, was der „Eifrige“ im Sinn hatte. Der „Eifrige“ hat nur ein einziges Ziel:

Er will auf dem schnellstmöglichen Weg die Leiter der Hierarchie der Zeugen Jehovas erklimmen. Sein Eintritt ins Bethel ist der Startschuss auf diesem Lebensweg.

Diese neue Gemeinde bestand aus ca. 50 % Eifrigen – und so erlebte ich Woche für Woche die „Ankunft“ derselben zu Beginn jeder Zusammenkunft. Dutzende von hochmotivierten jungen Männern, die mit ihrem akkurat gezogenen Scheitel, dem glänzenden Aktenkoffer und immer mit einem übernatürlichen Lächeln auf den Lippen in den Königreichssaal einmarschierten.

Ich muss ehrlich zugeben:

Ich habe sie gehasst. Alle miteinander.

Als Außenstehender – der noch nie mit dieser Organisation zu tun gehabt hat – muss man den üblichen Weg der Karriereleiter eines Zeugen Jehovas kennenlernen, um viele Besonderheiten und Eigenarten überhaupt nachvollziehen zu können.

Kein heute in der Organisation „hochdekorierter“ Zeuge Jehovas wurde in seine Stellung hineingeboren. Jeder – und zwar ausnahmslos jeder – fängt einmal ganz unten an. Um eine Religionsgemeinschaft wie die der Zeugen Jehovas überhaupt managen zu können, bedarf es einer bis ins Detail ausjustierten Struktur und Organisation.

Angefangen von der Weltzentrale in Brooklyn geht dieses Netzwerk über hunderte von Zweigstellen beziehungsweise Bethels bis in die untersten Ebenen der einzelnen Versammlungen – von denen es bis dato zirka 118.000 in 239 Ländern gibt.

Ganz „unten“ steht einer der mittlerweile 8,7 Millionen „normalen“ Verkündiger.

Sobald sich jemand dafür entscheidet, ein Zeuge Jehovas zu werden – sei es nun ein sogenannter Interessierter, der im Predigtdienst gefunden wurde oder ein in die Organisation Hineingeborener – beginnt für ihn eine Vielzahl von Verpflichtungen, um überhaupt diesen ersten Schritt zu erreichen.

Ein angehender Zeuge Jehovas muss unter Beweis stellen, dass er sein gesamtes Leben, und damit sowohl sein eigentliches Handeln als auch sein Gedankengut, in den Dienst der Organisation stellt.

Die meisten der „Eifrigen" waren normale Verkündiger, wenn sie ins deutsche Bethel eingeladen wurden. Und somit war das erste Etappenziel, was man erreichen musste, der Status des Dienstamtgehilfen.

Und es gab keine bessere Möglichkeit für einen frisch zugezogenen Betheliten, als einer neuen Versammlung zugeteilt zu werden. Allein in der Fremde – wo einen niemand kannte. Und so war das Motto an jedem Wochenende:

„Mögen die Spiele beginnen".

An manchen Tagen war es geradezu ein „Hähnchenkampf".

Das war der Ausdruck, den ich den „Eifrigen" gerne gab – ein Hähnchen. Wenn ein Küken geschlüpft und auf dem Weg ist, ein Hahn zu werden, erreicht es irgendwann den Status eines „Hähnchens". Ein fast noch zu übersehender, hellrosa Kamm beginnt auf seinem Kopf zu wachsen. Und wenn man sich die Zeit nimmt, einen Hühnerstall zu beobachten, dann sollte man seinen Fokus auf die Hähnchen richten.

Wie sie mit ihren dürren Beinchen vor den Hennen stehen und ein hilfloses *„Kikeriki"* herauspressen wollen – ein verzweifelter Versuch der Aufmerksamkeitsfindung. Heraus kommt aber nur ein hilfloses *„Krächzen"* – unter den argwöhnischen Augen des Hahnes, der seinen Junior genauestens beobachtet und wahrscheinlich seinen Teil denkt.

Dieses Bild projiziere ich noch heute vor mein geistiges Auge, wenn ich an die Eifrigen denke.

In Reih und Glied nebeneinanderstehend. Das Gesangsbuch in der linken Hand, die rechte akkurat hinter dem Rücken verschränkt.

Der Arm dabei nahezu gestreckt. Und mit einem Schmettern auf den Lippen vereint im singenden Gebet.

Wer ist lauter?

Wer übertönt den anderen?

Wer macht den „wichtigeren" Gesichtsausdruck?

Es war immer meine „Sonntagfrühkomödie".

Auch im Dienst an ihren Brüdern und Schwestern versucht ein Hähnchen das andere zu übertrumpfen.

Eine besondere Gelegenheit gaben die zugewiesenen Vorträge in der theokratischen Predigtdienstschule, die jeder Verkündiger in regelmäßigen Abständen vor der Gemeinde halten durfte. Das waren allerdings nur die Kurzvorträge an den Donnerstagen.

Ganz anders sah es aus, wenn man die geistige Reife besaß, einen Vortrag von 45 Minuten zu halten. Am Sonntagmorgen, vor einem ausgeruhten und vollbesetzten Saal voller interessierter Zuhörer und vielleicht noch fremder Besucher.

Und genau hier schlug die Stunde der Eifrigen.

Vorbei die Zeit der nervigen Kurzvorträge. Der unwichtigen Fünf-Minuten-Vorstellungen, in welchen man niemals seine gesamten rhetorischen Fähigkeiten unter Beweis stellen konnte. Nein – jetzt konnte man zeigen, wer der „geborene geistige

Lehrer" wirklich war.

Und in diesem Zusammenhang ist mir bis heute Joachim in Erinnerung geblieben. Der motivierte, immer dauergrinsende und übereifrige Joachim. Joachim war ein Einzelkind. Aufgewachsen in einem Dorf tief im bayrischen Wald. Seine Eltern waren streng gläubige Zeugen Jehovas, die nur ein Ziel hatten:

„Unser Joachim soll das deutsche Bethel im Sturm erobern."

Und so kam Joachim im zarten Alter von 18 Jahren in unsere Versammlung. Mit nicht mehr als 1,60 Metern auf 50 Kilo verteilt und einem viel zu klein geratenen Kopf mit kurzen Stoppelhaaren war sich Joachim seiner körperlichen Defizite zwar sicherlich bewusst – aber sein Selbstbewusstsein strotzte vor Kraft wie ein Bär. Joachim hatte 18 Jahre Zeit gehabt, sich auf diesen Tag vorzubereiten.

Und so begann Joachim im Stil eines Samurai die Karriereleiter eines Zeugen Jehovas vorzupreschen – immer an vorderster Front. Interessanterweise war Joachim der Einzige, der auch von den anderen Eifrigen mit gewissen Argusaugen betrachtet wurde. Denn selbst den Standard-Eifrigen war dieses Tempo suspekt.

Joachim war immer der erste und der letzte in den Zusammenkünften. Er schaffte es, immer und überall gleichzeitig zu sein. An der Eingangstür des Saales, um alle seine Brüder und Schwestern mit einem Strahlen auf den Lippen zu begrüßen. Im nächsten Moment wieder am Literaturtisch, um das Vorrecht der Literaturausgabe zu genießen – und bevor man sich versah, schwang Joachim mit dem Staubsauger und dem Wischmopp umher, um bei der Reinigung zu helfen.

Joachim war der perfektionierte Zeuge-Jehovas-Allrounder.

Und nicht nur zufällig saß er immer gefühlte fünfzig

Zentimeter neben dem Vorsitzenden Aufseher, der dafür verantwortlich war, zu entscheiden, wer den nächsten Schritt der Hierarchie ersteigen darf – den des Dienstamtgehilfen. Und so kam es, dass Joachim alle Register zog, um in Windeseile diesen Posten zu ergattern.

Er sang lauter als alle anderen, er grinste mit einer solchen „Tiefenebene", dass sein ohnehin schon kleiner Micky-Maus-Kopf noch fratzenmäßiger aussah als im Normalzustand. Joachim fehlte in keiner Zusammenkunft. Und sein Eifer im Predigtdienst übertraf den der Stadtzeugen um ein Vielfaches.

Ich glaube, Joachim schlief nie, und wenn doch, dann nur auf der Heimfahrt der Zusammenkünfte mit anderen Eifrigen – in den viel zu kleinen Autos, in die man sich immer zu fünft reinpresste, um Fahrkosten zu sparen. Und dann war es irgendwann so weit.

An einem Donnerstag – zu Beginn der zweiten Stunde – kam der vorsitzführende Aufseher auf die Bühne und gab bekannt, dass Joachim zum Dienstamtgehilfen ernannt wurde.

Ein obligatorisch langanhaltendes Klatschen des gesamten Saals war die Folge. Nach Ende der Zusammenkunft wurde Joachim von allen Anwesenden, vor allem aber den anderen Eifrigen, beglückwünscht. Man tätschelte seinen kleinen Kopf, drückte ihn an sich und man konnte in Joachims Augen nur eines lesen:

*„Mami, ich habe es geschafft …"*

Nun hatte Joachim aber eine Messlatte angelegt, die sehr – eigentlich zu – hoch war für Ottonormalverbraucher. Selbst die anderen Eifrigen, die noch keine Dienstamtgehilfen waren, taten sich schwer, mit seinem Tempo Schritt zu halten. Aber wie sagt man in der Wirtschaft so schön:

Konkurrenz belebt den Markt.

Und so begann das „Hähnchengebalze“ der Eifrigen auf einem neuen Höchststand zu laufen. Immer mit Joachim an der Spitze – doch der Abstand verringerte sich merklich. Und so war es an der Zeit, dass Joachim zum ultimativen Rundumschlag ausholen musste. Sein absolutes Alleinstellungsmerkmal musste unwiderruflich bestätigt werden. Es konnte nur eine Nummer eins der Eifrigen geben. Sein direktes Ziel war nun, die nächste Stufe eines Zeugen Jehovas zu erreichen, die eines Ältesten.

Die Möglichkeit ergab sich an einem Sonntagvormittag im Jahr 2007.

Joachim wurde das Vorrecht zuteil, den öffentlichen Vortrag zu halten. Dies war ein Vorrecht, was eigentlich nur Ältesten und in sehr seltenen Fällen auch mal Dienstamtgehilfen zuteilwird. Eine Stunde durfte Joachim seine Gedanken und seine innersten Gefühle zum Besten geben.

Der Sonntag nahte.

Joachim war – wie immer – der erste. Er begrüßte eifrig seine zukünftigen Zuhörer. Das Lächeln war einer gewissen Nervosität gewichen, denn der gesamte Block der Eifrigen wartete gespannt auf die Worte des selbsternannten Messias. Und so watschelte Joachim in seinem gewohnt viel zu billigen hellbraunen Anzug auf die Bühne. Die Bibel in der einen Hand, eine Stoppuhr in der anderen. Wozu die Stoppuhr war, kann ich mir bis heute nicht erklären, da die große Wanduhr direkt vor ihm hing. Aber na gut. Es sah wichtig aus und Joachim positionierte sich. Schultern nach hinten. Sakko nach unten gezogen. Ein langer Blick in den linken Block ... fünf Sekunden Pause ... in den rechten Block ... fünf Sekunden Pause ... und einen wellenförmigen Übergang in den mittleren Block – direkt in die Gesichter der schon ungeduldigen anderen Eifrigen.

Und er begann.

Aber Moment. Irgendetwas war anders.

Es war nicht seine gewohnt perfekt-rhetorische Singsang-Stimme, seine wilden Gestiken oder seine weit aufgerissenen Augen, während sein Vordergebiss die Silben im urbayrischen Dialekt unnatürlich langzog. Nein – der Wahnsinnige hatte kein einziges Manuskript mit auf der Bühne. Das Manuskript war der Stoppuhr gewichen.

Das war es also, Joachim. Das war dein Plan. Du wolltest etwas zeigen, was ich bis zu meinem heutigen Tag nie wieder irgendwo anders gesehen habe. Nicht bei meinem Vater, dem für mich begnadetsten Redner, der weit über hundert ausgearbeitete Vorträge in seinem Leben halten durfte. Nicht mal bei einem Politiker im Wahlkampf. Joachim hatte es geschafft, einen fast sechzigminütigen Vortrag komplett auswendig zu lernen – inklusive dutzender Bibelverse.

Seine Augen fokussierten eine Stunde lang jeden Einzelnen im Saal, während seine theologischen Worte nur so herausprasselten. Und eine Stunde lang genoss Joachim das „Boahhhh" in den Gesichtern seiner Kollegen. Er hatte es geschafft. Ohne Netz und doppelten Boden – beziehungsweise ohne ein Notfallmanuskript, welches man noch zur Not hätte rausholen können.

Joachim mag auf den ersten Blick ein ziemlich ausgefallenes Paradebeispiel für den Eifer und den unsagbaren Drang jugendlicher Zeugen Jehovas, sich ihre Zukunft in der Organisation zu sichern, sein. In Wirklichkeit verkörpert er aber einen durchschnittlichen Zeugen Jehovas in seinen jungen Jahren.

Die meisten Zeugen Jehovas werden in die „Wahrheit"

hineingeboren. Das bedeutet, sie kennen nichts anderes als das, was man ihnen von klein auf suggeriert hat.

Ich habe mich immer wieder gefragt, wie es so weit kommen konnte, dass ich die grundlegendsten menschlichen Reaktionen auf bestimmte Lebensvorgaben, Anweisungen und Richtlinien so ignorieren konnte.

Wie kann es sein, dass man blind und vollkommen desolat auf eine Organisation hört, die einem suggeriert, dass man nur unter ihrer Leitung überleben kann?

In den letzten Jahren hat sich der Inhalt der Wachtturm-Artikel sehr geändert. In den achtziger und neunziger Jahren waren es meistens tiefgehend religiöse Themen, die besprochen wurden. Abhandlungen über den fiktiven Beginn von Harmagedon oder die angebliche Erfüllung von biblischen Prophezeiungen standen meist an der Tagesordnung.

Obwohl ich damals oft noch zu jung war, um den eigentlichen Hintergrund des Studierten zu verstehen, sind bei mir trotzdem bis heute noch gewisse Merkmale heften geblieben.

Ein Wachtturm-Artikel ist immer gleich aufgebaut. Über allem steht ein Thema, welches anhand der besagten zwanzig Absätze behandelt wird.

Unter jedem Absatz befindet sich eine Frage. Diese Frage wird logischerweise im Absatz beantwortet. Was für mich damals das Normalste der Welt war, sehe ich heute unter einem etwas anderen Gesichtspunkt. Fünfzig Prozent des Textes bestehen aus rhetorischen Fragen. Fragen, die einem Leser gar keine andere Möglichkeit geben, als am Ende des Tages auf das Ergebnis der vorgeschriebenen Antwort zu kommen.

Dazu kommt das Prinzip der Wiederholung. Jede Aussage wird innerhalb eines Artikels mindestens zwei oder dreimal wiederholt. Mal in Form einer rhetorischen Frage, mal die gleiche Aussage mit einem etwas anderen Satzaufbau.

Aufgrund des gesamten Aufbaus der Artikel, oft versehen mit aus dem Zusammenhang gerissenen Bibeltexten, hat der Studierende gar keine andere Möglichkeit, als auf das Fazit der Organisation zu kommen. Das Wachtturm-Studium hat weder im familiären noch im Kreis der Versammlung den Sinn und Zweck, als Gemeinschaft über biblische Themen zu diskutieren oder eigene Gedanken und Interpretationen zu erörtern, sondern ausschließlich, die Lehren der Organisation wiederzugeben.

In dieser Hinsicht war mein Vater ein Musterbeispiel eines Zeugen Jehovas. Ich kann mich an keine einzige Situation in dreißig Jahren erinnern, in der er auch nur ansatzweise das Geschriebene in Frage stellte. Egal wie surreal oder abstrakt manche Abhandlungen waren, sie wurden als „helles oder neues Licht“ der Wachtturmorganisation angesehen. Meine Mutter war da – zumindest in den früheren Jahren – etwas anders. Sie war eher die Partei, die auch mal kritisch hinterfragte. Ich kann mich noch sehr gut an die Zeit Anfang der neunziger Jahre erinnern, in der eine der Grundlehren der Zeugen Jehovas von heute auf morgen gekippt wurde.

Dreh- und Angelpunkt des Glaubens der Zeugen Jehovas ist die Hoffnung, in ein Paradies zu kommen. Dieses Paradies geht einher mit einem ewigen Leben auf der Erde, in welchem vollkommene Zustände herrschen. In dieses Paradies kommen allerdings nur die Zeugen Jehovas.

Und bevor ihnen diese Ehre widerfährt, durchlaufen sie eine Vielzahl von biblisch vorhergesagten Ereignissen, die schon seit tausenden von Jahren in der Bibel prophezeit wurden.

Nur wenige Menschen sind sich der sehr zentralen Rolle bewusst, die die Berechnung dieser Endzeit in den Lehren der Wachtturm-Gesellschaft spielt. Diese Zeitrechnung – also die von der Gesellschaft als „wahr" definierte biblische Chronologie – ist die eigentliche Grundlage für alle Behauptungen und Lehren der Zeugen Jehovas. Als Ultimo-Datum ist hier das Jahr 1914 in Stein gemeißelt. Die gesamte Lehre und alle sich darauf aufbauenden Vorhersagen drehen sich um das Jahr 1914, in dem das himmlische Königreich Jesu Christi aufgerichtet wurde. In Folge wurden 1919 die Zeugen Jehovas als „Werkzeug" von Jesus ernannt.

Eines dieser Ereignisse handelt von einem Teil der Zeugen Jehovas, deren Anhänger keine irdische Hoffnung – also auf das Leben in einem Paradies – sondern eine sogenannte himmlische Hoffnung haben. Sie sind der festen Überzeugung, als Teil einer großen Gruppe von 144.000 auserwählten Zeugen Jehovas mit Jesus Christus über die Erde zu herrschen.

Erst wenn dieser Teil das Zeitliche gesegnet hat, beginnt der Countdown für die irdischen Zeugen Jehovas zu ticken.

Dieses fiktive Datum des Weltuntergangs wurde seit Gründung der Organisation mehr als ein halbes Dutzend Mal revidiert. Immer, wenn das vorhergesagte Datum keine Erfüllung fand, wurde mit einer neuen, noch abstruseren Auslegung einer Prophezeiung der Beginn von Harmagedon nach hinten verlegt.

Die Generation meiner Eltern hat zuletzt 1975 ein solches Ablaufdatum erleben können. 1975 galt bei der Organisation offiziell als „Time to Say Goodbye". Ein großer Teil der damaligen Zeugen Jehovas richtete seine gesamte Lebensplanung auf dieses Datum aus. Sie lebten nicht nur auf dieses Datum hin, sondern lehnten auch jede Art von weltlicher Karriere ab, zogen es sogar vor, keine Familien mehr zu gründen und fokussierten jede private und geschäftliche Planung auf das fiktive Weltuntergangsdatum.

Doch bekanntermaßen war die Welt auch am 01.01.1976 noch nicht zerstört. So wurden laufend weitere Lehren adaptiert – immer unter dem Deckmantel vom „neuem Licht“, welches der Geist Jehovas der Leitung der Organisation sandte.

Ich erinnere mich an einen Montagabend in den neunziger Jahren im Zuge unseres Familienstudiums. Ich war noch sehr jung, hatte aber schon die „geistige Reife“, um verstehen zu können, dass heute irgendein wichtiges „neues Licht“ sein Bestes gab.

Jahrzehntelang legte die Organisation Jesu Worte über „diese Generation“ so aus, dass alle Personen, die 1914 geboren sind oder am Leben waren und die himmlische Hoffnung haben – also mit Jesus im Himmel zu regieren, anstatt im Paradies zu leben – nicht sterben würden, bis Harmagedon kommt.

In Summe handelte es sich dabei um 144.000 Menschen. Beweise müssen diese Personengruppen nicht bringen. Es genügt, wenn sie sich vor der Organisation als ein solch „Gesalbter“ zu erkennen geben.

Um sich diese Lehre auf der Zunge zergehen zu lassen: Zum Zeitpunkt des besagten Artikels im Jahr 1995 war es die Grundlehre der Zeugen Jehovas, dass der Weltuntergang kurz vor der Tür steht, da 1995 im besten Fall nur noch „Geistgesalbte“ auf der Erde leben würden, die maximal 81 Jahre alt waren. Wie lange war die Durchschnittslebensdauer eines im „worst case“ kerngesunden 81-Jährigen, der in einer betreuten Sommerresidenz auf Mallorca lebt? 85 Jahre? 90 Jahre? Naja, nehmen wir mal 95 Jahre an. Also noch 9 Jahre bis zum Donnerschlag. Da sich die Gesalbten selbst als solche „identifizierten", lag die offizielle Zahl bei einigen wenigen tausend Gesalbten.

Je mehr die Jahre aber ins Land gingen, umso komplizierter wurde es, an dieser Lehre festzuhalten. Und irgendwann wurde es lächerlich.

Und so wurde die Lehre der Generationen – die Grundlage des angeblich bevorstehenden Weltuntergangs – gekippt. In einem der zwanzig Absätze. Mit einer Frage und einer Antwort. Harmagedon wurde auf unbestimmte Zeit nach hinten verschoben.

Die Organisation gab kurzerhand ein „neues Licht" bekannt, OHNE das Jahr 1914 zu adaptieren – denn das hätte ja automatisch bedeutet, auch das Jahr 1919 zu kippen, in dem sie selbst ja angeblich die himmlische Aufgabe zur Führung von Gottes Volk erhalten hatte. Das gesamte Konstrukt wäre zusammengebrochen.

Ab sofort setzte sich die Generation aus Personen zusammen, die das Zeichen der Gegenwart Christi sehen, es aber versäumen, ihren Weg zu berichtigen, was zu ihrer Vernichtung führen kann. Das Wort des Jahrhunderts, die *„überschneidende Generation"*, wurde geboren.

„Die Generation" bestand ab sofort also einmal aus „Gesalbten", die 1914 die Anfänge der Zeichen erlebten UND aus Personen, die über eine gewisse Periode Zeitgenossen der ersten Gruppe waren. Die beiden Gruppen an sich bilden nun EINE Gruppe. Doch auch diese zweite Gruppe segnete irgendwann das Zeitliche und so wurden in den Jahren 2008 und 2010 durch „neues Licht" weitere adaptierte Auslegungen zu diesem Thema publik gemacht.

Insgesamt wurden seit der „Urlehre" der Generation im Jahr

1875 bis dato achtzehn verschiedene Adaptierungen vorgenommen. Keine dieser Änderungen verschob das Jahr 1919.

Ich kann mich noch sehr gut daran erinnern, dass meine Mutter 1995 mehr als überrascht war. In ihr „brodelte“ es. Ihre Gedanken versuchten eins und eins zusammen zu zählen. Meine Mutter war eine sehr eifrige Studierende. Oftmals kam ich von der Schule nach Hause und sah sie am Küchentisch sitzen, umringt von biblischer Literatur, Notizen und Bibeln. Sie war eher der Part, der gewisse Lehren genauer untersuchte. Nicht, weil sie diese nicht glaubte, sondern weil sie sie verstehen wollte. Ich höre noch ihr erstauntes „Schnaupen“, als der Absatz zu Ende gelesen wurde. Ein fragender Blick an meinen Vater, der genau die Antwort gab, die ich dreißig Jahre lang auf alle meine Kritik zu hören bekommen hatte:

*„Die Organisation wird sich etwas dabei gedacht haben. Sie arbeitet unter der Leitung Jehovas. Es steht uns nicht zu, diese in Frage zu stellen.“*

Genau das war die Antwort, die man als kritischer Zeuge Jehovas erhält, sobald man eine Glaubenslehre hinterfragt. Die Organisation hat immer Recht. Was sie sagt, hat Gewicht. In meinen dreißig Jahren habe ich eine Vielzahl von Situationen erlebt, in denen offensichtliche Fehlinterpretationen und Mutmaßungen der Organisation mit genau dieser „Erklärung“ abgetan wurde.

Die Wachtturm-Gesellschaft lehrt und gebietet ihren Mitgliedern, ein uneingeschränktes Vertrauen in ihre Führung zu setzen. Nicht nur in der Thematik der Generationen war ersichtlich, dass oftmals aus Gründen der „Politik“ jahrzehntelang an offenkundigen Fehlinterpretationen festgehalten wurde – zum großen Nachteil Millionen getäuschter Zeugen Jehovas.

Ich habe mich oft gefragt, wieso man sich nicht als interne Gruppe offiziell gegen solch eindeutig irreführende Ansichten wehren kann.

Die Antwort ist so einfach wie erschreckend.

Die Wachtturm-Gesellschaft ist ein in sich abgeschlossenes Glaubenssystem. Die gesamte Lehre ist eine Art „Festung", in der man Schutz in Form von geistiger und seelischer Sicherheit sucht. Die von Geburt an ins Bewusstsein eingepflanzte Lehre eines nahen bevorstehenden Weltuntergangs, den man nur überleben kann, wenn man ein Diener Jehovas ist und sich damit einhergehend SEINER Organisation unterwirft, bestimmt das gesamte Leben jedes Zeugen Jehovas. Jede Kritik gegen die Lehre, jede Kritik gegen Verbote und jede Kritik gegen Fehlinterpretationen sind ein direkter Angriff gegen Gott selbst.

Mit diesem Wissen wird man geboren und mit diesem Wissen wird man beerdigt. Beginnt man nun, einen Teil dieses Lehrgebäudes in Zweifel zu ziehen, Widersprüche aufzudecken oder vielleicht auch nur eine andere Interpretation vorzunehmen, neigt der klassische Zeuge Jehovas dazu, emotional zu reagieren – er nimmt eine Abwehrhaltung ein, weil er spürt, dass seine „Festung" angegriffen und seine Sicherheit bedroht wird. *(Quelle 11)*

Diese menschlich gesehen nachvollziehbare Reaktion verhindert aber ein rationales und sachliches Denken. Das Bedürfnis nach seelischer Sicherheit und dem „Schutz der Gemeinschaft" ist den Betroffenen wichtiger.

Dies trifft auf die Zeugen Jehovas in noch größerem Ausmaß als auf viele andere Sekten zu, die ein solch totalitäres System führen. Zeugen Jehovas ist bekannterweise JEDER Kontakt außerhalb der Gemeinschaft verboten; sie haben daher nur das

„geschlossene System“ der Wachtturm-Gesellschaft als sozialen Anker. Dies macht die Exkommunikation umso gefürchteter, da man jegliche soziale Kontakte von jetzt auf gleich verlieren würde.

Denn eines ist jedem Zeugen Jehovas bewusst:

Die Organisation lässt niemanden, der die Grundlehren in Frage stellt, Zweifel hat und diese vielleicht noch im Freundeskreis publik macht, mehr als Zeuge Jehovas gelten. Er gehört damit – gemäß den selbst von der Organisation aufgestellten, angeblich biblischen Kriterien – nicht mehr zu der Organisation und wird, bei nicht vorhandener Reue, exkommuniziert.

Bei all der romantischen Selbstdarstellung, die Jehovas Zeugen versuchen der Öffentlichkeit von sich zu zeigen, kann man diese Vorgehensweise mit nur zwei Wörtern zusammenfassen:

Emotionale Erpressung.

Nichts anderes ist die Grundlage dieser angeblich göttlichen „Einheit“, die die Wachtturm-Gesellschaft als ihr Dogma nutzt. Die Grundbedürfnisse jedes Menschen – Geborgenheit, Anerkennung, soziale und familiäre Verbundenheit – werden ausschließlich unter der Voraussetzung einer unbedingten, vollständigen und totalen Unterwerfung an eine irdische Organisation befriedigt.

Als Außenstehender mag die Organisation, besser bekannt als die leitende Körperschaft, nur als Führungsgremium angesehen werden. Oftmals findet man in den Medien einen Bezug zu einem Aufsichtsrat, einem Vorstand oder einer Geschäftsleitung.

Für einen Zeugen Jehovas ist die leitende Körperschaft jedoch viel mehr als das. Für einen Zeugen Jehovas ist Jesus das Haupt der Christenversammlung. Als Haupt hat Jesus damit natürlich auch die Aufgabe, seine Diener mit zeitgemäßer Unterweisung und Lehren zu versorgen.

Kurz vor seinem Tod erklärte Jesus seinen Aposteln, woran man seine Gegenwart „in den letzten Tagen“ erkennen würde.

Jesus sagte gemäß der biblischen Übersetzung der Zeugen Jehovas hier einen „Sklaven“ voraus, der seine Nachfolger „in der Zeit des Endes“ mit „geistiger Nahrung“ versorgen würde.

Wer sollte das sein?

Zeugen Jehovas projizieren die Worte Jesu aus Lukas 12:42 auf sich selbst:

*„Wer ist in Wirklichkeit der treue Verwalter, der Verständige, dem sein Herr die Verantwortung für seine Dienerschaft übertragen wird, damit er ihnen immer zur richtigen Zeit ihr Maß an Nahrung gibt?“*

Es ist eine kleine Gruppe von Nachfolgern Jesu – allesamt Zeugen Jehovas –, die mit Gottes Geist gesalbt ist. Dieser „Sklave“ ist heute die leitende Körperschaft von Jehovas Zeugen. Er produziert und verteilt weltweit die Literatur an seine Glaubensbrüder.

Eine der Grundlehren der Zeugen Jehovas ist daher der Glaube daran, dass Jesus ihnen die Verantwortung für alle Arbeiten, die im irdischen Teil der Organisation Jehovas anfallen, übertragen hat.

Dazu gehört die nicht unerhebliche Vermögensverwaltung – die mittlerweile im Milliardenbereich liegt. Weiterhin werden davon auch die gesamte Predigttätigkeit und das Lehren durch die Versammlungen umfasst.

Durch Veröffentlichungen, Zusammenkünfte und Kongresse lässt „der treue und verständige Sklave“ allen Zeugen Jehovas die sogenannte „geistige Nahrung“ zukommen.

Das ganze System kann natürlich nur funktionieren, wenn das Volk diesen Sklaven auch als das ansieht, was er behauptet zu sein. Daher wird dieser niemals müde darin, seinen Untergebenen die Notwendigkeit seiner Anerkennung zu verdeutlichen.

Im Wachtturm vom Juli 2013 wird dazu Folgendes angemerkt:

*„Jesus, das Haupt der Versammlung, hat ja versprochen, uns mit zeitgerechter geistiger Speise zu versorgen. Und wir erleben, dass er Wort hält. Wen gebraucht er dafür? In der Prophezeiung über das Zeichen seiner Gegenwart sagte er, er werde seinen Hausknechten ihre ‚Speise zur rechten Zeit' durch den ‚treuen und verständigen* Sklaven' *geben … Dieser treue und verständige Sklave ist das Organ, durch das Jesus seine echten Nachfolger heute, in der Zeit des Endes, versorgt. Warum ist es so außerordentlich wichtig, dass wir diesen treuen Sklaven kennen und anerkennen? Weil von diesem Organ unsere geistige Gesundheit, unser gutes Verhältnis zu Jehova, abhängt."*

Genau diese Abhängigkeit ist eines der Grundelemente der Lehre der Zeugen Jehovas.

Die unbedingte und kompromisslose Anerkennung dieses „Sklaven" – als von Jesus auf der Erde installiertes Sprachrohr Gottes – steht unmittelbar mit einem „guten Verhältnis" zu Gott, beziehungsweise einer „geistigen Gesundheit", zusammen. Nur der Wachtturm- Gesellschaft ist von Gott ausschließliche Macht verliehen worden und nur durch diese Macht kann Einheit, Ordnung und Leistung erzielt werden.

Nur, wer diesen „Sklaven" als Sprachrohr Gottes anerkennt, kann auch ein Zeuge Jehovas ein.

Wenn man sich entscheidet, ein Zeuge Jehovas zu werden, wird dies mit der Wassertaufe symbolisiert. Diese Taufen finden zwei- bis dreimal jährlich anlässlich eines Kongresses statt. Bevor man getauft wird, spricht man ein Gelöbnis vor allen Anwesenden.

Anhand der Entwicklung dieser „Taufzeremonie" kann man sehr gut feststellen, wie sich die Organisation in fast hundert Jahren den Anspruch vereinnahmt hat, nur durch seine Leitung ein Verhältnis zu Gott zu haben.

Anfang des Jahrtausends und zur Gründungszeit der Zeugen Jehovas, die sich früher Bibelforscher nannten, war die Taufe eher irrelevant. Die Bibelforscher der ersten Stunde waren oft Mitglieder von anderen christlichen Glaubensgemeinschaften, die ihre eigene Taufe praktizierten. Eine erneute Taufe gab es de facto nicht beziehungsweise galt sie als nicht notwendig.

Noch im Wachtturm vom 01.09.1955 (Seite 540) wurde erläutert, dass eine Wiedertaufe nur nötig sei, wenn die *„frühere Taufe nicht das Symbol eines Hingabeaktes war oder wenn sie nicht durch Untertauchen vorgenommen wurde."*

Kurze Zeit später, im Wachtturm vom 01.09.1956 (Seite 534), wurde diese Ansicht jedoch schon adaptiert.

*„Oft wird die Frage gestellt, ob jemand, der schon früher anlässlich einer anderen religiösen Zeremonie getauft wurde, von neuem getauft werden sollte, wenn er zu einer genauen Erkenntnis der Wahrheit kommt und den Schritt der Hingabe an Jehova tut. Auf Grund des schon Gesagten gibt es einen zwingenden Grund, auch zu sagen: Jawohl, er muss wieder getauft werden. Ganz offenbar war der Betreffende von keinem dieser Religionssysteme in Wirklichkeit je „im Namen des Vaters und des Sohnes und des heiligen Geistes" getauft worden; denn wäre er so getauft worden, so hätte er die Autorität und das Amt dieser wahren höheren Gewalten richtig eingeschätzt. Und wenn er sich*

*schon zuvor Jehova hingegeben hätte, hätte er sich von solchen gottentehrenden babylonischen Systemen getrennt, noch ehe er sich von ihnen hätte taufen lassen. Somit ist nicht der Akt des Getauft Werdens das Wichtige, sondern vielmehr das durch den Akt Symbolisierte."*

Weitere sechs Monate später wurde im Wachtturm vom 01.02.1957 auf Seite 95 nun auch festgelegt, bis zu welchem Zeitpunkt eine „falsche Taufe" abzulehnen und eine zweite – erneute – Taufe unabdingbar sei.

Dieser Zeitpunkt sollte das Jahr 1918 sein. Eine biblische Erläuterung oder Beweise für dieses fiktive Datum wurden nicht vorgelegt. Das Geschriebene war Gesetz.

In der Taufansprache, die der Taufzeremonie vorausgeht, war es in dieser Zeit üblich, dass der Redner die Taufbewerber daran erinnerte, dass sie „weder ihre Hingabe an ein Werk noch an eine Organisation, sondern die Hingabe an eine Person – Jehova Gott – symbolisierte".

Der Wachtturm vom 15.Januar 1967 (Seite 60) sagte dazu:

*„Wir haben uns weder einer Religion noch einem Menschen* ***noch einer Organisation*** *hingegeben. Nein, wir haben uns dem höchsten Souverän des Universums, dem Schöpfer, Jehova Gott, hingegeben. Durch unsere Hingabe sind wir in ein persönliches Verhältnis zu Jehova gelangt."*

Diese Abhandlung legt also ganz klar fest, dass sich die Hingabe ausschließlich an Gott richtet. Man unterwirft sich ausdrücklich Gott und KEINER Organisation.

Dies wurde auch durch das nun folgende Gelöbnis im Beisein aller Anwesenden deutlich.

Jeder Taufbewerber musste zwei Fragen mit JA beantworten, bevor er zur Taufe zugelassen wurde.

*1. Hast du erkannt, dass du in den Augen Gottes, Jehovas, ein Sünder bist, der der Rettung bedarf, und hast du vor ihm anerkannt, dass diese Rettung von ihm, dem Vater, durch seinen Sohn Jesus Christus kommt?*

*2. Hast du dich auf Grund dieses Glaubens an Gott und seinen Vorkehrungen zur Rettung rückhaltlos Gott hingegeben, um von nun an seinen Willen zu tun, so wie er ihn dir durch Jesus Christus und die Bibel mittels der erleuchtenden Kraft des Heiligen Geistes offenbart?*

Diese beiden Fragen wurden von 1956 an bis 1985 den Taufbewerbern gestellt. Nur, wer diese Fragen mit einem klaren „JA" beantwortete, durfte sich taufen lassen.

Im Wachtturm vom 01.06.1985 wurden nun völlig überraschend diese zwei Fragen adaptiert. Wollte man sich als ein Zeuge Jehovas taufen lassen, waren die nun mit einem zwingenden „JA" zu beantwortenden Fragen wie folgt:

*1. Hast du auf der Grundlage des Opfers Jesu Christi deine Sünden bereut und dich Jehova hingegeben, um seinen Willen zu tun?*

*2. Bist du dir darüber im Klaren, dass du dich durch deine Hingabe und Taufe als ein Zeuge Jehovas zu erkennen gibst, der mit der vom Geist geleiteten Organisation Gottes verbunden ist?*

Knapp zwei Jahre später wurde im Wachtturm vom 15.04.1987 die Änderung erklärt:

*„Vor kurzem wurden die beiden Fragen, die Taufbewerbern gestellt werden, vereinfacht, damit diese völlig verstehen, was es bedeutet, ein enges Verhältnis zu Gott und zu seiner irdischen Organisation zu erlangen, und damit sie dementsprechend antworten können."*

Es sollte also eine „Vereinfachung" sein?

Eine Vereinfachung, die bedeutete, dass man nur ein Zeuge Jehovas sein kann, wenn man sich einer irdischen Organisation unterwirft.

In den christlich-griechischen Schriften findet man eine Vielzahl von Beispielen dafür, dass eine Taufe dann schon gültig war, wenn man an Jesus glaubte. Eine irdische Organisation war weder im Sinne der Apostel noch wurde sie erwähnt.

Einer der Bibeltexte, die jeder Zeuge Jehovas als Kind schon auswendig kennt, sind die Worte Jesu aus Matthäus 28:19, bildet dieser Vers doch die Grundlage, weshalb Zeugen Jehovas so viel im Predigtdienst stehen.

*„Darum geht hin und macht Menschen aus allen Völkern zu meinen Jüngern, tauft sie im Namen des Vaters und des Sohnes und des Heiligen Geistes und lehrt sie, sich an alles zu halten, was ich euch aufgetragen habe."*

Einer der größten Kritiker der Wachtturm-Gesellschaft erläuterte diesen Sachverhalt einmal wie folgt:

*„Christus hatte seinen Jüngern den Auftrag gegeben, Menschen ‚im Namen des Vaters und des Sohnes und des Heiligen Geistes' zu taufen. Die zweite Frage der Wachtturm-Gesellschaft zur Taufe ersetzt Gottes Heiligen Geist wirkungsvoll durch die ‚vom Geist geleitete Organisation'. Zwar wird der Geist dem Namen nach erwähnt, wir stehen jedoch wiederum vor der Situation, wo die Organisation eine von Gott bestimmte Rolle für sich*

*selbst mit Beschlag belegt.*

*Sie erweckt ganz klar den Eindruck, als wirke Gottes Heiliger Geist nur in Verbindung mit der Wachtturm-Organisation auf den Täufling. Sie hebt nicht hervor, auf welche Weise der einzelne Getaufte in Zukunft durch den Geist Gottes geleitet wird, aber sie betont stattdessen die ‚von Gott geleitete Organisation'. Es ist wohl unglaublich, dass der Wachtturm das als ‚Vereinfachung' der früheren Fragen bezeichnen kann. Er spricht von einem ‚engen Verhältnis zu Gott', lässt es aber bedeutungslos werden, wenn er die irdische Organisation einbringt und das Ganze statt zu einem engen Verhältnis zu Gott zu einem engen Verhältnis ‚zu Gott und zu seiner irdischen Organisation' macht.*

*Wo Jesus nur vom ‚Vater, dem Sohn und dem Heiligen Geist' sprach, maßt sich die Organisation an, sich selbst als unverzichtbare Partei in diesem geheiligten Bild unterzubringen. Das ist dasselbe, als wenn ein Diener den Menschen erzählt, sie könnten nur dann mit dem Herrn verkehren, wenn er, der Diener, immer dabei sei und als Mittler, Sprecher, Verwalter und Überbringer von Beschlüssen agiere. Eine solche Haltung kann man nur als anmaßend bezeichnen." (Quelle 12)*

Unabhängig davon, dass fast 2000 Jahre lang Menschen ohne ein solches Gelöbnis getauft wurden, haben auch Zeugen Jehovas sich fast hundert Jahre lang ohne eine solche Unterwerfung beziehungsweise Verpflichtungserklärung taufen lassen.

Interesanterweise wurde die zweite Tauffrage im Jahr 2019 noch einmal adaptiert. Nun wurde die Frage gestellt:

*„Ist dir bewusst, dass deine Taufe dich als Zeugen Jehovas kennzeichnet und du damit zu Jehovas Organisation gehörst?"*

Der Umstand, dass die Organisation durch Gottes heiligen Geist geleitet wird, wurde nun ersatzlos gestrichen.

Man sieht an solchen Beispielen, welchen Anspruch die Organisation für sich begehrt. Es sind Beispiele, die aufzeigen, wie Grundlehren immer und immer unter dem Deckmantel „neuen Lichts“ als von Gott inspirierte Wahrheiten suggeriert werden.

# Das Ende beginnt

Jeder, der mit Zeugen Jehovas verbunden war und irgendwann für sich die Entscheidung getroffen hat, die Gemeinschaft zu verlassen, hatte diesen einen „Erwachet-Moment" – also den Zeitpunkt, an dem er für sich erkannte, kein Teil dieser Organisation mehr sein zu wollen.

Bei dem einen mögen es persönliche Enttäuschungen, bei jemand anderem Zweifel an der oft widersprüchlichen Lehre gewesen sein. Andere wiederum konnten den Druck eines ständigen Doppellebens nicht mehr ertragen.

Eines haben aber sicherlich alle gemeinsam: Es war stets ein schleichender Prozess, der irgendwann die Entscheidungsfindung geprägt hat. Zu irgendeinem Zeitpunkt im Leben begann man sich zu fragen, ob das, was man von Geburt an – respektive irgendwann von seinem „geistigen Lehrer" im Haus-zu-Haus-Dienst – gelehrt bekommen hat, wirklich der Wahrheit entspricht. Meine Erfahrungen durch die Freundschaft mit vielen ehemaligen Zeugen Jehovas haben mir gezeigt, dass es hier immer auf die Persönlichkeit eines einzelnen ankommt, an welchem Punkt der Bruch mit alten Strukturen unabdingbar wird. Jeder Mensch hat eine eigene, für sich persönlich gewählte Grundstruktur im Leben, nach der er sich ausrichtet und die ihm wichtig sind. Was dem einen als sehr elementar erscheint, ist für den anderen wiederum völlig irrelevant.

In unserer Clique in den neunziger Jahren gab es einen meiner besten Freunde, den ich in einem vorigen Kapitel Mike genannt hatte. Mike war fast gleichalt und einer der Zielstrebigsten von uns allen. Er war einer der wenigen, der bereits in jungen Jahren wusste, dass er eine Ausbildung in der Wirtschaft anstreben wollte. Genauso eifrig, wie er als junger Zeuge Jehovas war, so war er dies auch in seiner „weltlichen" Lebensplanung, seiner Schul- und Berufsausbildung.

Mit 16 Jahren begann er eine Lehre als Banker zu durchlaufen und absolvierte nach erfolgreicher Ausbildung Jahr für Jahr eine weitere Etappe in einer sehr erfolgreichen Vertriebskarriere als Führungsposition in den verschiedensten Bankenhäusern.

Bei Mike war es ein bestimmter Grund, warum er schon sehr früh, im Grunde noch während seiner Ausbildung, mit der Organisation brach und diese auch verließ. Es war ein Grund, der mir erst über zehn Jahre später so bewusstwurde.

Er erkannte sehr früh die offenkundig benutzten Strategien in der gesamten Rhetorik der Organisation, die sowohl in den Publikationen als auch in der Art der Belehrung als Grundlage genutzt werden. Der gesamte Aufbau der Unterweisung – seien es nun die unzähligen Publikationen oder die Vorträge in den Zusammenkünften – ist verbaut mit rhetorischen Fragen, Metaphern, Suggestivfragen und sich immer wiederholenden Grundaussagen.

Immer wieder werden Zitate ohne Zusammenhang zitiert, um streitbare Aussagen zu relativieren. Eines der offensichtlichsten „Überredungsbestandteile" sind dabei die Suggestivfragen. Der Grund liegt augenscheinlich darin, dass die Artikel zwar oftmals privat vorbereitet, aber im Finale zusammen in der Gruppe, beziehungsweise in der Zusammenkunft, besprochen werden. Dadurch erreicht man einen maximalen Druck beim Leser, der Lehre der Organisation zuzustimmen.

*„Der Blick der Zeugen Jehovas auf andere Religionen aus*

*Sicht ihrer Publikationen"* fasst hier einige interessante Beispiele zusammen: (Quelle 13)

Im Buch *„Was lehrt die Bibel wirklich?"* von 2005 wird der Leser eingeladen, sich mit dem Autor gemeinsam einige Fragen zu stellen. Gefragt wird, welche religiöse Gruppe alle ihre Lehren auf die Bibel stütze und Jehovas Namen bekannt mache, welche Gruppe Gottes Liebe nachahme, den Glauben an Jesus ausübe, kein Teil dieser Welt zu sein und Gottes Königreich als einzig wahre Hoffnung für die Menschheit verkündige. Als letzte Frage liest man, welche der vielen religiösen Gemeinschaften auf der Welt alle diese Erfordernisse erfüllen würde. Die Antwort muss sich hier nicht einmal der Leser selbst geben, sie folgt prompt: Die Tatsachen würden deutlich zeigen, dass es in jedem Fall die Zeugen Jehovas seien.

Es soll also der Anschein erweckt werden, dass man ganz neutrale Fragen in der Suche nach der wahren Religion stellt und durch Beantwortung dieser zum richtigen Ergebnis kommt. Dass diese Fragen aber schon so konkret zugeschnitten sind, und in ihnen sogar namentlich nach Jehova gefragt wird, ist exemplarisch für die Vorgehensweise. Auch die Tatsache, dass gestellte Fragen sofort im Text beantwortet werden, kommt sehr oft vor. Man will wohl nichts dem Zufall überlassen oder hat nur sehr wenig Vertrauen darauf, dass die Leser die von der Organisation erwarteten Schlüsse ziehen und eine Sicht der Dinge im Sinne der Zeugen Jehovas einnehmen. Striktes Kalkül und unkomplizierte, oft plump erscheinende Direktheit werden angewandt, um Richtungen zu bestimmen und schnell und klar zu erwünschten Antworten zu kommen. Meinungen werden vorgegeben und man erkennt einen klaren Plan der Autoren.

Ein anderes Beispiel findet man in der Broschüre

*„Unsichtbare Geister. Helfen sie uns? Oder schaden sie uns?"*

*„Kannst du dir vorstellen, zusammen mit wirklich demütigen und liebevollen Menschen auf einer zu einem schönen Paradies wiederhergestellten Erde zu leben, nicht unter einem selbstsüchtigen, bedrückenden politischen System, sondern unter einer vollkommenen, gerechten Regierung? Würdest du gern in einer Zeit leben, in der Gottes Wille auf der Erde wie im Himmel geschieht und in der die Menschen den Krieg nicht mehr lernen?"*

Hier ist anzunehmen, dass jeder Leser die Fragen mit „Ja" beantworten und freudig an Jehovas Versprechungen für die Zukunft denken wird.

Eine weitere Taktik ist in dem Artikel *„Möchtest du wirklich bessere Zeiten sehen?"* zu erkennen.

*„Ganz bestimmt möchtest du bessere Zeiten sehen, Zeiten, in denen man sich nicht mehr zu fürchten braucht, in denen Menschen gesund sind und sich satt essen können."*

So wird dem Leser einerseits deutlich gemacht, dass man das Beste für ihn will, dass man auch weiß, was das Beste für ihn ist, und dass man sich seiner Wünsche im Klaren ist. Gleichzeitig wird ihm die Wahl einer anderen Option erst gar nicht gelassen. Darauffolgend wird ihm aufgezeigt, dass diese Wünsche aber nicht genügen: *„Das bedeutet natürlich, dass Veränderungen vorgenommen werden, sowohl im Weltmaßstab als auch in unserem persönlichen Leben. Jeder einzelne von uns muss jedoch entscheiden, ob er mit diesen Veränderungen einverstanden und bereit ist, die notwendigen Änderungen in seinem eigenen Leben vorzunehmen."*

So ist nun dargelegt, dass es auf jeden einzelnen Menschen ankommt, um die gesteckten Ziele erreichen zu können. An dieser Stelle wird eingehakt und an das Gewissen der Menschen appelliert: *„Deshalb sind folgende Fragen angebracht: Möchtest du wirklich bessere Zeiten sehen, ganz gleich, was es dich kosten mag? Oder möchtest du nur solche Zeiten sehen, wenn es für dich bedeutet, nach Belieben handeln zu können?“* Man erkennt also, dass die Zeugen Jehovas das Stilmittel der Suggestivfragen so einsetzen, dass sie Handlungsaufforderungen gleichkommen, oder sie treue Mitglieder zum Nachdenken und möglicherweise Umdenken bringen.

Heutzutage steht der Organisation noch ein völlig anderes Medium zur Verfügung, welches in unserer Zeit noch gar nicht diesen Stellenwert hatte – das Internet. In meiner Zeit noch offiziell „von der Bühne“ als Werk des Teufels verpönt, ist das Internet seit 2015 – in Form der Webseite „JW ORG“ – DAS Medium geworden, auf welchem die Organisation ihre Belehrung aufbaut. Publikationen in Form von Zeitschriften und Büchern sind eher eine Randerscheinung geworden.

Zurück zu Mike.

Da er eines der ersten unserer Clique war, der einen gewissen „Stil“ in Kleidung und Lifestyle lebte, war es für ihn irgendwann auch nicht mehr zu ertragen, wie Woche für Woche mehr „Psychos“ die Zusammenkünfte besuchten, weil sie im Predigtdienst gefunden und als potenzielle Zeugen Jehovas in der Gemeinschaft willkommen geheißen wurden. Fragwürdige Gestalten – wie die „Braut Christi“ – wurden immer mehr zur Gewohnheit als zur Ausnahme.

Aus unserer ursprünglichen Clique sind heute über fünfzig Prozent nicht mehr mit der Organisation verbunden. Mike war hier nur ein Beispiel für einen Zeugen Jehovas, der, ebenfalls als

12-Jähriger getauft, ohne eine „biblische Sünde“ zu begehen mit 19 Jahren ausgetreten ist, in Folge ausgeschlossen wurde und die Auswirkungen der Exkommunikation erfahren musste. Vielen anderen wurde die Gemeinschaft entzogen, weil sie einen Lebenspartner fanden, der kein Zeuge Jehovas war, anfingen zu rauchen oder weil sie begannen, die Bibel anders auszulegen, als dies die Organisation tat.

Eines aber hatten alle gemeinsam:

Jeder hatte die Möglichkeit, sich dafür zu entscheiden, sein Leben und Denken wieder der Organisation anzupassen. Dies allerdings würde bedeuten, sein Handeln umzukehren, zu bereuen und sich wieder den Richtlinien der Gesellschaft unterzuordnen ODER aber den schmerzlichen Weg der Exkommunikation über sich ergehen zu lassen. Jeder Einzelne hatte also die Wahl.

Beuge ich mich der emotionalen Erpressung? Verleugne ich mich und meine Überzeugungen selbst? Gehe ich den einfachen Weg, den Weg der „Herde“ oder bin ich mir selbst treu und ziehe die Konsequenz aus einer Fehlentscheidung, die ich in vielleicht viel zu frühen Jahren als den „richtigen Weg“ betrachtet habe?

Zeugen Jehovas arbeiten sehr gerne mit dem biblischen Beispiel des Hirten und seiner Schafe. Ohne an dieser Stelle zu sehr ins Detail zu gehen, sehen sich die mit der irdischen Hoffnung vertrauten Zeugen Jehovas als „Schafe“, die ihrem Hirten – in dem Fall Jesus Christus beziehungsweise vertreten durch seine Organisation – folgen. Dieses Beispiel verdeutlicht leider, trotz des ernsten und biblischen Hintergrundes, die Geisteshaltung der meisten Zeugen Jehovas. Ähnlich einer Schafherde folgen sie ihrem christlichen „Hirten“ – der Organisation – bedingungslos und sehen in ihr den Führer, dem man ohne Kompromisse die Treue halten muss.

Dabei unterwirft sich jeder Zeuge Jehovas der sogenannten Theokratie. Das Wort Theokratie wird in Wikipedia wie folgt beschrieben:

*„Theokratie ist eine* Herrschaftsform, *bei der die* Staatsgewalt *allein religiös legitimiert und von einer (in der Sicht der Anhänger der Staatsreligion) göttlich erwählten Person, einer Priesterschaft auf der Grundlage religiöser Prinzipien ausgeübt wird. Ein auf der Theokratie basierender Staat wird auch als Gottesstaat bezeichnet, da die sozialen Normen göttlichen und nicht menschlichen Ursprungs sein sollen. Es gibt dort weder eine* Trennung von Staat und Religion *noch von weltlichem Recht und religiösen Vorschriften.“*

Für einen Zeugen Jehovas ist wahre Theokratie jedoch keine Regierung von irgendwelchen Priestern. Es ist die Herrschaft Gottes, die Regierung durch Jehova – kurzum eine „Gottesherrschaft“. Zeugen Jehovas versuchen deshalb auch nicht, die Theokratie durch politische Aktionen einzuführen, sondern warten darauf, dass Gott zu der von ihm bestimmten Zeit und auf seine eigene Weise weltweit die Theokratie einführt. Nun kommt aber das spezielle „Handicap“. Wie kann eine menschliche Organisation von Gott regiert werden, wenn dieser im Himmel „wohnt“? Indem sie sich an die Anweisungen SEINER Organisation hält. Damit ist der Kreis wieder geschlossen.

In meinem Fall hat es – gerechnet ab meiner Taufe 1993 – fast zwanzig Jahre gedauert, bis ich mich entschieden habe, die Organisation im Jahr 2011 endgültig zu verlassen. Nicht nur im

Herzen – was zu diesem Zeitpunkt schon sehr lange geschehen war – sondern auch mit der Konsequenz, noch einmal komplett bei null anzufangen.

Ausgelöst wurde dieser Entschluss durch eine wesentliche Erfahrung, die ich erleben musste und die letzten Endes zu diesem Entschluss geführt hat.

Ende 2009 konnte ich mein seit Jahrzehnten geplantes Vorhaben endlich verwirklichen. Die Auswanderung nach Österreich stand kurz bevor.

Über ein Jahr der intensiven Planung lag hinter mir. Meine Firma in Deutschland wollte ich vorerst behalten, vor allem eine kleine Wohnung als Plan B in Wiesbaden, falls irgendwelche der geplanten „Parameter" nicht eintreffen sollten. Es war ein unbeschreibliches Gefühl der Freude, als ich im Oktober 2009 mit einem 20-Tonner den Rasthof Allgäuer Tor auf der A7 Richtung Füssen passierte und am Horizont die Weite der Tiroler Berge vor mir lag. Ich hatte es tatsächlich geschafft.

Wir bezogen ein wunderschönes Haus in der Nähe von Innsbruck. In Deutschland war ich seit fast zehn Jahren in der Immobilienbrache als Unternehmer tätig, hatte mein Studium zum Immobilienökonom und Immobilienfachwirt erfolgreich abgeschlossen und erfüllte somit alle Voraussetzungen, um mein Business in Österreich fortzuführen. In Wahrheit hatte ich allerdings einen – nach heutigem Wissen – zum Scheitern verurteilten Businessplan mit im „Gepäck".

Man ist kein Unternehmer, wenn man nicht mindestens einmal im Leben wieder bei null anfangen muss. Nach sechs Monaten war ich pleite – und zwar so richtig. Ich hatte alles bis ins Detail geplant, über zehn Monate intensiver Vorbereitungen in ein neues Unternehmen fließen lassen und Kapital für ein Jahr hinterlegt, um ohne finanziellen Druck die Firma aufzubauen.

Aber ich hatte die Rechnung ohne die sprichwörtliche Sturheit der Tiroler gemacht. Meine Geschäftsidee gab es so in Österreich noch nicht, sie war für alle absolutes Neuland. So sah sie aus:

Die provisionsfreie Vermittlung von Immobilien gegen eine pauschale Fixprovision – diese war unabhängig eines Erfolges vorab fällig.

Der Kunde erhielt gegen diese einmalige Zahlung die kompletten Leistungen eines Immobilienmaklers und den natürlich provisionsfreien Verkauf seiner Immobilie sowohl für Käufer als auch für Verkäufer.

So weit so gut. Es liegt auf der Hand, dass ich damit in direkter Konkurrenz zu jedem heimischen Immobilienmakler stand, der traditionsgemäß auf Erfolgsbasis seine Provisionen verdiente und beide Seiten zur Kasse bat. Ich war quasi ein „abtrünniger Makler", der gegen seine eigene Zunft vorging.

Wir waren mit unserem Unternehmen eine Woche auf dem Markt, als bereits drei große Medien über unser Vorhaben berichteten – inklusive des Fernsehens. Es dauerte genau weitere drei Tage, bis ich so ziemlich jede „juristische Waffe" an meinem Kopf spürte, die es im Wettbewerbsrecht überhaupt nur gibt. Einstweilige Verfügungen, Verwaltungsanzeigen und Unterlassungserklärungen – die Wirtschaftskammer und das Gewerbeamt hatten meinen Namen an oberster Stelle ihres morgendlichen Briefings.

Um es kurz zu machen:

Nach einem halben Jahr war mein Erspartes – nicht zuletzt aufgrund vieler unnötig abgerechneter Anwaltsstunden –

aufgebraucht und mein Terminkalender nicht mit Kundenterminen, sondern mit Gerichtstagungen bestückt. Im Nachhinein weiß ich, dass ich mit kleinen Adaptierungen mein Vorhaben hätte weiterführen können.

Aber zwischen Deutschen und Tirolern gibt es schon unabhängig von wirtschaftlichen Diskrepanzen eine gewisse Art der „Hassliebe". Und ein frisch zugezogener Deutscher, der es wagt, sich gegen den – mal wieder – geschlossenen Kreis der Tiroler Maklerlobby zu stellen, war zum Scheitern verurteilt. Ich verlor die erste Instanz und musste die Reißleine ziehen. Noch nicht einmal die letzten Zimmer im Haus eingerichtet, stand das „Projekt Auswanderung" vor dem Fiasko – *„Goodbye Deutschland"* mit all seinen tragischen Geschichten ließ grüßen.

Im Nachhinein kann ich jedem der Tiroler Makler dankbar sein, dass mein Lebensabschnitt in Tirol so startete. Denn es war der Beginn einer Vielzahl privater Veränderungen, die schließlich zu meinem Austritt bei Jehovas Zeugen führte.

Als wir im Herbst 2009 in Innsbruck ankamen, war für mich klar, dass ich theokratisch eine Pause einlegen werde und auch meine damalige Frau war davon nicht abgeneigt.

Mein Plan sah vor, mich vorerst weder in der dortigen Versammlung als „Zugezogener" zu melden noch irgendwelche Schritte zur Integration im dortigen Gebiet vorzunehmen. Ich wollte zur Ruhe kommen, die Zeit mit meinem Sohn genießen, und nach meiner endlich umgesetzten Auswanderung über die weiteren Schritte in meinem Leben entscheiden. Eine Erleichterung war der nun große Abstand zu meiner Familie und meinen Freunden aus Wiesbaden. Ich stand von jetzt auf gleich auf keiner Beobachtungsliste mehr; niemand kannte mich hier.

Und ich genoss die Zeit. Zum ersten Mal am Sonntagmorgen

ausschlafen – ohne den Druck zu verspüren, die Zusammenkünfte besuchen zu müssen. Kein Missionieren am Samstag und vor allem kein Studium mehr am Dienstagabend in privaten Wohnungen. Es war ein Paradies – mein persönliches Paradies. Und ich konnte es genau ganze sechs Wochen lang genießen.

Es war ein Samstagvormittag. Ich war gerade dabei, mit meinem Sohn Tom den Fernseher aufzuhängen, als zwei Herren im Anzug bei uns klingelten. Wir wurden gefunden – buchstäblich. Wenn ein Zeuge Jehovas seine zugeteilte Gemeinde verlässt und seinen Wohnort wechselt, wird seine Verkündigerdienstkarte zusammen mit einem „Empfehlungsschreiben" an die dortige Gemeinde geschickt, um über den Zugezogenen zu „berichten" – böse Zungen sagen auch gerne mal zu „warnen".

Und nachdem wir uns in der neuen Versammlung mehrere Wochen nicht hatten blicken lassen, stattete man uns nun einen Besuch ab. Und alles war wieder auf Anfang gestellt. Da standen sie nun. Zwei Älteste aus der Versammlung Innsbruck – inklusive meiner Predigtdienstaufzeichnungen der vergangenen zehn Jahre und einem „Empfehlungsschreiben", welches dem Wort höchstwahrscheinlich nicht gerecht wurde.

Doch es kam anders.

All die Erfahrungen, die ich in meiner Jugendzeit in der Versammlung Reutte sammeln durfte, wiederholten sich wieder.

Die Versammlung in Innsbruck nahm uns mit offenen Händen auf. Es trat genau der Zustand ein, den man mit Zeugen Jehovas oft verbindet – die Einheit und Liebe unter den „Glaubensbrüdern". Und diese Versammlung passte endlich wieder in mein Profil. Es waren viele junge Ehepaare, moderne und sportliche Menschen, die sich am Wochenende zum Skifahren verabredeten, abends zusammen grillten und ihre Freizeit als Gemeinschaft verbrachten. Sehr zur Freude von Tom gab es auch viele Kinder in seinem Alter.

Ich kann nichts anderes sagen, als dass wir uns sehr wohl und willkommen fühlten. Einer der Ältesten, die an diesem Tag vor unserer Tür standen, war ein vierzigjähriger Einheimischer, den ich Stefan nenne. Er war verheiratet und hatte zwei Kinder im Alter von Tom. Aus meiner Erfahrung mit Mr. Big wusste ich, dass es seine „Aufgabe" war, mich unter seine „Fittiche" zu nehmen.

Und es war so in Ordnung. Im Laufe der Zeit entwickelte sich eine Freundschaft zwischen uns. Ähnlich wie Mr. Big war er theokratisch zwar sehr eifrig und glaubte an alle Lehren der Organisation – aber auf der anderen Seite hatte er genau die Coolness, die ich so vermisst hatte. Er brachte mir das Skitourengehen bei und führte mich als Geschäftsmann in die Besonderheiten der Tiroler Wirtschaft ein. Als Familien verbrachten wir viele schöne Stunden zusammen.

Als sich meine wirtschaftliche Misere abzeichnete, war er der Erste, der mir mit Rat und Tat zur Seite stand. Und diese konnte ich auch gut gebrauchen – denn am Horizont braute sich gewaltiges „Unheil" an.

Ich werde der Mutter von Tom niemals den Vorwurf machen, sich damals von mir getrennt zu haben und nach Deutschland „geflüchtet" zu sein – denn wenn es um das Geld geht, hört das Märchen *„In guten wie in schlechten Zeiten"* bei vielen bekanntlich auf.

Als sie im Winter 2010 aufgrund der durch die finanziellen Umstände bedingten psychischen Belastung, mit Tom auf einen Besuch zu ihren Eltern fuhr, teilte sie mir am Tag der Rückreise mit, dass sie nicht wiederkommen werde. Sie stellte mich vor die Wahl, entweder Tirol zu verlassen und nach Deutschland zurückzukehren oder sich von mir zu trennen.

Ich war wie vor den Kopf gestoßen. Denn zu diesem Zeitpunkt standen die Zeichen auf wirtschaftlicher Besserung. Ein Unternehmer fällt – und steht auch wieder auf. Und einige Wochen vorher hatte ich eine neue Idee für ein Business. Zugegebenermaßen wiederum eine Geschäftsidee, die es in dieser Form noch nicht gab – Zweifel waren also durchaus angebracht.

Als Hochburg des Urlaubslandes lebt Tirol fast ausschließlich vom Tourismus und der Fachkräftemangel war schon damals ein gängiges Problem. Ich gründete eine Personalvermittlung für die Hotellerie – und zwar ausschließlich für Zimmermädchen. Wieder lachten alle und hielten es für eine Schnapsidee – alle, bis auf die Hoteliers. Ich war damals der erste, der diese Nische entdeckte und eine Lösung anbot.

Heute, nach fast 15 Jahren, darf ich stolz darauf sein, als Österreichs flächendeckendster Personaldienstleister hunderte von Betrieben mit Personal zu „versorgen" – der Traum eines passiven Einkommens hatte sich erfüllt. Aber das hatte sie damals noch nicht ahnen können. Sie blieb in Deutschland und beantragte die Scheidung.

Etwas erstaunte mich damals ungemein. Mit dem ersten Anruf und einer Schrecksekunde, die relativ schnell verflog, verspürte ich nicht die geringste Trauer. Soeben hatte mir meine Frau gedroht, mich zu verlassen und ich schloss eine Rückkehr noch während dieses Telefonats obligatorisch aus. Ich gab ihr zwei Tage Zeit, mir ihre Entscheidung noch einmal zu bestätigen und eine adäquate Lösung für den Umgang mit Tom zu suchen. Das wars.

Die Entscheidung war gefallen – ohne Wenn und Aber. Und für mich war es an der Zeit, einen endgültigen Entschluss zu fällen. Denn diese, nun völlig unvorhergesehene Wendung, war der letzte Baustein für eine Entscheidung, die seit mehreren Monaten konkrete Formen annahm.

# 5 Monate vorher

## Sommer 2010

Eine Voraussetzung, um sich einer Religion zugehörig zu fühlen, ist der Glaube. Bei Jehovas Zeugen ist der Glaube an die irdischen Segnungen ihres Gottes Jehova, der alle ihre Handlungen überwacht, bewertet und gegebenenfalls auch belohnt, die Grundlage ihres Glaubens. Dazu kommen ihre Einheit, die für alle sichtbar gelebte solidarische Verbundenheit sowie ihre gemeinschaftlichen Zukunftshoffnungen.

Der Ausdruck „es wurde von Jehova gesegnet“ ist eine der elementarsten Grundlehren, die ich bis heute mit der Triebkraft der Organisation verbinde.

Als Kinder gab es für uns keinen noch so schönen Sommertag, keinen Besuch im Schwimmbad und schon gar keinen erholsamen Jahresurlaub, der nicht im direkten Kontext zum Segen Jehovas gezogen wurde.

Alles, aber wirklich alles, was einem im Leben als Zeuge Jehovas Freude bereitet oder nur mit dem geringsten Ansatz als ein Erfolg zu bewerten ist, wird als Zeichen der Segnungen Jehovas interpretiert.

Als Außenstehender ist es sehr schwer, in diese Gedankenwelt eines Zeugen Jehovas hineinzublicken – respektive unmöglich, diese überhaupt nachzuvollziehen.

Nach über zehn Jahren des religiösen Abstandes betrachte ich diese Form der Motivierung mit einer Mischung aus Faszination und Erschrecken. Denn keine andere Motivierung ist als Beweggrund so zielführend, wie menschliche Entscheidungen in den verschiedensten Facetten ihres Lebens mit etwaigen

Segnungen eines einzig wahren Gottes in Kausalität zu bringen.

Schon als Kindern wurde uns diese Art der „Belohnung" glaubhaft gemacht. In der Schule stand eine Geburtstagsfeier an – und wieder einmal ging man morgens mit einem Kloß im Magen in die Klasse. Man wusste genau, welchen Spott man zu ertragen hatte – die Beleidigungen bis hin zu den Schlägen waren nur wenige Gehminuten entfernt. Und während man mit starrem Blick die Augen nach vorne gerichtet hielt und die Klasse dabei beobachtete, wie sie geschlossen in ein heidnisches Lied einstimmte, war es das kurze Stoßgebet zum Himmel, welches einem half, seine Treue zu Gott zu bewahren – natürlich war es das. Und dann hatte man es wieder geschafft: Man widerstand dem weltlichen Druck und befolgte Gottes Gebote. Der Mut wurde durch eine Segnung belohnt– und nur durch diese konnte man die Prüfung überstehen.

Ein Pionier, der einen Großteil seiner Freizeit für das Missionieren nutzt, schafft dies nur durch hohe finanzielle Einbußen. Kostspielige Hobbys sind unmöglich und er ist gezwungen, nahezu jeden Euro zweimal umzudrehen. Bei der nächsten Zusammenkunft erhält der Pionier von einem Glaubensbruder einen Fünfzig-Euro-Schein zugesteckt – es ist der Segen Jehovas, der ihn für seinen Eifer belohnt.

Als Familie hat man sich das ganze Jahr an alle theokratischen Verpflichtungen gehalten. Man hat dreimal die Woche die Zusammenkünfte besucht, die Wochenenden im Predigtdienst verbracht und darüber hinaus sein persönliches Studium intensiviert. Am Ende des Jahres genießt man einen wunderschönen Urlaub, in welchem man neue Kraft für das Jahr sammelt. Es ist der Segen Jehovas, den man jetzt verspürt.

Ein finanziell schlecht aufgestelltes Ehepaar findet durch Zufall einen Umschlag mit Geld. Es zu behalten fällt ihnen aufgrund ihres christlich geschulten Gewissens keine Sekunde ein – also bringen sie es zur nächsten Polizeidienststelle. Einige Wochen später erhält der Ehemann eine Lohnerhöhung seines Arbeitgebers – der Segen Jehovas, er macht reich.

Nachdem ein Verkündiger Jahre damit verbracht hat, Menschen im Haus-zu-Haus Dienst ohne Erfolg einen Bibelkurs anzubieten, trifft er tatsächlich an einem Samstagvormittag jemanden an, der Interesse bekundet und in Folge ein Heimbibelstudium beginnt. Der Segen Jehovas hat ihn an diese Tür gebracht.

Dies sind nur einige Beispiele für eine der Grundmotivationen jedes Zeugen Jehovas, den Geboten seines Gottes gerecht zu werden – die Segnungen, die ihm nicht erst durch das ewige Leben in einem Paradies widerfahren werden, sondern schon zu Lebzeiten.

Das gesamte Religionsgerüst steht und fällt mit dem Glauben an diese Segnungen. Es ist dabei unerheblich, ob es sich um Kinder handelt, die ihre christliche Neutralität in der Schule unter Beweis stellen, um einen jungen Mann, der aufgrund seiner Unparteilichkeit den Wehrdienst ablehnt und dafür ins Gefängnis kommt, um einen Patienten, der durch die Ablehnung einer Bluttransfusion mit dem Tod zu kämpfen hat, um ein Ehepaar, welches sein Leben eher in den Missionarsdienst stellt, anstatt eine Familie zu gründen, oder ein gut verdienender Familienvater, der einen hohen Teil seiner finanziellen Mittel freiwillig für das weltweite Werk der Zeugen Jehovas spendet – hinter jeder dieser Entscheidungen steht die Hoffnung auf Segnungen – und der Glaube daran.

Und auch die Praxis der Exkommunikation und das oftmals

persönliche Leid, welches Personen erdulden müssen, deren Angehörige an „die Welt“ verloren gingen – die imaginären Segnungen helfen ihnen, den Schmerz zu verarbeiten.

Eines ist bei dieser ganzen Thematik selbstverständlich zu berücksichtigen. Viele Religionsgemeinschaft besitzen als Grundlage ihrer Lehren den Glauben an einen Schöpfer und dessen Segnungen.

Es wäre auch vermessen und Ausdruck der Blasphemie, göttliche Segnungen prinzipiell zu bestreiten oder ins Lächerliche zu ziehen.

Ein Großteil der Menschheit ist gläubig, gehört einer Religionsgemeinschaft an und unterwirft sich mit seinem persönlichen Leben einem Gott. Ganze Kulturen wurden in den letzten Jahrtausenden auf dem Glauben an ein Jenseits – welcher Art auch immer – aufgebaut. Das nahm zuweilen aber auch extremistische Formen an. Denkt man an die vielen Kreuzzüge oder die Segnungen der Soldaten und Waffen in den Weltkriegen, zeigt dies unbestritten, dass der Glaube an göttliche Fügungen sogar über das eigene Leben hinausgehen kann.

Nun spielen Kriege und das Segnen von Waffen bei vorliegender Thematik natürlich keine Rolle – aber zwei Beispiele sollen verständlich machen, wie sehr sich die Organisation der Wachtturm-Gesellschaft dieser Lehre bedient, um ihren Mitgliedern glaubhaft zu machen, bestimmte Ergebnisse in der Sphäre von Jehovas Segnungen zu finden – und sie damit unbewusst gefügig zu halten.

Unter dem Titel *„Aktueller Lagebericht der Leitenden Körperschaft"* werden im Stil der "Tagesschau" monatliche Berichte über die Erfolge der Organisation über ihre eigene Webseite an die weltweite Verkündigerschaft gestreamt.

Anfang 2022 erzählte Stephen Lett, Mitglied der leitenden Körperschaft und einer der Kandidaten, die nicht müde darin werden, in theatralischen Reden immer und immer wieder den bevorstehenden Weltuntergang zu verkünden (der dabei mit seiner Aussage *„ des Schlussteils, des Schlussteils, des Schlussteils der letzten Tage ..."* bei vielen in bleibender Erinnerung geblieben ist), seinen Zuhörern von den jetzt erst wieder stattfindenden öffentlichen Zusammenkünften nach über zwei Jahren Corona-Pandemie.

Denn auch Zeugen Jehovas waren von den Folgen der Pandemie nicht verschont geblieben. Öffentliche Zusammenkünfte und Kongresse konnten nicht mehr physisch abgehalten und der Missionarsdienst in bewährter Form nicht durchgeführt werden.

Als im März 2020 die Pandemie ausbrach, hatte ich die zweifelhafte Ehre, im angeblichen Sündenpool von Europas Coronaursprung Ischgl Dutzende von Mitarbeitern zu beschäftigen. Sie gehörten zu den Tausenden von Menschen, die am 14.04.2020 weltweit im Fernsehen zu sehen waren – hektisch und überstürzend aus Tirol flüchtend.

Einen Tag später trat unser Bundeskanzler Sebastian Kurz vor die Presse und verkündete einen landesweiten Lockdown und dabei auch einen von allen bis heute nicht vergessenen Satz:

*„Wir werden auf das Tragen von Masken setzen ... sowie einen Mindestabstand zu anderen Personen halten."*

Damit war Österreich – neben Italien – eines der ersten Länder in der EU, das diese Maßnahmen traf. In den darauffolgenden Tagen kam ein Land nach dem anderen dazu. Merkel in Deutschland, Macron in Frankreich und so weiter – die Geschichte der folgenden zwei Jahre ist jedem bekannt und sicherlich bis heute in bleibender Erinnerung geblieben.

Nicht so der Leitenden Körperschaft der Zeugen Jehovas. Sie haben ihre eigenen Wahrnehmungen aus dieser Epoche. Denn nicht der Politik der einzelnen Länder und Kontinente war es zu verdanken, dass umgehend eine Vielzahl von Sicherheitsbestimmungen erlassen wurde, die zugegebenermaßen mal sinnvoll, mal sinnlos erschienen. Nein – im Zuge des medialen Lageberichts wurde im Wachtturm vom Juli 2022 folgende Erklärung dazu gegeben:

*„Durch den ‚treuen und verständigen Sklaven‘ hat Jesus eine bemerkenswerte Organisation aufgebaut, die hier auf der Erde die reine Anbetung fördert … Jesus sorgt in Krisenzeiten für zuverlässige Anleitung. Das konnte man zum Beispiel beim Ausbruch der Covid-19-Pandemie beobachten. Während weltweit viele Menschen unsicher waren, wie sie sich verhalten sollen, hat uns Jesus durch klare Anweisungen geschützt. Uns wurde geraten, in der Öffentlichkeit Masken zu tragen und Abstand zu halten … Manche hatten vielleicht den Eindruck, unsere Organisation hätte sich in der Pandemie übervorsichtig verhalten. Aber die Anweisungen haben sich immer wieder als begründet erwiesen. Darüber nachzudenken, wie liebevoll Jesus sein Volk anleitet, gibt uns die Sicherheit, dass er und Jehova an unserer Seite sind, was auch immer kommt.“*

Mir ist es bis heute unverständlich, wie man den Mut aufbringen kann, sich im Wachtturm-Studium zu melden und diese dem Absatz zugeteilte Frage, wie sich die Zugehörigkeit zur Organisation während der Pandemie auf Zeugen Jehovas ausgewirkt hat, auf diese Weise zu beantworten. Lagen das Tragen von Masken, die Abstandsregeln, das Versammlungsverbot oder die Ausgangssperren tatsächlich in der Sphäre der Wachtturm-Gesellschaft, erhalten von „ihrem direkten Kanal" in den Himmel oder waren es die Gesetze und Bestimmungen eines Staates – Vorgaben, die auch für Zeugen Jehovas bedeutet hatten, ihre christliche Tätigkeit größtenteils einzustellen?

Ein anderes Beispiel ist das weltweite Predigt- und Lehrwerk der Organisation, welches ausschließlich aus freiwilligen Spenden finanziert und unterhalten wird. Unbestritten ist diese Art der Corporate Finance aus kaufmännischer Sicht unübertroffen und einzigartig. Aber findet man den Ursprung dieser Unternehmensfinanzierung nun in der Sphäre von Segnungen einer höheren Macht? Oder liegt er vielmehr in dem Umstand, dass sich über acht Millionen Mitglieder Monat für Monat motivieren lassen, einen Teil ihrer finanziellen Mittel freiwillig zu spenden?

Ist es einer „höheren Macht" zu verdanken, dass man Hunderte von Millionen Dollar Rendite an dem Verkauf von Immobilien erzielt – bei gleichzeitigem Wegfall fast sämtlicher Personalkosten durch den Einsatz freiwilliger Helfer?

Die Wahrheit liegt mal wieder im Auge des Betrachters. Milliarden von gläubigen Menschen jeglicher Religionsgemeinschaften finden ihre persönliche Legitimation für göttliche Segnungen in den unterschiedlichsten Episoden ihres Lebens.

Nichts ist so individuell und facettenreich wie spirituelle Erfahrungen, die gläubige Menschen mit ihrem Glauben verbinden – und dies sollte man auch niemals spöttisch betrachten oder die Gefühle solcher Personen durch Ignoranz verletzen.

Für mich als rational denkenden Menschen steht allerdings die gesamte „Segnungsthematik" bei Zeugen Jehovas unter einem einzigen Vertriebsgrundsatz:

*Das Gesetz der großen Zahl – je mehr man in den Topf hineinschmeißt, desto höher die Wahrscheinlichkeit, unten ein produktives Ergebnis zu erhalten.*

Es wird seinen Sinn haben, dass man von Seiten der Wachtturm-Gesellschaft niemals Informationen über die tatsächlichen Spendeneinnahmen erhält. Was man aber sehr wohl erhält, sind regelmäßige Ermunterungen, Jehova mit seinen wertvollen Gaben zu dienen.

In einer Ausgabe vom Streamingdienst „JW ORG" aus 2015 war es wieder Mr. Lett, der seine Zuhörer zu Beginn mit den Worten aus Sprüche 3:9 aufforderte:

*„Ehre Jehova mit deinen wertvollen Dingen und mit den Erstlingen deines ganzen Ertrages."*

Um es für alle auch verständlich zu machen, erklärte er weiter, dass es sich bei den wertvollen Dingen um Zeit, Geld und Besitz handeln würde – mit diesen Mitteln könne man die Organisation unterstützen. Und dies hatte seinen Grund. Denn er sprach von einer *„Analyse, aus der hervorging, dass wesentlich* *mehr Ausgaben auf uns zukommen, als wir durch Spenden einnehmen werden …"* Die Aufstellung blieb er seinen Zuhörern leider bis heute schuldig.

Wie man es auch dreht und wendet: Eins ist meiner Meinung nach sicherlich nicht dafür verantwortlich, dass das Imperium der Wachtturm-Gesellschaft immer größer wird – göttliche Segnungen.

Aber sehr wohl sind das Versprechen und die Zusicherung auf göttliche Segnungen für den EINZELNEN – für den Fall, dass er seine finanziellen Ressourcen der Organisation zur Verfügung stellt – Hauptmotivationen für diese besondere Art der Spende. Im Endeffekt schließt sich der Kreis damit wieder – und es sind dann wohl doch die „Segnungen", die dafür verantwortlich sind; die Wahrheit liegt halt immer im Auge des Betrachters.

Mein persönliches Fazit steht damit fest. Berücksichtigt man den Sinn eines Kontrollsystems, so ist die Lehre von unmittelbar folgenden Segnungen, bei Einhaltung vorgegebener Parameter, als Hebel für höchste Produktivität und Folgsamkeit zu betrachten – auch, beziehungsweise vor ALLEM, im religiösen Bereich. Denn mit dem Glauben an eine solche spirituelle Anerkennung lassen sich jegliche Anweisungen, Gesetze, Gebote oder auch nur Anregungen nachhaltig vermitteln.

Denn nun steht in Folge hinter jeder solcher Instruktionen ein Nachsatz: „Jehova wird dich für deine Anstrengungen segnen". Dies ist der Grundtenor jeder noch heute veröffentlichten Publikation, sei es gedruckt oder in den neuen Medien.

Persönlich muss ich zugeben, zu jedem Zeitpunkt meines theokratischen Lebens und auch noch lange Zeit danach an diese Lehre geglaubt zu haben.

Ich hatte genügend Selbstreflexion, um zu akzeptieren, dass ich überhaupt keine Freude und keinen Eifer in der Theokratie erlangen konnte, wenn mein Lebenswandel im drastischen Gegensatz zu den Lehren der Organisation stand – respektive diese noch nicht einmal als Sprachrohr Jehovas akzeptierte.

Woher sollte ich also Freude beim Missionieren oder Interesse am Studium der Bibel empfinden, wenn ich schon die angeblichen Grundlehren der Bibel nicht anerkannte. Ich versperrte mich damit selbst gegen alle Segnungen. Dies wurde mir zwar niemals offen suggeriert, aber ich nahm es aufgrund der Belehrung für mich als Tatsache an.

All die Kritik, die Ungereimtheiten, die sich mehr und mehr auftaten, wurden von mir ignoriert – der geschlossene Kreis hatte mich viel zu sehr im Griff.

Im Endeffekt war es eine einzige Causa. Eine einzige Begebenheit war der sprichwörtliche Tropfen, der das Fass im Sommer 2010 zum Überlaufen gebracht hat.

Sind Jehovas Zeugen eine Sekte?

Wenige Fest- bzw. Fragestellungen sind so polarisierend, wie die „Anmaßung“ zu besitzen, die Religionsgemeinschaft der Zeugen Jehovas in Verbindung zu einer Sekte oder sektiererischen Verhaltensmustern zu bringen – unabhängig davon, dass das Wort *„Sekte“* lediglich aussagt, dass die Gemeinschaft der Absplitterung einer „Mutterreligion“ entstammt.

Aus diesem Grund werden in der Neuzeit solche Bewegungen meist als *„religiöse Sondergemeinschaft“* tituliert.

Auch wenn das Wort an sich also keine Beleidigung oder Diffamierung im eigentlichen Sinne darstellt, gleicht es doch einem sprichwörtlichen „Stich ins Wespennest“, einen solchen Vergleich überhaupt nur in Betracht zu ziehen.

Denn Zeugen Jehovas sehen sich nicht als Absplitterung des Urchristentums – dessen Zugehörigkeit eigentlich naheliegend wäre – sondern als EINZIG wahre Christen, die mit dem Christentum der Weltreligionen nichts gemein haben.

Es verwundert daher nicht, dass es Anfang der neunziger Jahre im Kreise der Zeugen Jehovas ein Thema gab, das weltweit ausgiebigst diskutiert und dessen Ausgang mit Spannung erwartet wurde:

Der Antrag auf Anerkennung als Körperschaft des öffentlichen Rechts und damit als anerkannte Religionsgemeinschaft, die den großen Weltreligionen gleichgestellt wird.

Wie kam es dazu?

Seit dem Jahr 1921 waren Zeugen Jehovas in Deutschland lediglich als Körperschaft registriert. Rechtlich gesehen waren damit sowohl die deutsche Zentrale in Selters als auch die vielen tausend Gemeinden eigenständige Rechtskörperschaften.

Die Konsequenz war, dass ohne die Anerkennung der öffentlichen Körperschaftsrechte die Organisation nicht als anerkannte Religionsgemeinschaft angesehen wurde – juristisch betrachtet hatten sie dieselben Rechte und Pflichten wie ein Fußballverein. Damit die Organisation landesweit als Körperschaft des öffentlichen Rechts registriert wird, war es notwendig, dies zuerst in dem Bundesland durchzusetzen, in dem sich der Hauptsitz der Religionsgemeinschaft befindet – erst danach kann im Erfolgsfall auch in allen anderen Bundesländern dieser Status beantragt werden. Und dies war Berlin.

Ich kann mich an diese Epoche noch sehr gut erinnern. Im Endeffekt hat es zwar 26 Jahre gedauert, bis die Zeugen Jehovas diesen Status in ganz Deutschland rechtskräftig erhielten, begonnen hatte dieses Verfahren aber bereits kurz vor meiner Taufe 1990.

Es verging keine Zusammenkunft, kein Kongress, kein Familienstudium und kein anderes religiöses Treffen, in welchem nicht um heiligen Geist und Segen für den positiven Ausgang des Verfahrens gebetet wurde – das Erlangen eines solchen Status war der Organisation augenscheinlich sehr wichtig.

Uns allen war klar, dass es bei diesem Bestreben nicht das primäre Ziel der Wachtturm-Gesellschaft war, mit der Gleichsetzung der Weltreligionen Privilegien wie die Erhebung von Kirchensteuern oder die Möglichkeit des Religionsunterrichtes zu erlangen. Und auch die Verschlankung beziehungsweise der Wegfall der komplizierten Organisationsstruktur – besonders in steuerlichen und verwaltungsrechtlichen Themengebieten tausender eigenständiger Vereine – stand nicht im Vordergrund.

Nein, es waren meiner Meinung nach vor allem Prestigegründe. Mit einer solchen Registrierung würde ein für alle Mal auch juristisch geklärt sein, dass Jehovas Zeugen keine Sekte, sondern eine von der Öffentlichkeit und weltlichen Gerichten anerkannte Religionsgemeinschaft wären.

Denn zu diesem Zeitpunkt konnte man keine zufriedenstellende Erwiderung auf den Vorwurf der Sektenzugehörigkeit entgegenzusetzen.

Die allerwenigsten Zeugen Jehovas haben ein juristisches Grundwissen und noch viel weniger kennen sie sich mit dem komplizierten Rechtssystem des Verwaltungsrechtes aus – Rechtsmittel, Instanzen oder Ergänzungsersuche sind für die allermeisten ein Fremdwort; und das ist auch kein Vorwurf.

In den neunziger Jahren gab es noch kein Internet, kein Google, keine Smartphones und keine digitalen Medien, mittels der man sich über den Fortlauf eines Gerichtsverfahrens unkompliziert hätte kundig machen können.

Das Einzige, was wir als normale „Verkündiger" wussten, war die Tatsache, dass man einen sehr langen Atem beweisen musste, bis das Verfahren irgendwann mal beendet wäre – mit welchem Ausgang auch immer. Wirkliche Neuigkeiten erhielten wir immer nur über fünf Ecken – und genauso subjektiv waren diese oftmals.

2001 kam erstmals Bewegung in die Causa – zumindest für die Allgemeinheit. Das Bundesverfassungsgericht kippte aufgrund offener Rechtsfragen ein Urteil der Vorinstanz und beauftragte das Bundesverwaltungsgericht in dem Verfahren der Zeugen Jehovas, erneut zu verhandeln.

Als Begründung wurde im Wachtturm vom 15.08.2001 Folgendes gesagt:

*„.... bei dieser Gelegenheit definierte das Bundesverfassungsgericht das grundlegende Verhältnis zwischen Staat und Religionsgemeinschaften. Ob einer Religionsgemeinschaft der Körperschaftsstatus zuerkannt werden kann oder nicht, richte sich*

*‚nicht nach ihrem Glauben, sondern nach ihrem Verhalten'. Wie das Gericht ebenfalls feststellte, richten sich die Bestrebungen der Zeugen Jehovas auf ein Leben in ‚christlicher Neutralität'. Sie würden das Demokratieprinzip nicht angreifen und wollten die Demokratie nicht durch eine andere Staatsform ersetzen. Die Nichtbeteiligung an politischen Wahlen rechtfertige nicht, den Zeugen Jehovas den Körperschaftsstatus zu versagen ... Nach Ansicht des Gerichts sei es bekannt, dass sich einige religiöse Menschen — seien es Zeugen Jehovas oder Angehörige einer anderen Glaubensgemeinschaft — auf Grund ihres Gewissens verpflichtet fühlen, in einem unausweichlichen Konfliktfall ihren Glaubensgeboten mehr zu gehorchen als den Geboten des Rechts. Es sei nicht ausgeschlossen, dass eine solche Gewissensentscheidung unter den Schutz der Religionsfreiheit falle. Das Urteil des Gerichts machte Schlagzeilen. Es gab kaum eine deutsche Tageszeitung, die nicht über den Fall berichtete. Alle bedeutenden Fernseh- und Rundfunkanstalten brachten Berichte und Interviews. Nie zuvor stand der Name Jehovas in Deutschland so sehr im Blickpunkt der Öffentlichkeit."*

Für jeden Zeugen Jehovas war die Sachlage damals klar und verständlich. Da als Zeuge Jehovas die christliche Neutralität eine grundlegende Charakteristik darstellt, war es für uns alle nachvollziehbar, dass dies von den Gerichten genauestens geprüft werden musste. Denn wie kann sich eine Körperschaft des öffentlichen Rechts als eine solche legitimieren, wenn sie den Staat nicht anerkennt und dies unter anderem durch die Weigerung der Teilnahme an demokratischen Wahlen zum Ausdruck bringt?

Für die Wachtturm-Gesellschaft war diese Entscheidung ein Quantensprung. Denn als Zeugen Jehovas waren wir uns bewusst, dass wir den Staat sehr wohl als Institution anerkennen und unsere grundlegende Weigerung des Wählens einer Partei keinen Ausdruck der Staatsverachtung darstellt. Es war für uns also nur eine Frage der Zeit, bis die Rechtsabteilung der Zeugen Jehovas dies auch formal vor Gericht verifizieren würde. Jehova segnete das Verfahren – nichts anderes war der weltweite Tenor.

Und dann war es endlich soweit. Am 24. März 2005 entschied das Oberverwaltungsgericht Berlin, dass Jehovas Zeugen in Deutschland der Status einer Körperschaft des öffentlichen Rechts verliehen wird. Jeder Zeuge Jehovas kann sich an diesen Moment erinnern. Wir hatten es geschafft. Ab sofort waren wir – zumindest in Berlin – der katholischen und evangelischen Kirche sowie vielen anderen Weltreligionen gleichgestellt. Vorbei die Jahre der Erniedrigung in der wir uns als Sekte haben titulieren müssen.

Aber noch etwas kam hinzu. Ein langjähriger Zeuge Jehovas erklärte damals: *„Da eine Religionsgemeinschaft nur dann Körperschaftsrechte bekommt, wenn sie sich in jeglicher Hinsicht gesetzestreu verhält, können viele Falschanklagen gegenüber Jehovas Zeugen widerlegt werden."*

Genau das war die Schlussfolgerung vieler damaliger Zeugen Jehovas. Denn nun hatten sogar „weltliche Gerichte" und nicht nur die Organisation selbst die Religionsgemeinschaft auf Herz und Nieren geprüft und keinen Gesetzesverstoß irgendeiner Art feststellen können. SIE hatten also wieder einmal Recht gehabt.

All die verleumderischen Anklagen, die Lügen und Anfeindungen, die immer wieder von Seiten Abtrünniger gegen uns publik gemacht wurden, waren verkehrt gewesen. Wir waren alle stolz, Teil dieser Epoche zu sein und die Segnungen unseres Gottes persönlich so erlebt haben zu dürfen.

# CUT

Im Sommer 2010 saß ich in meinem Büro in Innsbruck, als mich ein alter Freund aus „Wiesbadener Zeiten" anrief. Wir standen immer mal wieder in Kontakt und ab und zu telefonierten wir auch mal länger. Er war bereits seit fast zwanzig Jahren aus der Organisation ausgetreten und hatte sich ein neues Leben in Frankfurt aufgebaut.

Er berichtete mir von einem *„unglaublichen Fund im Internet",* den er mir nicht vorenthalten wollte. Ich war neugierig und an einem Freitagabend erhielt ich per Mail das 37-seitige Urteil des Oberverwaltungsgerichtes Berlin zum Anerkennungsverfahren der Zeugen Jehovas aus 2005.

Ich las es. Ich las es ein zweites Mal. Und als ich es am nächsten Morgen ein drittes Mal studierte, war für mich klar, dass meine Zeit als Zeuge Jehovas nun enden würde.

Ich bin von Jura fasziniert. Wenn es eine Sache geben würde, die ich in meinem Leben rückwirkend ändern könnte, dann wäre es meine Berufswahl. Aufgrund meines Business bin ich immer wieder in Verwaltungsstrafverfahren involviert. In den vergangenen 15 Jahren habe ich in Dutzenden Verfahren prozessiert und bis auf einige wenige alle gewonnen. Ich finde es faszinierend, für die Beantwortung von Rechtsfragen in der Judikatur nach Präzedenzfällen zu suchen und die Kausalität zwischen den Fällen herauszuarbeiten.

Noch interessanter sind die verschiedenen Instanzen, in denen man mitunter die Möglichkeit hat, neue Beweise und Anträge einzubringen und so oftmals „Fehler" der Vorinstanz zu revidieren; finde die Schwachstelle in deinem Gegner und nutze sie für deine Vorteile. Das Verfahren um die Anerkennung der Zeugen Jehovas zur Körperschaft des öffentlichen Rechts ist ein Musterbeispiel für eine Prozessführung unter Ausschöpfung sämtlicher Rechtsmittel.

Ich möchte es an dieser Stelle nicht zu kompliziert halten und versuche deshalb möglichst für jeden Leser verständlich die ersten fünfzehn Jahre des bis 2017 andauernden Rechtsstreites zusammenzufassen. Die teilweise zitierten Urteile sind allesamt im Internet der jeweiligen Gerichte zu finden.

Am 23.10.1990 bat die Religionsgemeinschaft der Zeugen Jehovas das Land Berlin um Bestätigung ihrer Rechtsstellung als Körperschaft des öffentlichen Rechts – beziehungsweise, diese als solche anzuerkennen.

Da der Ministerrat der DDR Jehovas Zeugen bereits VOR der Wiedervereinigung als Religionsgemeinschaft anerkannt hatte, wurde daher einmal die Bestätigung dieser Anerkennung beziehungsweise im Fall der Ablehnung die Anerkennung derselben ersucht.

Im April 1993 wurden vom Land Berlin per Bescheid beide Anträge abgelehnt.

Als Begründung wurde erläutert, dass die Ablehnung unter

anderem aus dem Verbot der Teilnahme an politischen Wahlen resultiere, da dies ein Indiz für den eindeutigen Widerspruch zum Demokratieprinzip sei. Auch die strikte Ablehnung aller anderen Religionen ließe Zweifel an den gesetzlichen Voraussetzungen aufkommen.

Nun wurde, aufgrund der ablehnenden Bescheide, Klage vor dem Verwaltungsgericht Berlin erhoben. Das erste Ansuchen wurde vom Gericht per Urteil vom 25.10.1993 ebenfalls abgelehnt – wobei in Punkt zwei FÜR die Religionsgemeinschaft entschieden wurde. Das Land Berlin sollte also Jehovas Zeugen die Rechtsstellung einer Körperschaft des öffentlichen Rechts verleihen.

Sowohl das Land Berlin als auch Jehovas Zeugen gingen nun vor das Oberverwaltungsgericht in Berufung, um das jeweils verlorene Urteil der Vorinstanz zu bekämpfen.

Im Dezember 1995 wies der Senat jedoch beide Berufungen zurück und bestätigte damit automatisch die Entscheidung des zweiten Antrags der Vorinstanz – Jehovas Zeugen hatten gewonnen und konnten ihren Rechtsanspruch von Berlin einfordern. Die begehrte Anerkennung aus Zeiten der DDR war damit ohnehin irrelevant.

Berlin war verständlicherweise mit diesem Ausgang nicht einverstanden und bediente sich dem Rechtsmittel der Revision – und gewann. Im Juni 1997 stellte nun auch das Bundesverwaltungsgericht fest, dass die ablehnende Haltung der Zeugen Jehovas gegen die Wahlteilnahme einen verfassungsrechtlich nicht hinnehmbaren Widerspruch zum Demokratieprinzip darstellt, welche wiederum zum unantastbaren Kernbestand der Verfassung gehört. Wieder ein Punkt für Berlin. Nun blieb

Jehovas Zeugen nichts anderes mehr übrig, als eine Verfassungsbeschwerde einzureichen – und damit das letzte Rechtsmittel auszuschöpfen.

Im Jahr 2000 entschied das Bundesverfassungsgericht zugunsten von Jehovas Zeugen. So, wie wir es als Verkündiger zum damaligen Zeitpunkt vermittelt bekamen, befand das Verfassungsgericht, dass die bloße Feststellung der politischen Neutralität noch kein Anhaltspunkt für die endgültige Verweigerung des Rechtsanspruches einer Körperschaft des öffentlichen Rechts darstellen kann. Das BVG entschied daher, diese Rechtsfrage noch einmal aufarbeiten zu lassen und aufgrund der DANN erst adaptierten und vorliegenden Erkenntnisse erneut über den Antrag zu entscheiden. Diese gerichtliche Entscheidung wäre dann bindend.

Nach fünf Jahren kam das Oberverwaltungsgericht zu dem Schluss, dass die Haltung von Jehovas Zeugen in Sachen politischer Neutralität nicht als Ausschlusskriterium für das Erlangen der Rechtskörperschaft dargestellt werden kann und entschied somit in letzter Instanz, dass Jehovas Zeugen als Körperschaft des öffentlichen Rechts registriert werden müssen.

Und genau an dieser Stelle machen wir jetzt einen zweiten CUT.

Denn die Beschreibung der Ereignisse ist so nicht ansatzweise vollständig und transparent. Ab dem Zeitpunkt, an dem Jehovas Zeugen im Jahr 1997 das letzte Rechtsmittel der Verfassungsbeschwerde in Anspruch genommen hatten, gab es eine Vielzahl von Ereignissen, die man nirgendwo in den offiziellen Publikationen der Wachtturm-Gesellschaft in seiner Komplexität findet – aus juristischer Vorsicht weise ich darauf hin, dass es sich meiner Kenntnis entzieht, ob zu irgendeinem Zeitpunkt dazu Informationsmaterial an die Ältesten herausgegeben wurde. Außerdem gab es im Jahrbuch aus 2002 und 2004 genau einen (!) Satz, der das Thema kurz aufgriff.

Spulen wir zu dem Jahr 1997 zurück. Denn alles, was auf den letzten Seiten dazu beschrieben wurde, war nur das, was uns als Masse der Verkündiger vermittelt wurde. Und dies entspricht nur der halben Wahrheit.

# Die Wahrheit liegt irgendwo in der Mitte

Bundesverfassungsgericht
AZ – 2 BvR 1500 /97
19.12.2000

Das Bundesverfassungsgericht wurde von Jehovas Zeugen 1997 mit dem Rechtsmittel der Verfassungsbeschwerde angerufen, um das Urteil des Bundesverwaltungsgerichtes nach verfassungsrechtlichen Bestimmungen zu überprüfen.

Wir erinnern uns, dass das BVerwG 1997 zu dem Schluss kam, Jehovas Zeugen aufgrund des Verbotes der Wahlteilnahme ein verfassungsrechtlich nicht hinnehmbares Verhalten zu testieren und so die Anerkennung zu verwehren.

Das Bundesverfassungsgericht fällte nun ein tatsächlich einmaliges Urteil, in welchem es das Urteil vom BVerwG wieder aufhob und an selbiges Gericht zurückwies.

Im juristischen Jargon bedeutet eine solche Entscheidung der nächsthöheren Instanz, dass das bekämpfte Urteil aufgrund unzureichender Sachverhalte überprüft und neu entschieden werden muss. Denn nun befand das Bundesverfassungsgericht, dass unabhängig des Sachverhaltes ein Verbot der politischen Wahlteilnahme als Alleinstellungsmerkmal noch keinen abschließenden Verweigerungsgrund rechtfertigen kann, und WEITERE Erhebungen unterblieben sind, um eine solche Rechtsstellung dem Grunde nach zu verifizieren.

Hierbei wurde ausdrücklich betont, dass geprüft werden muss, ob eventuell Grundrechte Dritter durch die Verleihung der Körperschaftsrechte gefährdet sind. Aufgrund der Zuständigkeit verwies das BVerwG, nun mit dem Urteil aus 2001, das Verfahren an das Oberverwaltungsgericht Berlin zurück, um ihm wegen eines zu großzügigen Verständnisses von den rechtlichen Verleihungsvoraussetzungen eine weitere Sachaufklärung zu möglicher Gefährdung Dritter aufzutragen.

Und das Oberverwaltungsgericht Berlin hatte als nunmehr letzte Instanz in dieser Causa folgende drei Sachverhalte zu klären, um abschließend beurteilen zu können, ob die Religionsgemeinschaft der Zeugen Jehovas berechtigt ist, als eingetragene Religionsgemeinschaft tituliert zu werden.

*AZ – OVG 2 B 12.01. – ab Seite 5*
*Weitere Sachaufklärung zur möglichen Gefährdung Dritter*

Folgende offene Punkte waren zu klären:

1. Aufklärungsbedarf bestehe vor allem in Bezug auf die Frage, ob die Religionsgemeinschaft aktiv (z.B. durch Ausübung von Druck, durch Drohungen oder durch "Gemeinschaftsentzug") darauf hinwirke, im Fall der Weigerung von Eltern, der Bluttransfusion bei ihren noch nicht einsichtsfähigen Kindern auch dann nicht zuzustimmen, wenn sie nach ärztlicher Beurteilung das einzig lebenserhaltende Mittel sei, staatliche Schutzmaßnahmen zu erschweren oder gar zu verhindern.

2. Der Aufklärung bedürfe ferner, ob die Religionsgemeinschaft gegenüber den in der Gemeinschaft verbliebenen Familienmitgliedern in einer den Bestand der Familie oder der Ehe gefährdenden Weise aktiv darauf hinarbeite, dass diese den Kontakt zu aus der Gemeinschaft ausgetretenen oder ausgeschlossenen Angehörigen auf das absolut Notwendige beschränken oder ganz aufgeben. Ein solches aktives Hinarbeiten auf eine Trennung von Ehepartnern oder Familien stelle einen ausreichenden Grund für die Versagung des Körperschaftsstatus dar. Habe der Austritt aus der Gemeinschaft typischerweise derartige Konsequenzen, wirke sich dies regelmäßig auch als nachhaltige Sperre gegen einen Austritt aus. Ein solches Verhalten – sei es als schwerwiegende Nebenfolge, sei es als gezielte Maßnahme – gefährde zugleich das Grundrecht der Austrittswilligen aus Art. 4 Abs. 1 und 2 GG, welches das Recht umfasse, mit Wirkung für den Bereich des staatlichen Rechts aus der Religionsgemeinschaft auszutreten. Als gezielte Maßnahme wäre ein solches Festhalten austrittswilliger Mitglieder mit vom Grundgesetz missbilligten Mitteln (Art. 6 Abs. 1 GG) ein Grund, der der Verleihung der Körperschaftsrechte entgegenstehen könne.

3. Ein Versagungsgrund sei schließlich vorhanden, wenn durch das Verhalten der Religionsgemeinschaft, insbesondere durch verbindliche Vorgaben an die Eltern zur Erziehung, die Entwicklung von Kindern zu eigenverantwortlichen Persönlichkeiten innerhalb

> der sozialen Gemeinschaft in einem Maße beeinträchtigt werde, dass eine Gefährdung des Kindeswohls zu besorgen wäre. Hierfür biete der bisherige Vortrag des Landes Berlin allerdings (noch) keine genügenden Anhaltspunkte. Das Verbot, Kontakt zu „Nichtgläubigen" zu halten oder an "weltlichen" Veranstaltungen teilzunehmen, könne die Kinder zwar zu Außenseitern machen; das allein könne jedoch mit einer Gefährdung des Kindeswohls nicht gleichgesetzt werden.

An dieser Stelle greife ich den Punkt drei vor. Um es kurz zu machen:

Das Gericht sah es als erwiesen an, dass das Kindeswohl zu keinem Zeitpunkt gefährdet ist – und das meiner Meinung nach zu Recht. Man kann darüber streiten, ob die Richtlinien der theokratischen Kindererziehung überzogen oder zu streng ausgelegt sind, aber sicherlich handelt es sich nicht um Kindeswohlgefährdung,

Zu welchem Schluss kam das Gericht in Sachen der Blutfrage?

Zusammenfassend kam das Gericht zu einem Ergebnis, welches die starre Haltung von Jehovas Zeugen in Sachen Bluttransfusionen NICHT als einen Grund verifizierte, den begehrten Rechtsstatus zu verwehren.

Jedem Leser sei es aber nun selbst überlassen zu beurteilen, ob sich die Organisation damit einen Freifahrtschein gegen den Vorwurf des Extremismus eingeholt hat oder nicht.

Im Hauptverfahren selbst unternahm die Wachtturm-Gesellschaft gar nicht erst den Versuch, ihre Haltung in dieser Frage vom Grundsatz her zu bestreiten oder zu bagatellisieren, vielmehr hielt sie sich an „sachliche" Fakten, die ihre religiöse Einflussnahme – trotz der jahrzehntelangen Lehren und hunderten veröffentlichten Publikationen – gegenüber ihren Mitgliedern nahezu gegen null schraubten.

Dass die RELIGIONSGEMEINSCHAFT an sich überhaupt *„keine Kenntnis über den Einzelfall"* von sich aktuell in Lebensgefahr befindenden Kindern und der eventuell anstehenden Entscheidung, eine Bluttransfusion zu bewilligen, besitzt, ist juristisch gesehen korrekt, Kenntnis haben nämlich nur die Ältesten der Ortsversammlung und die sind ein unabhängiger Verein. Sofern die Eltern nicht selbstständig um Hilfe ansuchen, ist die Wachtturm-Gesellschaft als Rechtsform daher „unwissend".

Auch, dass es eine Gewissenentscheidung des einzelnen Mitglieds darstellt, sich gewisse *„einzelne Fraktionen aus Hauptblutbestandteilen sowie Eigenblut, welches vorher NICHT eingelagert"* ist, verabreichen zu lassen, ist juristisch betrachtet ebenfalls korrekt. Dass es sich bei diesen Möglichkeiten allerdings nur um einen kleinen Anteil gängiger Transfusionen handelt, wollte man an dieser Stelle nicht weiter thematisieren.

Für das Gericht waren aber vor allem zwei weitere Argumente als Beweis ausschlaggebend, die testieren sollten, dass die Wachtturm-Gesellschaft keinen unmittelbaren Einfluss auf die FREIWILLIGE Entscheidung eines jeden Zeugen Jehovas in Blutfragen hat.

Zum einen stellte sich die Organisation auf den Standpunkt, dass ihr „Einlenken" bei einem gerichtlichen Vormundschaftsentzug Beweis genug für die *„Fügung staatlicher Anordnungen"* wäre. Insbesondere stellte das Gericht fest, dass die Religionsgemeinschaft nicht *„aktiv darauf hinwirkt, den zeitweisen Entzug* *des elterlichen Sorgerechts zu unterlaufen oder eine zwangsweise Transfusion zu verhindern."*

Selbst die Tatsache, dass die Religionsgemeinschaft die Zustimmung einer Bluttransfusion bei minderjährigen Kindern ausdrücklich untersagt – selbst, wenn diese nach ärztlicher Einschätzung sogar das einzige Mittel wäre, um das Leben zu retten – rechtfertigt dies die Versagung des Körperschaftsstatus nicht. Das Krankenhaus würde jederzeit die Möglichkeit besitzen, sich über das Familiengericht die Zustimmung einer solchen Behandlung einzuholen.

Auf gut Deutsch: Weil sich Eltern dem gerichtlichen Urteil eines Sorgerechtsentzuges irgendwann zwangsweise fügen MÜSSEN und dem Kind am Ende des Tages damit eine Bluttransfusion doch noch ermöglichen, spricht dies gegen eine Gefährdung Dritter.

Welche anderen Möglichkeiten hätten aber Jehovas Zeugen? Ist die Tatsache, dass sie ihre Kinder mangels Anratens der Organisation nicht aus dem Krankenhaus „entführen und verschleppen" ein Beweis, dass keine Gefährdung vorliegt? Wie ist es mit dem Risiko der Kindesgefährdung, wenn eine Transfusion aufgrund des laufenden Rechtsverfahrens oder dem Ausschöpfen der Rechtsmittel nicht verabreicht werden kann?

Darüber hinaus wurde mit keiner Silbe die seit Jahrzehnten gelehrte Propaganda erwähnt, die die Verweigerung von Blut in direkten Kontext zum Gehorsam gegenüber Gott und seiner Organisation stellt. Ein damit bestehender *„psychischer Druck der Organisation gegen Eltern, die vor einer solchen wichtigen Entscheidung stehen"*, wurde ausdrücklich bestritten und vom Gericht auch daher nicht weiterverfolgt.

Wie sieht es nun mit der Sanktion der Exkommunikation aus? Konnte diese, als verfassungsgefährdende Einflussnahme der Religionsgemeinschaft auf seine Mitglieder, für eine Verweigerung des Körperschaftsstaus geltend gemacht werden?

Seit den fünfziger Jahren wurden Jehovas Zeugen aufgrund der freiwilligen Verabreichung einer Bluttransfusion exkommuniziert. Es war gängige Praxis, in einem solchen Fall den „Sünder“ vor ein Rechtskomitee zu stellen, welches dann über Schuld und Unschuld entschied – sofern er seine vielleicht durch eine Transfusion lebensrettende Operation nicht bereute, wurde er ausgeschlossen. Diese Tatsache ist unbestritten und man kann sie noch heute in den Publikationen der Wachtturm-Gesellschaft nachlesen. *(siehe z.B. Wachtturm vom 15.03.1961)*

Im Urteil des OVG findet man nun auf Seite 14 folgende juristische Feststellung zu dem Einfluss der Organisation auf ihre Mitglieder:

*„Einfluss auf ihren Status als Mitglied der Religionsgemeinschaft habe dies nicht. Entschieden sich Eltern allerdings grundsätzlich für die Einwilligung in Bluttransfusionen, so werde dies als Austritt aus der Gemeinschaft gewertet. Das entspreche der seit 1998 geübten Praxis. Das früher praktizierte Ausschlussverfahren vor einem Rechtskomitee sei aufgegeben worden.“*

Als ich diesen Absatz las, war mir mit einem Mal bewusst, welchen genialen Schachzug die Leitende Körperschaft und deren Rechtsabteilung hier gezogen haben.

Selbstverständlich wollen wir nicht unterstellen, dass sie eine seit über fünfzig Jahren gängige Praxis der Exkommunikation genau in dem Jahr adaptierten, in dem man den Körperschaftsstatus begehrte – ein Schelm, wer Böses dabei denkt.

Tatsache ist aber, dass die Leitende Körperschaft tatsächlich entschied, dass die freiwillige Zustimmung einer Bluttransfusion – sogar ohne die spätere Reue – KEINEN Grund der Exkommunikation mehr darstellt. Und sie ging noch einen Schritt weiter. Offiziell wurden die Ältesten angewiesen, in diesem Fall kein RECHTSKOMITEE mehr zu bilden. *(Quelle 19)*

Mit dieser Adaptierung nahm die Organisation dem größten Einwand des Landes Berlin gegen die Bewilligung des Körperschaftsstatus den kompletten Wind aus den Segeln.

In Wahrheit wurde das Kind aber nur anders genannt.

Paul Gillies, der Sprecher der Zeugen Jehovas in London fasst das ganze einige Jahre später wie folgt zusammen:

Sofern sich ein Zeuge Jehovas ab diesem Zeitpunkt eine Bluttransfusion verabreichen lässt und diesen Schritt später nicht bereut, *„stellt er damit klar, dass er kein Zeuge Jehovas mehr sein will. Das Individuum widerruft durch seine Handlungsweise seine Mitgliedschaft, statt dass dieser Schritt von der Versammlung eingeleitet wird. Diese Vorgehensweise ... stellt eine verfahrenstechnische Veränderung dar, insofern dass in solchen Fällen nicht mehr die Versammlung die Initiative ergreift, um die Mitgliedschaft zu widerrufen. Das Endergebnis ist jedoch dasselbe; das Individuum wird nicht mehr als Glied der christlichen Versammlung der Zeugen Jehovas angesehen, da es das biblische Verbot, sich des Blutes zu enthalten, nicht mehr akzeptiert und befolgt."*

Dies unterstreicht auch die soeben zitierte Anweisung an die Ältesten, dass im Fall mangelnder Reue zwar *„kein Rechtskomitee mehr nötig ist aber bekannt gegeben wird, dass der Betreffende kein Zeuge Jehovas mehr ist." (Quelle 14)*

Die leitende Körperschaft hat im Zuge des gesamten Verfahrens die persönliche Entscheidung einer Bluttransfusion aus der Zuständigkeit eines Rechtskomitees herausgenommen und – wie es so schön zitiert wurde – dem „Individuum" ein freiwilliges Verlassen der Gemeinde testiert. Das Ergebnis ist genau das Gleiche – der Betreffende droht Gefahr, geächtet und verstoßen zu werden.

Wie verhielt es sich nun mit dem dritten Themenkomplex, den das Gericht zu prüfen hatte?

Erinnern wir uns:

Einen ausreichenden Grund für die Versagung des Körperschaftsstatus stellte es nach Auffassung des Bundesverwaltungsgerichts dar, wenn Jehovas Zeugen AKTIV darauf hinarbeiten würden, ein ausgetretenes ODER ausgeschlossenes Familienmitglied von ihren in der Religionsgemeinschaft verbleibenden Familienangehörigen in einer Weise auszugrenzen, die den geschützten Bestand von Ehe und Familie gefährdet. Ein derartiges „aktives Hinarbeiten auf eine Trennung von Ehepartnern und Familien, das sich zugleich als nachhaltige Sperre gegen den Austritt auswirken könnte", wurde ausdrücklich als Versagensgrund tituliert. Das Land Berlin verifizierte diesen Grundsatz mit folgenden Kernaussagen über Jehovas Zeugen:

1. Der Umgang mit Ausgeschlossenen oder Ausgetretenen sei nach der Lehre der Zeugen Jehovas strikt untersagt – dieser Gehorsamsanspruch der Religionsgemeinschaft gelte für Eltern und Kinder gleichermaßen.
2. Das absolute Kontaktverbot im Falle des Austritts oder Ausschlusses aus der Gemeinschaft führe

unweigerlich in die völlige soziale Isolation – mit der Furcht vor dieser Konsequenz halten Jehovas Zeugen ihre Mitglieder zwangsweise in der Gemeinschaft.

Wie würden Jehovas Zeugen auf diese Anschuldigung reagieren? Welche Rechtfertigung würden sie dem Gericht für das wohl charakteristischste Merkmal ihrer Religionsgemeinschaft als Erklärung vorbringen?

Denn eines steht unbestritten fest. Genau dieses Spezifikum des gelebten Gemeinschaftsentzuges zeichnete die Organisation seit fast siebzig Jahren aus. Hunderte von Publikationen, Videos und Ansprachen auf Kongressen und Versammlungen – im Grunde die gesamte Personal Identity – bezeugen diese Haltung bis heute.

Wie würde eine Religionsgemeinschaft, die von sich selbst behauptet, alle biblischen Grundsätze zu befolgen und die durch eine extrem genaue Auslegung der Bibel – welcher in an vielen Stellen oft jegliche Plausibilität fehlt – von ihren Mitgliedern einen bedingungslosen Gehorsam gegenüber biblischen Geboten abverlangt, in dieser Situation reagieren?

Würde sie die Grundsätze der Ehrlichkeit, der Glaubwürdigkeit und das Gebot der Genauigkeit, die SIE sonst von ihren Mitgliedern beansprucht, selbst auch befolgen und – auch wenn die gegebenen Tatsachen zu ihrem Nachteil sprechen – mit „offenen Karten spielen"?

Die Antwort ist NEIN – sie bestritten es!

Vom Grundsatz her leugneten sie ihre Haltung zum Gemeinschaftsentzug nicht, ebenso wenig wie bei der Thematik der Bluttransfusionen.

Allerdings sprachen sie vor Gericht lediglich von „Empfehlungen“, die sie ihren Mitgliedern gaben, indem sie lehrten, keinen Umgang mehr mit Ausgeschlossenen oder Ausgetretenen zu pflegen. Aber selbst diese „Empfehlungen und Handlungsanweisungen“ wurden im Bereich DER FAMILIE ausdrücklich bestritten.

Vielmehr sollte es ihnen zufolge den Tatsachen entsprechen, im Falle des Ausscheidens oder Ausschlusses eines engen Familienmitglieds lediglich keine „geistige Gemeinschaft" – im Sinne der gemeinsamen Anbetung Jehovas – mehr zu pflegen, hinsichtlich der Dinge des täglichen Lebens sollten sie aber weiterhin „in Liebe loyal miteinander umgehen".

Man könnte eine eigene Studienarbeit darüber verfassen, weshalb das Gericht am Ende des Verfahrens für die Religionsgemeinschaft entschied. Im Ergebnis haben Jehovas Zeugen einfach die besseren „Hausaufgaben“ gemacht. Das Gericht tat sich dabei mit der Entscheidung nicht leicht. Im Zeitraum der jahrelangen Prozessführung wurden insgesamt 16 Leitzordner mit Beweismaterial von den Parteien eingebracht.

Dagegen hatte das Land Berlin seine Vorwürfe leider hauptsächlich auf Aussteiger- und Betroffenenberichte aufgebaut – und das in gerichtlich kaum verwertbarer Qualität. Bei der Beweiswürdigung setzte sich das Gericht in Folge nur sehr pauschal mit diesen Berichten auseinander und wertete sie inhaltlich kaum. Das Gericht begründet diese mangelnde Berücksichtigung ausführlich mit den Erkenntnissen der Enquete-Kommission zum Beweiswert und zur wissenschaftlichen Verwertbarkeit von Aussteigerberichten.

Denn danach ist – vollkommen unabhängig von der Frage, ob die betroffenen Personen bei der Wiedergabe ihrer persönlichen Erfahrungen glaubwürdig sind oder nicht – ohne Kenntnis vom psychosozialen Hintergrund des Betroffenen eine Beurteilung, ob und zu welchen Anteilen die als destruktiv empfundenen Konflikte in der Struktur oder Lehre der Gemeinschaft begründet sind, nicht möglich. In dem Zusammenhang wurde Berlin kritisiert, weil es die Aussteigerberichte ungeprüft und unbearbeitet eingereicht hat, obwohl es auf den unzureichenden Beweiswert schon im vorausgegangenen Verfahren vor dem BVerwG hingewiesen worden war.

Ich werde die Beweisführung der Religionsgemeinschaft in dieser Causa niemals als eine Lüge bezeichnen. Eine Lüge ist im klassischen Sinne etwas anderes und insbesondere im Juristischen Jargon eine subjektive Einschätzung, deren Analyse man sehr differenziert betrachten muss.

Aber eines war es meiner Meinung nach – ich drücke dies aus juristischer Vorsicht auch genauso aus - definitiv:

Durch eine bewusste Irreführung und falsche Auslegung der eigenen publizierten Lehren war es eine Täuschung des Gerichtes und der Öffentlichkeit. Das Instrument der Exkommunikation wurde so genutzt, wie man es gerade benötigte, beziehungsweise durch die bloße „Umbenennung" als solche geleugnet – Anweisungen, die bei Nichtbeachtung seit Jahrzehnten mit Ausschluss und Ächtung gestraft werden, waren plötzlich „unverbindliche Empfehlungen". Dadurch war es meiner Meinung nach aber vor allem eines:

Es war Verrat. Verrat an den eigenen, hohen moralischen Wertvorstellungen, die die Religionsgemeinschaft selbst von ihren Mitgliedern erwartet und Verrat an ihren eigenen Lehren, die man in ihrer ganzen Konsequenz nun nicht gewillt war, öffentlich zu vertreten.

Es war Verrat an den zehntausenden Familien, die die Folgen der Exkommunikation in den vergangenen hundert Jahren durch ihren strikten Gehorsam durchleben mussten und es war ein Schlag ins Gesicht für all die treuen Zeugen Jehovas, die sich, selbst in den unbedeutendsten Entscheidungsfindungen ihres täglichen Lebens, ihrer Existenz und ihrer Gesundheit, eng an ihr christliches Gewissen – geschult durch die biblische Belehrung der Organisation – im Hinblick auf Ehrlichkeit und Moral gehalten hatten.

Und egal, wie man „das Kind" am Ende des Tages auch nennen will:

Der Grund für den gewonnenen Rechtsstatus in Berlin und dem damit geschaffenen Präzedenzfall, durch den die Wachtturm-Gesellschaft in den Folgejahren in allen Bundesländern den begehrten Rechtsstaus einklagen konnte, war sicherlich nicht der Geist oder die Segnung eines Gottes – sondern eine verdammt gute und bestimmt nicht günstige Anwaltskanzlei der Klägerseite.

Noch heute, Jahrzehnte nach diesem Urteil, argumentieren Jehovas Zeugen bei kritischen Fragen zum Thema Bluttransfusionen und Exkommunikation in der Öffentlichkeit gerne mit diesem positiv ausgegangenen Urteil. Unabhängig der beschriebenen Hintergründe wurde zwischenzeitlich allerdings mit vielen anderen rechtskräftigen Urteilen das genaue Gegenteil der damaligen Feststellungen gerichtlich testiert. Die bereits zitierten

Urteile aus der Schweiz im Jahr 2019 oder aus Norwegen im Jahr 2020 sind Folgen der mittlerweile entlarvten Praxis in vielen Bereichen von Jehovas Zeugen.

Interessant ist bei diesen Fällen allerdings, dass sich Jehovas Zeugen aufgrund ihrer eigenen Transparenz oft selbst belasteten und es so den Gerichten einfach machten, gegen sie zu urteilen. Denn anders noch als noch in Berlin, schauten sich diese die Sachverhalte jetzt sehr genau an.

Dabei wurde beispielsweise die Ächtung ausdrücklich als *„menschenrechtswidrige Praxis"* tituliert und als *„sozialer Tod"* verifiziert. Anders als noch in der Causa Berlin, wurden neben den von Jehovas Zeugen eigenen Veröffentlichungen aus Print und Medien, auch hunderte von Betroffenenberichten im Urteil berücksichtigt. Die Kontrolle der Organisation auf ihre Mitglieder und die Anwendung der Ächtung, wurde als Tatbestand des *„Mobbings verifiziert"* und als eine *„Verletzung der persönlichen Integrität eines Menschen"*.

Auch der umfangreiche Themenkomplex der Exkommunikation und der daraus resultierenden Ächtung von Kindern, wurde eingehend erörtert – ein Aspekt der in Berlin noch komplett zu Gunsten von Jehovas Zeugen entschieden wurde.

Das Gericht erkannte aufgrund der EIGENEN Publikationen von Jehovas Zeugen an, dass die *„Ächtung und der Liebesentzug gegenüber ausgeschlossenen Kindern, von der Organisation als kindgerechte Strafmaßnahme gebilligt"* und gewünscht wird.

In erschreckender Weise stellte das Gericht anhand der von Jehovas Zeugen selbst eingebrachten „Gegenbeweise" weiter fest, dass bei der gesamten Thematik der familiären Ächtung, bei den eigenen Kindern weder *„Liebe noch Fürsorge ein zentrales Thema spielt, sondern lediglich der Versuch, diese nach* *moralischen Aspekten der Organisation anzuleiten. Kinder sollen so gezwungen werden, an religiösen Veranstaltungen teilzuhaben, obwohl sie dieses gar nicht wollen.“*

Sogar ein sonst emotionsloses Gericht stellte in seinem Urteil abschließend fest, dass ein solcher Ausschluss *„zu großen Konflikten und psychischen Schäden bei Kindern und Jugendlichen führen kann“.*

Psychische Gewalt verdeutlichte nach *„der gerichtlichen Analyse von Wachtturm-Materialen, dass diese auf die Verängstigung der eigenen Kinder abzielen. Wer nicht gehorcht, wer nicht folgt, wer nicht glaubt, wer nicht genügt, muss mit dem Ausschluss aus der Gemeinschaft und daraufhin mit Vernichtung in Harmagedon rechnen. Das .... thematisierte Ächten kann als Form von psychischer Gewalt angesehen werden.“*

Sei lieb, bete und gehorche - endlich war diese Praxis auch in der Judikatur angekommen.

Die Beweisführung dieses Verfahrens war so aussagekräftig und lückenlos, das Jehovas Zeugen keine Rechtsmittel dagegen erhoben. Ein sehr fragliches Urteil aus Berlin 2005, stand nun im krassen Gegensatz zu einem fünfzehn Jahre späteren Urteil. Bekanntlich sollte es auch nicht das letzte dieser Art bleiben. *(Quelle 18)*

Für viele mögen die von mir geschilderten Erlebnisse der „Causa Berlin“ unbedeutend sein, vielleicht nur ein weiteres Puzzleteil eines ohnehin schon riesigen Fleckenteppichs.

In meinem Fall zerbrach damit aber der Mythos der „heiligen leitenden Körperschaft“ und somit mein gesamtes Weltbild einer von Gott geleiteten irdischen Organisation.

Dreißig Jahre lang waren jeder Regenbogen nach einem Gewitter, jeder sonnige Schwimmbadtag und jede Minute meines theokratischen Lebens die Auswirkungen des Segens Jehovas gewesen. Alles Schöne war ein Segen – und alles Negative eine Glaubensprüfung unseres Gottes.

Als ich an diesem warmen Sommertag 2010 mit der Sichtung der Dokumente und den vielen von mir recherchierten Anlagen zu diesem Urteil zum Abschluss kam, wusste ich, dass mein theokratischer Weg als Zeuge Jehovas zu Ende ist.

Die Frage war nur, wie ich den Absprung schaffen kann.

# 5 Monate später

## Winter 2010

Mein neues Business hatte eingeschlagen wie eine Bombe und die finanziellen Probleme lösten sich binnen weniger Wochen in Luft auf. Parallel belastete mich die Trennung von Tom sehr. Wir waren noch nie länger als ein paar Tage getrennt gewesen und auch der fernmündliche Kontakt lief nur sehr schleppend. Meine Entscheidung, die ich seiner Mutter bereits am ersten Tag der Trennung mitgeteilt hatte, war ungebrochen. Ein Umzug zurück nach Deutschland war kategorisch ausgeschlossen und als sie die achtundvierzig Stunden ohne einen ernsthaften Vorschlag für einen geregelten Umgang verstreichen ließ, beantragte ich im Eilverfahren die Rückführung meines Sohnes nach Österreich.

Gerade diese emotional belastende Anfangszeit konnte ich nur durch den starken Rückhalt meiner Familie und der Gemeinde bewältigen. Es gab keinen Tag, an dem ich nicht irgendwo eingeladen war – sei es zum Essen oder zu Freizeitaktivitäten. Meine Eltern versuchten zu vermitteln und ließen mich keine Minute aus „den Augen". Diese Situation wurde auch deshalb immer schwieriger, da ich theokratisch bereits einen Schlussstrich gezogen und erste Schritte gesetzt hatte, meinen Austritt umzusetzen – was natürlich niemand wusste.

Die Erlebnisse, die in dieser Zeit geschahen, sind für mich heute, dreizehn Jahre später, eine eindringliche Erinnerung daran, wie sehr ich der Ideologie verfallen war.

Als Zeuge Jehovas wird man nahezu täglich daran erinnert, dass „Jehova alles sieht" und seine Diener beschützt – aber auch überwacht. Dazu gehört auch, dass er die Versammlung vor „Sündern" schützt und sie reinhält. Personen, die ein Doppelleben führen, werden von ihm „überführt" – wir waren uns immer bewusst, dass wir im Grunde nur gläserne Menschen ohne die geringste Intimsphäre waren.

Es gab hunderte von Beispielen, die wir als Abschreckung gelehrt bekamen. Ich erinnere mich an eine Geschichte, in welchem von einem verheirateten Ältesten berichtet wurde, der jahrelang die Dienste von Eskortladys in Anspruch nahm. Eine von diesen wurde zufälligerweise im Predigtdienst angetroffen. Als sie die Zusammenkunft besuchte und „ihren Richard Gere" auf der Bühne sah, ließ sie die Bombe platzen. Die Sünde flog auf und der Älteste wurde exkommuniziert – Jehova sorgte mal wieder für „Reinigung".

In nahezu allen Lebensbereichen finden sich solche Anekdoten. Diese stellen einen weiteren, sehr effektiven Teil des Kontrollsystems der Zeugen Jehovas dar, deren Anhänger dadurch immer mit der Angst leben müssen, dass Jehova ihre heimlichen Sünden aufdeckt.

Wie dem auch sei: Auch ich war natürlich absolut davon überzeugt.

Nachdem ich einige Wochen „Strohwitwer" gewesen war und so langsam Gefallen an meinem neuen Singledasein fand, entdeckte ich für mich Facebook – 2010 noch in den Kinderschuhen steckend. Ich legte mir ein Profil an und begann, in der großen weiten Welt zu „surfen". Ich lernte eine Frau kennen – 250 Kilometer entfernt und damit genau den Abstand, den ich für die „Umgehung" des Kontrollsystems für ausreichend hielt.

Wir fingen an uns zu schreiben. Aus Schreiben wurde Telefonieren und aus Telefonieren ein erstes Date – und nach dem ersten Date kam kurz danach ihre Einladung. Und weil wir mittlerweile genug geredet hatten, landeten wir als erwachsene Menschen da, wo man landen musste. Nur eben nicht bei ihr zu Hause, sondern in der naheliegenden Wohnung ihrer Eltern, die zu der Zeit im Urlaub waren.

Niemals werde ich den Moment vergessen, als ich mich danach in das Wohnzimmer ihrer Eltern setzte, eine Flasche Wein öffnete und die Einrichtung betrachtete.

Und dann sah ich es.

Auf dem Tisch Wachtturm und Erwachet, in der Vitrine die Bibel, Einsichten-Bücher, Studienbücher und hunderte von Broschüren und Zeitschriften. Ich war in einem verdammten „Mini Königreichssaal“ gelandet und ihre Eltern standen kurz vor ihrer Taufe zu Zeugen Jehovas.

Wenn du als Leser kein ehemaliger Zeuge Jehovas bist, kannst du nicht ansatzweise diesen Schockmoment so nachvollziehen, wie jemand, der in dieser Gemeinschaft gelebt hat.

Ich war ertappt worden. Es war nur eine Frage von Stunden, die ihre Eltern vielleicht früher vom Urlaub heimkamen, mich von einem Kongress her erkannten, meinen Namen mit der „großen Dynastie“ meiner Familie verbanden oder als Touristen ihre Urlaube in Tirol verbrachten und ich so überführt werden würde. Völlig egal, was ich jetzt tun würde – Jehova würde dafür sorgen, dass ich zur Rechenschaft gezogen werde.

Im Nachhinein ist es wirklich absurd, dass diese Begebenheit der Anlass war, mich einige Tage später den Ältesten meiner Gemeinde zu „stellen“. Aber ich wollte vermeiden, dass andere vor mir die Entdeckung preisgaben.

Es gab nur eine Person, mit der ich offen über alles reden konnte und die meine Denkweise zumindest akzeptieren würde.

Und das war Stefan. Er war keinesfalls schockiert. Schon lange hatte er die Vorzeichen meines immer stärker nachlassenden Eifers gesehen und auch die Tatsache einer neuen „Bekanntschaft“ war für ihn nicht überraschend. Er und Mr. Big waren die einzigen Personen, denen ich mich in all den Jahren anvertraut hatte und die mich richtig einschätzen konnten. Aber Stefan war es, der endlich den Mut hatte, mich mit der einzigen Wahrheit über mich und mein Leben zu konfrontieren.

Er las mir Epheser 3:17 vor:

*„Ich bete darum, dass er durch seine große Herrlichkeit den Menschen, der ihr innerlich seid, mit Kraft durch seinen Geist stark werden lässt und dass der Christus durch euren Glauben mit Liebe in eurem Herzen wohnt. Ihr sollt verwurzelt sein_und auf einer festen Grundlage stehen, um mit allen Heiligen die ganze Breite, Länge, Höhe und Tiefe völlig zu begreifen und die Liebe des Christus zu erkennen, die die Erkenntnis übersteigt, damit ihr mit der ganzen Fülle, die Gott gibt, erfüllt seid.“*

Er schloss die Bibel, sah mich an und sagte: *„Du hast die Wahrheit nicht im Herzen, du hast es nie geschafft, sie hineinzulassen und du hast nicht die geringsten Ambitionen, dies jemals zu tun“*.

Das waren die ehrlichsten Worte, die ich jemals aus dem Mund eines Zeugen Jehovas, respektive eines Ältesten, gehört hatte. Keine Überzeugungsreden, keine Beschwörungen, keine Vorwürfe oder stundenlanges Diskutieren mehr. Das hatten wir alles hinter uns. Er hatte erkannt, was ich 31 Jahre lang mit mir herumschleppen musste und was nun am Ende des Weges als Resümee feststand.

Die „Wahrheit“, das heißt die christliche Überzeugung von

Jehovas Zeugen, war nie zu mir durchgedrungen. Mir fehlte der Glaube, zu dem man niemanden zwingen kann.

In den kommenden Wochen benötigte ich zwei Anläufe, bis ich schließlich am 08.06.2011 den Weg in die Freiheit erlangen konnte. Mein Leben als Zeuge Jehovas war zu Ende gegangen und vor mir lag eine mir unbekannte Zukunft.

# Neustart

## 2011

Zehn Jahre gingen ins Land. Nach den einschneidenden Erlebnissen durfte ich endlich genau das Leben führen, welches ich mir immer gewünscht hatte. Und hierbei ging es keinesfalls um „Grenzerfahrungen" oder einen exzentrischen Lebensstil.

Nein, es war das Gefühl, nach Jahren des rastlosen Suchens im Leben angekommen zu sein. Dies verbunden mit einer grenzenlosen und mir bisher unbekannt gewesenen persönlichen Freiheit; Emotionen, die sich bis heute weder verändert noch an ihrer Faszination etwas verloren haben. Es war das Gefühl, endlich ohne Regeln und Vorschriften zu leben und eine Zukunft abseits theokratischer Zwänge planen zu können.

Für einen Außenstehenden mögen sich diese „gewonnenen" Lebensfreuden sehr banal anhören – für mich waren es Momente, die mir das Leben aus einem völlig neuen Blickwinkel aufzeigten.

Von einem Moment auf den anderen war der Druck, mein Urteil nach den Richtlinien anderer Menschen auszurichten, nicht mehr vorhanden. Entscheidungen konnte ich zum ersten Mal auf Grundlage der eigenen Bedürfnisse und nicht mehr durch die Lehren einer Religionsgemeinschaft treffen.

Kleinigkeiten, wie ein bevorstehendes Wochenende ohne Zwang so planen zu können, wie man es zur eigenen Entspannung gerne verbringen möchte, waren für mich nie gekannte Freiheiten.

Sich nach einer langen Arbeitswoche an einem Sonntagmorgen die Tourenskier umzuschnallen, in die Morgensonne zu wandern und dabei keine Gewissensbisse zu verspüren, den Gottesdienst zu verpassen, gehörte schon bald zu einer festen Gewohnheit in meinem Alltag.

Überhaupt waren es mitunter genau diese kleinen Rituale, die mir halfen, die teilweise sehr einsame Anfangszeit zu verarbeiten. Die Erfahrung, kleine Dinge des Lebens, die oftmals als normal oder irrelevant angesehen werden, als etwas Besonderes zu schätzen, verhalf mir zu neuen Perspektiven.

Noch heute, nach über zehn Jahren, vergeht kein Morgen, an dem ich mich nicht um sieben Uhr in meinem Stammrestaurant einfinde, um meinen Kaffee, mein Red Bull und meine Zeitungen in Empfang zu nehmen – man kann die Uhr danach stellen. Meine alte Leidenschaft des Kraftsportes hat wieder einen Platz gefunden und an mindestens vier Tagen die Woche wird pünktlich ab zehn Uhr angefangen zu trainieren.

Es war die Disziplin eines neuen geregelten Wochenplanes, die mich davor bewahrte, in meiner neuen Existenz die Kontrolle zu verlieren – eine Disziplin, die mir bis heute geblieben ist.

Doch diese Freiheit hatte ihren Preis. Nach der von meiner Familie unmissverständlichen Ankündigung von Sanktionen wurden diese auch unmittelbar nach meinem Ausstieg in die Tat umgesetzt.

Abgesehen von meinen Eltern habe ich seit 2011 niemanden aus meiner Familie je wieder gehört oder gesehen. Schwestern, Schwäger, Onkel, Tanten, Cousins und Cousinen, Großeltern und teilweise schon die nächste Familiengeneration brachen den Kontakt zur Gänze ab. Es wurde geheiratet, Kinder wurden geboren und viele Ältere wurden zu Grabe getragen. Von all dem erfuhr ich meistens nur durch Zufall – es lebe der WhatsApp Status.

Und meine Eltern? Meine Eltern beschränkten ihren Kontakt auf ein absolutes Minimum. Dieser bestand aus sporadischen WhatsApp-Nachrichten oder unregelmäßigen Telefonaten mit meiner Mutter –die aber im Laufe der Jahre auch immer seltener wurden. Im Endeffekt waren es meistens die Besuche meines Sohnes, die eine „kommunikative Brücke" zwischen uns aufbauten.

Meine gesamte Familie hielt sich an alles, was ihnen die Organisation lehrte.

Aber das Ganze war kein leichtes Unterfangen.

Bei der Thematik der Exkommunikation durchlebten meine Eltern täglich genau die Gefühle, die in einem der vorigen Kapitel eingehend beschrieben wurden – die allgegenwärtige Angst vor dem Tod ihres Sohnes.

Und ein weiterer Konflikt stellte sich in dem ohnehin schon spärlichen Kontakt heraus.

Für meine Eltern war ihr „gelebter Umgang" mit mir bereits ein eigentlich untersagtes Zugeständnis an ihren Glauben. Mehr als einmal erinnerten sie mich daran, dass gemäß der Lehren ihrer Organisation nicht einmal ein Anruf oder ein persönliches Gespräch mit mir erlaubt seien – wenn es denn nicht unbedingt erforderlich oder biblisch begründet wäre. Insofern erwartete man von mir sogar noch eine Art der Dankbarkeit für den Willen der „Kompromissbereitschaft". Dies war auch der Grund, weshalb sie sich vehement gegen das Wort „Ächtung" oder „Verstoßung" wehrten. Ihrer Meinung nach trafen diese Beschreibungen auf sie nicht zu.

Ein von der Wachtturm-Gesellschaft erlaubtes Ausnahmeszenario für eine Kontaktaufnahme sind gesundheitliche Probleme des Abtrünnigen.

Im Jahr 2018 musste ich mehrere komplizierte Wirbelsäulenoperationen über mich ergehen lassen. Bei dem ersten dieser Eingriffe wurde ich abends ins Krankenhaus eingeliefert und bereits am nächsten Morgen operiert. Unmittelbar nachdem meine Eltern davon erfahren hatten, setzten sie sich ins Auto, um zu mir nach Österreich zu fahren. Ich rechne ihnen diese Geste bis heute noch hoch an – bin mir jedoch auch gleichzeitig sicher, dass dieser von der Gesellschaft anerkannte Ausnahmegrund für meine Eltern eine Art der „kurzfristigen Befreiung" darstellte, da sie so „offiziell" mit mir Umgang pflegen durften.

All das, was nun geschah, war mir vorher bewusst gewesen. Jahrzehntelang war ich darauf vorbereitet worden, wie man mit einem Abtrünnigen zu verkehren hat, wie man ihn behandeln oder nicht behandeln sollte, welche Art und welchen Umfang der Kommunikation man mit ihm führen darf – sofern eine solche überhaupt zulässig ist – und welchen Stellenwert er im Leben eines Zeugen Jehovas einnehmen musste.

Niemand anderes als ich selbst wusste besser, dass nun genau diese Schritte auch bei mir umgesetzt wurden.

Und diese Erfahrung war durchaus prägend. Auch ich kam zu dem Augenblick, wo mir bewusst wurde, dass mein Glaube an die bedingungslose Liebe meiner Familie, die Überzeugung, ihnen wichtig zu sein, geliebt und als Sohn – und nicht nur als „geistiger Glaubensbruder" – angesehen und geschätzt zu werden, ein offenkundiger Trugschluss war. Mir wurde bewusst, dass es nie um mich als Person ging, sondern ausschließlich um das Kollektiv, um die Ideologie der Gemeinschaft. Und es war ein langer Weg, die Tatsache zu akzeptieren, dass ich es nicht mehr wert war, von meinen Eltern als Sohn behandelt zu werden – vom Rest meiner Familie spreche ich hier schon gar nicht mehr.

Die bloße Tatsache, dass ich für mich entschied, den Glauben zu wechseln und eine Religion zu verlassen, zu der ich als Kind angehören wollte, ließ das imaginäre „Familiengerüst" mit einem Schlag in sich zusammenbrechen. Auch der Lernprozess, die eigene Wahrnehmung und den Bezug zu mir selbst wiederzufinden, war kein leichtes Unterfangen.

Auf der Straße ehemalige Freunde zu treffen, die einen nicht grüßen, Familienmitglieder zu kontaktieren, die offenkundig ausdrückten, dass ich ohne die Zugehörigkeit in der Organisation nichts mehr wert war, entwickelte sich zu einer sehr schmerzlichen Erfahrung.

Aber eines war ich sicherlich nie, noch fühlte ich mich so oder will jemals als als ein solches betrachtet werden – ein Opfer.

Und genau mit dieser Einstellung ging ich an das ganze „Projekt" auch heran. Zu keinem Zeitpunkt machte ich meiner Familie oder Freunden auch nur den Hauch eines Vorwurfes, sich mir gegenüber so zu verhalten. Ich respektierte ihre Entscheidung und versuchte kein einziges Mal dagegen vorzugehen. Gegen eine religiöse Überzeugung kann man nicht gewinnen und das war auch nie mein Ziel.

Im Laufe der Jahre wurde ich von Außenstehenden oft gefragt, wie man einen solchen sozialen Verlust ohne Folgen verkraften kann. Denn zum Wegfall der familiären Bindung kam gleichzeitig der komplette Verlust des sozialen Netzes im Privatbereich. Ich hatte innerhalb eines kurzen Momentes buchstäblich keine einzige Bezugsperson mehr – vom Postboten mal abgesehen.

Aber es war mir egal. Die besonders anfänglich oft belastende Isolation war die gewonnene Freiheit, die ich so niemals hatte erleben dürfen, jeden Augenblick wert. Es gab keinen einzigen Moment, der mich psychisch oder physisch in eine Situation gebracht hätte, meinen Entschluss zu überdenken oder zu revidieren; selbst, wenn ich der letzte Mensch auf der Welt gewesen wäre.

Und trotzdem hat diese Zeit ihre Narben hinterlassen. Emotionen sind für mich ein Fremdwort und das verursacht im Alltag oft Reibungspunkte – beruflich wie privat. Aber ich musste lernen, natürliche menschliche Gefühle, die bei einer solchen Ächtung entstehen, zu ignorieren und zu verdrängen oder sie überhaupt nicht erst an mich heranzulassen.

Und diese Momente gab es natürlich immer wieder. Durch einen WhatsApp-Status von der 40. Jubiläumshochzeitsfeier der eigenen Eltern zu erfahren und zu sehen, wie meine ehemaligen Freunde und Familienmitglieder zusammen feiern, ließ für einen kurzen Moment nicht mal mich kalt.

Jahre später wurde mir von einer Psychologin erklärt, dass die Verdrängung solcher Emotionen und das Nichtzulassen des Trauerns irgendwann ihren Tribut fordern werden. Und genau das geschah 2022.

*„Top Gun: Maverick"* ist für mich einer der faszinierendsten Filme aller Zeiten. Und er steht im unmittelbaren Zusammenhang mit Ereignissen, die mir an seiner Premiere im Juli 2022 widerfahren sind. Zwei voneinander völlig unterschiedliche Erlebnisse holten mir mit einem Mal die Vergangenheit – mit der ich zu diesem Zeitpunkt dachte, längst abgeschlossen zu haben – wie mit einem Bumerang zurück.

Beide um 21 Uhr – nach der Preview und dem Moment, an dem ich mein Handy wieder einschaltete.

# Maverick – Klappe eins

## Sommer 2022

Zeit meines Lebens hatte ich einen großen Wunsch – Kinder. Bereits als Jugendlicher war ich der „selbsternannte" Babysitter unserer Gemeinde, kümmerte mich mehrmals wöchentlich um meinen zehn Jahre jüngeren Cousin und nahm jede Gelegenheit wahr, bei den Kleinsten der Gemeinde „Daddy zu spielen".

Eine kinderreiche Familie – das war nicht nur eine fixe Idee, sondern fester Bestandteil meiner Lebensplanung. Zwei Jahre vor meiner Auswanderung nach Österreich wurde mein Sohn Tom geboren. Er heißt nicht wirklich Tom – aber ich musste ihm versprechen, ihn in diesem Buch so zu nennen.

Endlich erfüllte sich der Wunsch nach einem eigenen Kind und ließ mich die bis dahin schönste Zeit meines Lebens verspüren. Von seiner Geburt an nahm ich mit großer Freude alle Aufgaben an, die ein Neugeborenes so mit sich bringt.

Die Beziehung zu meinem Sohn wurde dadurch zu etwas sehr Starkem und Innigem. Damit will ich nicht die Rolle seiner Mutter untergraben – aber er war de facto ein Papakind. Durch meine Selbstständigkeit konnte ich meinen Zeitplan selbst bestimmen und versuchte Tom, so oft es möglich war, in meinen Alltag mit einzubinden. Er hatte sein eigenes Laufgitter in meinem Büro und bereits mit wenigen Monaten nahm ich ihn regelmäßig mit zu meinen Immobilienterminen. Die gemeinsame Zeit war viel zu wichtig und ich wollte jede Minute davon genießen. Als 2011 die Trennung zwischen seiner Mutter und mir anstand, erreichte ich binnen sechs Wochen ein selten angewandtes

Urteil vor dem Familiengericht in Deutschland. Aufgrund der starken Bindung befürwortete das Jugendamt nach nur einem Gesprächstermin mit allen Beteiligten ein sogenanntes „Wechselmodell".

Tom durfte ab sofort im Abstand von einem Monat für jeweils zwei Wochen zu mir nach Tirol kommen. Die kommenden zwei Jahre war er in diesem Rhythmus bei mir. Diese sehr aufwühlende Zeit verstärkte unsere Bindung trotz allem um ein Vielfaches.

Tom wuchs im Grunde ohne religiösen Bezug auf. Er war noch zu klein, um sich an unsere Zeit bei Jehovas Zeugen zu erinnern und auch seine Mutter wurde kurz nach unserer Trennung ausgeschlossen.

Durch den Beginn des Kindergartens und der Schulzeit verschoben sich die Besuchszeiten dann situationsbedingt auf die Ferien, ihr Umfang war unter den gegebenen Umständen aber immer noch zufriedenstellend. Auch mit Hilfe von WhatsApp waren wir im Grunde immer in Kontakt. Doch die Jahre waren nicht immer einfach. Auch bei uns beiden stand irgendwann ein Generationskonflikt an.

Ich musste erfahren, dass heutige Jugendliche anders „ticken" als noch wir in diesem Alter -– und vor allem die Lebensplanung heutzutage durch viele Ablenkungen gefährdet ist oder oftmals nicht die Ernsthaftigkeit vorweist, die sie haben sollte. Dies waren aber alles normale Phasen, die auch ich erstmal lernen musste zu akzeptieren.

Leider musste Tom aber darüber hinaus in weiteren Begleitumständen aufwachsen, die seiner Entwicklung negativ entgegenwirkten. Aufgrund – nennen wir es mal so – „kontinuierlicher privater Veränderungen" seiner Mutter musste er ab seinem zweiten Lebensjahr häufig den Wohnort wechseln. Jedes Mal eine neue Stadt, jedes Mal neue Freunde, jedes Mal eine veränderte Umgebung. Er war dadurch viel allein, hatte keinen festen Freundeskreis und wenige Bezugspunkte. Immer, wenn er sich sozial etwas aufgebaut hatte, musste er es kurze Zeit später wieder einreißen.

All das war nicht sehr förderlich für Kontinuität und Beständigkeit in seinem jungen Leben. Bis zur Corona-Pandemie verlief unsere Beziehung harmonisch. Ab dem Ausbruch der Pandemie veränderte er sich merklich. Er begann rebellisch auf alles und jeden zu reagieren.

Als sich sogar seine Mutter bei mir meldete, um über seine Aggressionen zu reden, wusste ich, dass es Zeit war zu reagieren. Bis dahin war ich stets imstande gewesen, mit wenigen strengen Worten meine Autorität zurückholen, doch nun war es keine Seltenheit mehr, dass er plötzlich das Telefon auflegte oder meine Anrufe ignorierte.

Dazu kamen immer häufiger werdende Streitigkeiten über das Thema Unterhalt. Obwohl ich durch die sogenannte „Playboygrenze“ (Ja, das heißt in Österreich wirklich so) mehr Unterhalt bezahlte als so mancher monatlich verdient, war es nie genug.

Es wurde zur Gewohnheit, mich rechtfertigen zu müssen, warum ich seiner Mutter nicht mehr zahlen oder irgendwelche anfallenden Sonderkosten extra begleichen sollte. Die Aussage *„Das steht uns zu“* prägt heute noch den Flur unseres Hauses – so unvergesslich war sie bei dieser ganzen Thematik.

Im Grunde war das aber alles kein „Weltuntergang“. Ich merkte einfach, wie er mit zunehmendem Alter begann, vieles im Leben anders zu betrachten als seine Eltern. All diese Begleitumstände waren letztendlich auch der Grund, warum es mich nicht wunderte, dass unsere Kommunikation immer mehr einbrach.

Durch Corona waren auch die Besuche zeitweise nicht mehr erlaubt und durch seine strikte Haltung gegen Impfungen ein Besuch in Österreich nahezu unmöglich gewesen.

Als ich mein Handy nach der Preview von *„Top Gun"* aus dem Flugmodus nahm, war das Erste, was mir auffiel, ein leeres Bild auf seinem WhatsApp-Kontakt; die Nachricht las ich erst danach.

In kurzen und knappen Worten teilte er mit, dass er mit mir bis auf Weiteres keinen Kontakt mehr halten möchte – rums, und ich war blockiert. Das war neu und erschreckend.

Noch erschreckender war es allerdings, als er meiner Frau, mit der er einen eigentlich regen Kontakt gehalten hatte, einige Tage später ebenfalls eine Nachricht schickte und ihr mitteilte, auch zu ihr den Kontakt abzubrechen, da dies eine Verbindung zu mir herstellen würde.

Diese Nachricht bekam ich in Südfrankreich, an einem wunderschönen Abend in einem Château in der Provence, bei einer Flasche Weißwein.

Jetzt war alles anders. War ich bisher noch relativ entspannt gewesen, was seine Kontroversen betraf, hegte ich plötzlich einen Verdacht, der sich kurze Zeit später bestätigen und mir den Boden unter den Füßen wegreißen sollte.

Zurück aus Frankreich erhielt ich einen Anruf seiner Mutter. Ich hob wie üblich zuerst nicht ab – doch dann kam eine Nachricht.

Neue Unterhaltsforderungen oder ein Unfall, das waren die einzigen beiden Möglichkeiten, die mir in den Sinn kamen, als ich sie las:

*„Ruf mich bitte mal dringend an. Es geht um Tom."*

Bis heute erinnere ich mich an dieses Telefonat, als wäre es erst gestern gewesen. Ich war im Büro und ging zum Telefonieren hinaus.

*„Tom ist in den Fängen der Zeugen Jehovas."*

Die Worte verursachten eine Panik in mir, die ich nicht ansatzweise beschreiben kann. Aber es wurde noch schlimmer.

Seit mehreren Monaten stand er in engem Kontakt zu meinen Eltern und auch die Beziehung zu seinen Großeltern mütterlicherseits war zu Coronazeiten wieder enger geworden. Beides absolut nicht dramatisch und von mir auch nie zu unterbinden versucht worden.

In dieser Zeit begann aber sein Interesse an den Lehren der Zeugen Jehova kontinuierlich zu wachsen und er fing an, mit ihnen ihre Schriften zu studieren.

Auch wenn die Rolle seiner Mutter bei dieser ganzen Entwicklung nicht unwesentlich ist, ging es in diesem Moment nur um das, was sie mir mitteilte.

Tom verfiel zunehmend dem Einfluss der Zeugen Jehovas in seinem Wohnort und begann sein ganzes Denken nach ihren Grundlehren auszurichten. Und genau jetzt ergab plötzlich alles einen Sinn. Denn was ist die Grundvoraussetzung für jeden angehenden Zeugen Jehovas? Der Kontaktabbruch zu allen Ausgeschlossenen – selbst wenn es die eigenen Familienangehörigen sind.

Seine Mutter teilte mir mit, dass er für seine „theokratische Entwicklung" den Kontakt mit mir und allem, was uns verband, vorerst unterbrechen sollte. Von welcher Seite diese Aufforderung explizit kam, weiß ich bis heute nicht.

Ich war wie gelähmt. Keine Nachricht hätte mich mehr aus der Fassung bringen können als diese. Er wurde wegen Diebstahl verhaftet? Er wurde beim Kiffen erwischt? Egal. Alles lösbar.

Aber mir war unmittelbar bewusst, dass ein vierzehnjähriger Teenager, der sich zu der Zeit in einer Phase der Selbstfindung befand und durch Corona ohnehin an sein Zuhause gebunden war, ein prädestiniertes Ziel für die Lehren der Wachtturm-Gesellschaft darstellen würde.

Ein Junge, der durch ein halbes Dutzend Umzüge ohne nennenswerte soziale Kontakte dastand, wird im geschlossenen Kreis der Zeugen Jehovas seine Erfüllung finden. Zumindest am Anfang – und genau das wusste niemand so gut wie ich.

Zehn Stunden nach diesem Anruf saß ich in meinem Auto und fuhr die 400 Kilometer zu ihm nach Bayern. Mit seiner Mutter vereinbarte ich, dass er auf einen Handwerker warten und die Tür öffnen muss. Ich hatte nicht die geringste Vorstellung davon, was er sagen und wie er auf mich reagieren würde.

Ich war nervös, als ich klingelte. Und dann stand er da – im Jogginganzug, gerade aufgestanden und zwei Köpfe größer als bei unserem letzten Treffen. Überrumpelt trifft seine Reaktion nicht wirklich. Er war fassungslos – aber im positiven Sinne. Er nahm mich in den Arm und wir gingen in seine Wohnung.

Ich hatte im Auto fünf Stunden Zeit gehabt, meine Gesprächstaktik vorzubereiten. Immer und immer wieder hatte ich mir meine Argumente zurechtgelegt. In dem Moment, als wir uns gegenübersaßen, brachte ich kaum ein Wort heraus.

Bis zum Abend unterhielten wir uns. Wir redeten, schrien

uns an, diskutierten, argumentierten und waren oft den Tränen nahe – besonders ich.

Die Aussagen, die ich von ihm zu hören bekam, waren wie Stiche in meinem Herz – er war der Organisation mit „Leib und Seele“ verfallen. Nichts anderes musste ich als Resümee mitnehmen.

Und noch eine andere „Erkenntnis“ erhielt ich an diesem Tag. Sein Interesse an den Lehren der Zeugen Jehovas kam nicht von ungefähr und schon gar nicht durch seinen Kontakt zu seinen Großeltern.

Wie er mir nun erstmals erzählte, war es seine Mutter, durch die er die letzten Jahre immer wieder Verbindungen zu der Organisation bekommen hatte. Zwar wurde sie bereits vor zehn Jahren ausgeschlossen, allerdings bewirkten die Folgen der Exkommunikation bei ihr genau das, was Zeugen Jehovas auch beabsichtigen. Sie hielt dem Druck der Ächtung nicht statt und kam zurück – und das gleich mehrmals.

Tom berichtete mir, dass es seine Mutter war, die ihn immer wieder zurück in den Kreis der Zeugen Jehovas brachte – nur um kurze Zeit später wieder mit ihnen zu brechen. Seit unserer Trennung 2010 verließ sie mehrmals die Religionsgemeinschaft, wurde zwei Mal ausgeschlossen und jeweils wieder aufgenommen – meist „synchron“ mit enttäuschenden Lebensabschnittsgefährten.

Toms jetzige „Erleuchtung“ kam durch einen erneuten – und bereits schon wieder gescheiterten – Versuch seiner Mutter zustande, eine aktive Zeugin Jehovas zu werden. Und jetzt hatte er auch das Alter, um die gesamte Thematik erstmals zu verstehen.

Trotzdem war es nicht die Tatsache, dass er anfing, Interesse an religiösen Themen zu bekunden. Es war auch nicht sein Vorwurf, ihm die Gemeinschaft mit meiner Familie, die mir selbst seit über zehn Jahren verwehrt war, vorenthalten zu wollen.

Nein – im Gegenteil. Wenn das, was ich seit meinem Austritt erlebt hatte, anders verlaufen wäre, hätte ich nicht ansatzweise so reagiert. Ich hätte mich gefreut und es begrüßt, dass er nun in einer Gemeinschaft verkehrt, die ihm Halt und Stabilität, insbesondere aber ein so dringend benötigtes soziales Umfeld gibt.

Meine Ambition war nun aber eine völlig andere.

Ich wollte ihn beschützen. Ich wollte, dass er weiß, welche Folgen es haben würde, sich dieser Organisation anzuschließen. Was es bedeuten würde, sein Leben lang ein Zeuge Jehovas zu sein – und nicht nur für wenige Monate oder Jahre. Und ich versuchte ihm zu vermitteln, welche Resultate es haben könnte, wenn er zu einem späteren Zeitpunkt feststellen würde, eine verkehrte Entscheidung getroffen zu haben und die Organisation wieder verlassen möchte.

Seine Antwort auf meine Befürchtungen war der Grund, aus dem meine Einstellung zu der Religionsgemeinschaft der Zeugen Jehovas ab diesem Tag eine Kehrtwende einnahm.

Er leugnete es. Er leugnete die Praxis der Exkommunikation und er leugnete den damit verbundenen Extremismus. Ihm war zwar durch meine Erfahrung bewusst, welche Folgen ein Ausschluss haben KANN – aber er war der festen Überzeugung, dass dies eine PERSÖNLICHE Entscheidung jedes einzelnen Zeugen Jehovas darstellt.

Und genau jetzt wurde ich hellhörig. Ich fragte ihn, wie er auf einen solchen Bullshit kommen und woher er diese Annahme haben würde. Er erklärte mir, dass ihm dies im Zuge seines Bibelstudiums so erklärt worden war – und zwar nicht nur einmal. Die klassische „Täter-Opfer-Umkehr" der Wachtturm-Gesellschaft war eine der Grundlagen seines Studiums. Denn nicht die Organisation ächte ehemalige Mitglieder. Nein. Der Ausgeschlossene selbst entscheide sich, alles und jeden zu verlassen und sei damit an seiner Situation selbst schuld. Siebzig Jahre Geschichte der Exkommunikation bei Jehovas Zeugen hatten ihr nächstes Opfer gefunden.

Er hielt mir vor, dass ich nach Aussage meiner Eltern selbst derjenige war, der das Glück und die Liebe seiner eigenen Familie „vergessen" hatte und nicht mehr wahrhaben wollte, wie sehr ich als Jugendlicher seines Alters doch Jehova und seine Organisation geliebt und geschätzt habe. Und ausschließlich aufgrund dieser Entscheidung sei niemand anderes als ich selbst daran schuld, dass das Band der Familie zerrissen wurde und Zitat *„Du entschieden hast, kein Teil der Familie mehr zu sein und nichts mehr mit ihnen zu tun haben willst"*.

Da waren sie also – die noch immer dominierenden Wahrnehmungen meiner Familie; und er glaubte jedes Wort. Und es ging noch weiter.

Die Anweisungen der Wachtturm-Gesellschaft bezüglich des Kontaktabbruches seien lediglich „Vorschläge" und „Anregungen" – gebunden sei niemand daran. Und schon gar nicht würde der Kontakt mit Abtrünnigen ein Rechtskomitee nach sich ziehen, dass eine Exkommunikation aussprechen könne.

All die mMn Lügen, die ich bereits bei der Thematik der Anerkennung zur Körperschaft schwarz auf weiß erfahren musste, wurden bei einem Kind weitergeführt – meinem Kind. Ich war fassungslos.

An diesem Abend schlossen wir beide unseren Frieden. Ich war ein Blockierter weniger und fuhr nach Österreich zurück. Ich musste akzeptieren, dass mich meine Vergangenheit eingeholt hatte und nun die Gefahr bestand, dass mein Erstgeborener genau die Erfahrungen sammeln muss, auf die ich gerne verzichtet hätte.

Wir haben heute wieder ein sehr gutes Verhältnis und stehen nahezu täglich in Kontakt – auch, wenn uns das Thema weiter spaltet. Er ist nach wie vor begeistert von der Hoffnung auf ein Paradies und die Vernichtung von 99 % der Menschheit – auch wenn er wahrscheinlich verdrängt, dass in diesem Szenario seine Eltern dabei das Zeitliche segnen werden.

Das Erschreckende ist jedoch die Tatsache, dass er bereits in so jungen Jahren die „theokratische Firewall" für sich aktiviert hat. Diese Metapher las ich erst vor Kurzem in einem Bericht eines ehemaligen Zeugen Jehovas – und sie trifft die Bezeichnung des internen „Schutzmechanismus" der Organisation auf den Punkt.

Der Begriff beschreibt die Einstellung, die die Wachtturm-Gesellschaft ihren Mitgliedern immer und immer wieder versucht, als einzig wahre Reaktion auf anderweitige Auslegungen biblischer Inhalte zu vermitteln – die strikte Ablehnung anderer Sichtweisen, Auslegungen und Interpretationen.

Er beschreibt den Zustand der Ignoranz und der Zurückweisung aller gegenteiligen Auffassungen außerhalb der eigenen Sphäre.

Es wird den Anhängern suggeriert, dass alles, was nicht von der Organisation gelehrt wird, Angriffe des Teufels und seiner Dämonen sind – Angriffe gegen ihren Glauben und die christliche Einheit.

Und genau damit wird an die „Urangst" jedes Zeugen Jehovas appelliert, den Verlust des ewigen Lebens in einem Paradies. Die ultimative Kontrolle – besonders für Kinder und Jugendliche.

Zum jetzigen Zeitpunkt ist er „nur" ein Interessierter. Ein potenzieller neuer Zeuge Jehovas, der die Vorzüge des geschlossenen Kreises genießen darf – mit Speck fängt man bekanntlich Mäuse. Aber irgendwann wird auch er sich entscheiden müssen. Noch wird ihm die harte Realität vorenthalten. Seine Vorstellung, dass das Verhältnis zu seinen ausgeschlossenen Eltern das Gleiche sein wird wie vor seiner Taufe, lässt er sich nicht nehmen.

Im Leben muss man manchmal die Zeit spielen lassen. Er ist gerade erst fünfzehn Jahre alt und wenn ich seiner Mutter Glauben schenken darf, dann wird das Thema „Freundin" bald Einzug in seinem Leben nehmen – vielleicht löst sich damit auch alles auf.

Für mich änderte sich an diesem Tag jedoch ALLES.

Ich war seit meinem Austritt immer fair, respektierte die Gefühle, Ansichten und Entscheidungen meiner Familie und Freunde, akzeptierte die „Sanktionen" und machte zu keinem Zeitpunkt jemandem den Vorwurf der emotionalen Erpressung – auch wenn es sich genau darum handelte.

Weder versuchte ich, andere von meiner Sicht der Dinge zu überzeugen, noch ihre Gefühle – besonders die meiner Familie – zu verletzen. Wie oft wollte ich die „Wahrheit, die ganze Wahrheit und nichts als die Wahrheit" über MEINE Wahrnehmungen der 31 Jahre als Zeuge Jehovas „hinausschreien". Ich tat es kein einziges Mal – aus Rücksicht auf ihre ohnehin schon verletzten Emotionen.

Doch nun wurde mein Sohn mit in die Causa hineingezogen. Und nahezu alles, was ich in so jungen Jahren an Erfahrungen mit der Organisation sammeln musste, lief Gefahr, sich eins zu eins zu wiederholen. Es schien gerade so, als würde man bei ihm versuchen, theokratisch das zu erreichen, was bei mir versagt hatte.

Sollte ich tatenlos zusehen, wie auch er sein jugendliches Leben der Organisation unterstellt, vielleicht eine Entscheidung trifft, die seiner geistigen Reife noch nicht ansatzweise gewachsen ist? Sollte ich zulassen, dass er sein gesamtes soziales Umfeld in dieser Religionsgemeinschaft aufbaut und damit im Falle eines Austrittes Gefahr läuft, Opfer emotionaler Erpressung zu werden?

# Maverick – Klappe zwei

2016 lernte ich meine heutige Frau kennen.

Mancher guten Dinge sind drei. Nachdem ich kurz nach meinem Austritt die wohl schlechteste Entscheidung meines Lebens in Sachen Beziehung traf, nach einem Date in einem „Minikönigreichssaal“ eine Frau, die noch weniger Emotionen als ich vorwies kurze Zeit später heiratete, um mich nur einige Jahre später noch einmal scheiden lassen zu müssen, fand ich 2016 endlich die Partnerin, die mir im Leben den Halt und die Stabilität gab, die ich mir immer gewünscht hatte. Sie brachte eine Tochter mit in unsere Beziehung, die gerade ein Jahr alt geworden war.

Die Bindung zu Ewa entwickelte sich von Anfang an zu etwas sehr Innigem. Durch ihr noch sehr junges Alter war ich binnen kürzester Zeit „ihr“ Papa – und so nannte sie mich auch ab dem Moment, wo mich Tom bei einem seiner Besuche so anredete.

Für mich hatte sie den gleichen Stellenwert, als wenn sie mein leibliches Kind gewesen wäre – und daher adoptierte ich sie einige Jahre später auch. Sie war anders als viele andere Mädchen in ihrem Alter. Sie war reifer, verstand viele Zusammenhänge schneller und begeisterte sich für Themen, die eigentlich eher den Jungs zuzuordnen sind. Mit ihrem Papa im Tunnel den Klappenauspuff zu öffnen und 600 PS in die „Röhre zu schreien“ machte ihr genauso viel Spaß, wie noch im Kindergartenalter auf den Malediven mit Delphinen zu schwimmen und im offenen Meer zu schnorcheln.

Als jüngstes Mitglied mit ihrem Papa ins Gym zu fahren, wurde genauso zu einer Regelmäßigkeit wie stundenlang Ferrari und Lamborghini von Lego Technik aufzubauen.

Aber sie hat noch heute eine Eigenschaft, die sie von vielen anderen Kindern ihres Alters unterscheidet. Sie ist sehr emotional und hat ein feines Gespür für Gefühle und Empfindungen. Sie merkt sehr schnell, welche Emotionen man für sie verspürt – besonders dann, wenn es auch mal „Reibereien" gibt. Ewa ist ein Kind, dem man immer wieder seine Liebe bestätigen muss.

Ewa wuchs ohne einen Bezug zu meiner religiösen Vergangenheit auf. Im Grunde gab es auch keine Veranlassung, das Thema der Zeugen Jehovas zuhause zu erörtern – bis 2022 hatte ich seit Langem damit abgeschlossen und dachte nur selten an diese Zeiten zurück. Meiner Frau schenkte ich von Anfang an „reinen Wein" ein, um ihr jede Illusion einer „angeheirateten Verwandtschaft" zu nehmen. Diese gab es durch die Folgen der Exkommunikation nur noch auf dem Papier.

Aber Kinder werden größer – und irgendwann fangen sie an, Fragen zu stellen.

Als meine Frau und ich 2020 eine wunderschöne Hochzeit in Wiesbaden feierten, fiel es sogar einer Vierjährigen auf, dass irgendwie niemand aus der Familie ihres Papas anwesend war – obwohl alle dort wohnten. Keine Tanten, keine Onkels und vor allem keine Großeltern. Und zum ersten Mal fing sie an, mich nach dem Grund zu fragen – denn kennengelernt hatte sie diese bereits.

Mitte 2019 entschieden sich meine Eltern, uns in Tirol zu besuchen, bis heute das einzige Mal. Im Zuge einer ohnehin geplanten Reise nach Österreich und für ganze drei Stunden.

Aber egal – in der Not frisst der Teufel Fliegen und ich war sehr froh, dass sowohl meine Frau als auch meine Tochter meine Eltern einmal kennenlernen durften. Und auch Tom, der gerade zu Besuch war, genoss das gemeinsame Wiedersehen.

Ab jetzt wusste Ewa, dass sie weitere Großeltern hat. Für sie war diese Situation etwas Besonderes. Auf einmal hatte sie „neue“ Verwandte – und immer wieder fragte sie uns nach weiteren Besuchen. Sie wollte Oma und Opa „zurückhaben“ – sie malte Bilder für beide und hing sie bei uns an den Kühlschrank.

*„Ich vermisse euch“* oder *„Ich habe euch lieb“* stand auf den meisten darunter. Doch es gab kein Wiedersehen und es würde auch nie eines geplant werden. Keiner wusste das besser als ich – das Ganze sollte ein einmaliges Ereignis bleiben.

Mehr als einmal versuchten meine Eltern in der Folgezeit, mit der Aussage: *„Wir können nicht die Großeltern sein, die wir gerne sein wollen“* sich ihrer Verantwortung als Großeltern zu entziehen und die angeblichen Gebote eines Gottes als Vorwand zu nutzen, der Organisation weiterhin ungeteilten Gehorsam zu schenken. Sie schickten zwar hin und wieder Geschenke an sie, aber ein physisches Wiedersehen – geschweige denn eine Einladung bei den unzähligen Gelegenheiten, wo wir uns in Wiesbaden aufhielten – war nie ein Thema.

Meine Frau versuchte mir immer den Gedanken zu vermitteln, dass Ewa durch die Adoption kein „richtiger“ Enkel sei und ich eine familiäre Bindung zu ihren Großeltern nicht erzwingen könne und auch nicht dürfe.

Ich wusste leider nur zu gut, dass dieser Umstand völlig nebensächlich war. Selbst bei einem leiblichen Kind wären die Reaktion und das Verhalten meiner Familie nicht anders gewesen – dies wurde mir bei der Geburt unserer Tochter 2023 dann auch bestätigt.

Die Fragen wurden häufiger und irgendwann äußerte Ewa genau die Aussage, auf die ich nur gewartet hatte. *„Opa und*

*Oma haben mich nicht mehr lieb".* Auch ein Kind versteht irgendwann, dass ein jährliches Geschenk per Post oder gelegentliche „WhatsApp-Grüße" keine Grundlage für ein gutes Verhältnis zwischen Großeltern und Enkeln darstellen können.

Und das tat weh. Denn wie soll man einem fünfjährigen Kind religiösen Extremismus erklären? Wie soll man seiner Tochter verständlich machen, dass sich die Ächtung ihres Vaters auch auf sie auswirkt? Auf ein Kindergartenkind, das sich nichts Sehnlicheres wünscht als die Nähe zu seinen Großeltern?

Es war ein Ding der Unmöglichkeit.

2022 rückte Ewas Schulbeginn näher. Es war im Juni, als sie mich bat, Opa und Oma aus Wiesbaden zu ihrer Einschulung einzuladen.

Ich hielt dies für eine gute Idee und sah darin eine Möglichkeit, meiner Familie nach über zehn Jahren noch einmal „unsere Hand" zu reichen – allein schon zum Wohle der Kinder. Wir nahmen unser Handy, setzen uns auf die Couch, starteten WhatsApp und nahmen zusammen ein Video auf.

Wir wollten es nicht zu offiziell halten, also luden wir sie zur Einschulung und einem anschließenden Kinderfest ein. Wir „scherzten", dass es zu diesem einmaligen Anlass keine Ausrede geben dürfe und Ewa „sendete" am Schluss einen Abschiedskuss hinterher. Höflich, etwas sarkastisch, aber keinesfalls unverschämt.

Drei Wochen lang kam keine Antwort – und drei Wochen lang musste ich Ewa immer und immer wieder auf eine solche vertrösten.

*„Top Gun"* näherte sich dem Ende zu.

Es war „herzzerreißend", wie sie bittere Tränen weinte, als Maverick von den bösen Russen scheinbar abgeschossen und getötet wurde – und umso sentimentaler wurde sie am Schluss, als er mit einem Song von Lady Gaga dem Sonnenuntergang entgegenflog.

Mit ihrem überdimensionalen Cola Becher, auf dessen Deckel ein F – 18 Modell thronte, fuhren wir nach Hause. Ich schaltete mein Handy an, um nochmals neue Tickets für den Folgetag zu kaufen – sie wollte *„ihren Maverick“* unbedingt nochmal sehen. Ein Vibrieren kündigte eine neue Nachricht an:

Handy Mama

*„... deine Einladung gefällt uns nicht ... es war keine freundliche Anfrage, sondern eine Einforderung der Art, wie wir sie überhaupt nicht mögen .... Wir haben Ewa liebgewonnen und denken seit Langem darüber nach, zu ihrer Einschulung zu kommen ... fix können wir das nicht machen und du musst uns auch nicht einplanen ... denn wenn wir kommen, dann nur zur eigentlichen Einschulung VOR ORT, auf die wir uns auch freuen ... ABER DANACH SIND WIR SOFORT WIEDER WEG.“*

Ich kann bis heute die Gefühle nicht beschreiben, die mir in diesen Minuten durch den Kopf gingen. Es war, als würde alles in mir zusammenbrechen. Immer und immer wieder starrten meine Frau und ich auf diese Nachricht. Es war einfach unvorstellbar, was wir hier lesen mussten. Unabhängig davon, dass Großeltern gar keine Einladung irgendeiner Art benötigen sollten, um der Einschulung ihrer Enkel beizuwohnen, „PASSTE“ sie meiner Familie noch nicht einmal. Und selbst für den Fall, dass sie, um ihrer Enkelin eine Freude zu machen, sich „erbarmen“ und zur Schulfeier anreisen sollten, so würden sie im Anschluss sofort wieder „verschwinden“.

*„Sorry Ewa … vielen Dank, dass du uns zu deiner Kinderparty einlädst. Wir haben dich auch lieb, aber Opa und Oma verschwinden jetzt nach einer Stunde wieder – denn dein Papa ist schlechter Umgang für uns."*

Würde es so verlaufen?

Wir saßen an diesem Abend bis tief in die Nacht auf unserer Terrasse und versuchten das Ganze einzuordnen. Meine Frau war in der Hinsicht abgeklärter als ich. Es ist ihre Art, mit Dingen schnell abzuschließen und sie wollte die Angelegenheit auf sich beruhen lassen.

In mir brach hingegen alles zusammen. Innerhalb eines Tages wurde ich mit der Tatsache konfrontiert, dass mich meine Vergangenheit eingeholt hatte. Es lag nun nicht mehr in meiner persönlichen Betroffenheit, mit den Folgen der Ächtung umzugehen, sondern es wurden Personen mit hineingezogen, die nichts dafür konnten, und die mir am nächsten standen.

Auf der einen Seite mein Sohn, dem wichtigste Tatsachen vorenthalten wurden, um ihn in die Religionsgemeinschaft zu locken. Und auf der anderen Seite seine Schwester, ein Kleinkind, welches die Folgen der Exkommunikation ihres Vaters mit eigenen Gefühlen des Verlustes erleben sollte.

Und noch eine weitere Tatsache musste ich mir eingestehen:

Obwohl ich der Religionsgemeinschaft seit zehn Jahren nicht mehr angehörte, hatte sie mich geistig und mental noch immer fest im Griff. Seit zehn Jahren trug ich das Thema der Theokratie mit mir herum – zu keinem Zeitpunkt konnte ich mit der Vergangenheit an sich richtig abschließen. Das „Echo" der Kollektivität, insbesondere aber der Umstand, dass ich es zuließ, die Folgen MEINER Ächtung an meine Familie herantragen zu lassen, blieben mir zu jedem Zeitpunkt erhalten.

Mir wurde mit einem Mal bewusst, dass erst, nachdem ich meinen inneren Frieden mit den gesammelten Erfahrungen machen würde, die Organisation an sich keine Macht mehr über mein Leben haben würde.

Für mich war der Zeitpunkt gekommen, eine Entscheidung zu treffen. An diesem Abend fielen die emotionalen Fesseln, meiner Familie nach Jahren der seelischen Erpressung weiterhin den verständnisvollen Sohn vorzuspielen. Es war der Moment, an dem mir bewusstwurde, dass ich nicht nur mich selbst, sondern auch meine Frau und meine Kinder vor den Folgen meiner Vergangenheit beschützen wollte.

Und ich tat etwas, was für mich über ein Jahrzehnt lang unvorstellbar gewesen war. Ich antwortete meiner Mutter auf diese Nachricht und teilte ihr mit, ab sofort den Kontakt zu ihnen abzubrechen. Ich teilte ihnen mit, dass wir unseren Kindern ein geregeltes Leben bieten wollen – mit Großeltern, die verfügbar sind und nicht auftauchen und wieder verschwinden, wie es ihnen gerade in den Kram passt. Mit dem Hinweis, jederzeit für sie da zu sein, wenn es ihnen gesundheitlich schlecht geht, brach ich bis heute den Kontakt zur Gänze ab.

Ich gebe ehrlich zu, dass mich in den folgenden Wochen und Monaten die Situation sehr belastete. Ein Jahrzehnt hatte ich ohne Folgen mit der Ächtung umgehen können. Ich war ein viel zu sachlicher Mensch, um Gefühle der Trauer oder des Verlustes zu akzeptieren oder überhaupt erst an mich herankommen zu lassen. Solange es nur mich betraf, funktionierte diese Taktik auch hervorragend – denn ich vermisste nichts. Aber nun änderten sich die Parameter. Die eigenen Kinder wurden mit hineingezogen. Und das konnte ich nicht zulassen.

# SIE konnten es uns nicht nehmen

Ein befreundetet Psychologe gab mir in dieser Zeit einen sehr wertvollen Rat. Er sagte mir, dass ich meinen inneren Frieden nur dann finden könne, wenn ich es schaffen würde, mit der Vergangenheit endgültig abzuschließen. Es ging nicht darum, bei dem Entschluss des Ausstieges Gründe GEGEN die Organisation zu finden, sondern zu verstehen, dass es eine Entscheidung für MICH persönlich war – mit allen Opfern, die dieser Schritt miteinschloss.

Ich sollte einen Brief schreiben – einen Brief an meine Familie, in dem ich meine Sichtweise der vergangenen Jahre niederschreiben würde. Alles, was ich jemals dachte, fühlte und mich nicht auszusprechen traute, sollte ich zu Papier bringen. Am Ende sollte ich ihn verbrennen.

Aus dem Brief ist das vorliegende Buch geworden – zum Verbrennen war es mir dann doch zu schade.

Es war eine Reise in die Vergangenheit. Eine teilweise schmerzliche Odyssee zu Episoden, die lange Zeit aus meinem Gedächtnis verbannt gewesen waren. Geschehnisse, die sowohl negativ als auch positiv zu bewerten sind, sind dabei sukzessive wieder in Erinnerung getreten.

*„Wenn alte Männer nochmal Vater werden, dann verändern sie sich“,* so sagt man es zumindest. Ob ich alt bin, liegt im Auge des Betrachters – auf jeden Fall hat es mich verändert. Mit der Geburt meiner Tochter Athena fand ich die Motivation und die innere Ruhe, mich mit meiner christlichen Vergangenheit

auseinanderzusetzen und mich dieser zu stellen. Anfangs noch in Tirol, später den Sommer über auf unserer Urlaubsinsel Kreta, war sie bei meinem gesamten Schreibprozess an meiner Seite – stets fröhlich jauchzend in ihrem Kinderwagen, mit Papa und seinem Laptop im Schlepptau; natürlich immer ein halbes Dutzend Flaschen im Gepäck.

Viele der von mir geschilderten Episoden konnte ich nur deshalb so ausführen, weil ich es aus ihrer Perspektive betrachtete. Oft war sie es, die in mir die Blockaden längst verdrängter Ereignisse löste. Das Lächeln eines Kindes kann manchmal selbst unschöne Erlebnisse wieder in Erinnerung bringen. Aber genau so war es.

Würde ich mein Kind für eine veraltete biblische Auslegung der Blutfrage sterben lassen? Würde ich sie achten, wenn sie mir irgendwann mitteilen würde, die Religion zu wechseln? Würde ich später mit IHREN Kindern, mit meinen Enkeln, auf Distanz gehen, nur weil diese eine „emotionale Brücke" zu mir herstellen könnten? Viele dieser Überlegungen flossen in meine Erzählung mit ein.

In ihren ersten sechs Lebensmonaten erwiesen sich leider auch meine Bedenken als zutreffend, dass sie ein weiteres, unschuldiges Opfer meiner Exkommunikation werden würde.

Natürlich freuten wir uns über ein postalisches Geburtsgeschenk meiner Eltern und eines meiner Geschwister – aber das war es dann auch. Abgesehen von einer Handvoll sporadischer Kurznachrichten an meine Frau gab es keinen Besuch, keinen einzigen Anruf und nicht den kleinsten Ansatz von Interesse, die zweite Enkelin jemals in natura sehen zu wollen – geschweige denn eine Einladung, als wir im Sommer mehrere Wochen zu Besuch in Wiesbaden waren. Während die Familie meiner Frau, ihre Eltern, Großeltern, Onkel und Tanten jede Minute des Kennenlernens beziehungsweise des Wiedersehens mit unseren Kindern genossen, spielte „mein Part“ weiter munter Versteckspiel.

Ein altes Sprichwort besagt: *„Was des einen Freud ist, ist des anderen Leid“.* Denn während Tom in GENAU dieser Zeit in den Sommerferien ein Wiedersehen mit meiner Familie genießen konnte – wir waren sogar parallel vor Ort – war seinen zwei jüngeren Geschwistern dieses Privileg nicht vergönnt.

Aber wie hätte es auch anders sein können? Denn im Gegensatz zu ihnen war Tom schon dabei, mit halbem Fuß ein Zeuge Jehovas zu werden und wurde auf dem gerade stattgefundenen Sommerkongress von Jehovas Zeugen stolz als zukünftiger *„Bruder Steffens“* präsentiert – frei nach dem Motto: „Was bei unserem Sohn nicht funktionierte, kann beim Enkel nachgeholt werden.“ Hier würde sich der Kontakt „lohnen“ – zumindest, solange Tom auf diesem Weg bleiben würde. Diese Erfahrung wird er jedoch selbst machen müssen.

Meine Ambitionen, Außenstehenden einen Einblick in das Leben, Denken und Handeln von Jehovas Zeugen zu geben, lag trotzdem nie darin, Menschen schlechtzureden, religiöse Gefühle zu beleidigen oder ins Lächerliche zu ziehen.

Ich hoffe, den Eindruck positiv vermittelt zu haben, dass ich eine große Differenzierung zwischen den Menschen als solchen und der Religionsgemeinschaft als „Führungsapparat“ vornehme.

Jehovas Zeugen als Einzelne sind meist bemerkenswerte Menschen. Sie sind freundlich im Umgang mit ihren Mitmenschen und halten sich an alle biblischen Moralvorstellungen – bekanntermaßen sogar viel zu viel.

Es sind Menschen, die selbst auf der Suche nach religiösen Antworten sind. Menschen, die sich Sorgen über ihre Zukunft machen und die ihren Lebensinhalt darin sehen, ihr ganzes Handeln und Denken nach biblischen Maßstäben auszurichten. Diese Ambitionen sind keineswegs verkehrt oder anrüchig.

Allerdings muss sich jede Person, die mit dem Gedanken spielt, sich dieser Religionsgemeinschaft anzuschließen, folgende Fragen stellen:

Was möchte ich in meinem Leben?

Wo soll meine „Reise" hingehen, was sind meine Werte und was suche ich?

Suche ich Geborgenheit, Schutz und das Gefühl, einem Kollektiv dazuzugehören?

Wie wichtig ist mir das Wissen, einer weltweiten Organisation anzugehören, der ich in jedem Land und auf jedem Kontinent auf Augenhöhe begegnen kann und die über den Grundsatz der christlichen Liebe nicht nur redet, sondern diesen auch auslebt?

Suche ich eine religiöse Gemeinschaft, die mich von der Außenwelt abschottet und die mir eine biblische Zukunftshoffnung vermittelt, die mir auch unter Berücksichtigung aller offenkundigen Widersprüche innere Ruhe und Frieden gibt?

Suche ich vielleicht für meine Kinder eine Gemeinschaft, die moralische Wertvorstellungen lehrt und meine Vorstellungen einer christlichen Erziehung unterstützt?

Auf der anderen Seite sollte man aber auch die Kehrseite betrachten und sich folgende Fragen stellen:

Was bedeutet für mich das Ausmaß der Kontrolle, die diese Organisation über mich als mein Individuum hat?

Was wird in meinem Alltag dadurch alles kontrolliert? Akzeptiere ich Regeln und Vorgaben, die, obwohl so suggeriert, in keinem Konsens zu biblischen Geboten stehen – insbesondere, wenn es sich um Anweisungen zu höchstpersönlichen Entscheidungen wie der Freizeitgestaltung, der Berufs- und Karriereplanung, der Auswahl des Freundeskreises oder gesundheitliche Belange handelt?

Wie stark wird mit dem Instrument der Sünde und der Vergebung gearbeitet? Nutzt die Gemeinschaf ihre selbst geschaffene Macht dafür, diese auf der einen Seite bei ihren Mitgliedern „festzustellen" und gleichzeitig mit der Vergebung wieder zu „tilgen"? Brauche ich solche Druckmittel, um ein religiöser Mensch zu sein?

Wie gestaltet sich ein eventuell späterer Ausstieg? Wie wäre die Reaktion meiner Freunde, Bekannten und christlichen Familienangehörigen, wenn ich mich entscheiden sollte, die Gemeinschaft zu verlassen?

Kann ich Sanktionen, wie die der menschlichen Ächtung, ertragen, ohne mich gedrängt zu fühlen, in der „Herde" zu bleiben? Wie gehe ich mit der Aussage: *„Verlässt du uns, verlässt du Jehova UND deine Familie"* um?

Diese Fragen sind nicht aus der Luft gegriffen. Nach meinem Ausstieg habe ich beispielsweise die gesamte „Causa Berlin" einer guten Bekannten geschickt. Mir war es wichtig, dass zumindest sie von diesem Fall erfahren würde und sie anhand der Originaldokumente überprüfen konnte.

Nach einigen Wochen meldete sie sich bei mir und bat mich inständig, ihr nie wieder solche Fakten mitzuteilen. Sie gab offen zu, geschockt und entsetzt über den nachvollziehbaren Sachverhalt der offensichtlichen Lügen und Falschaussagen gewesen zu sein. Gleichzeitig gab sie mir aber unmissverständlich zu verstehen, dass sie ihren Glauben an die Organisation und damit ihr Verhältnis zu Jehova nicht gefährden will. Sie erklärte mir, dass nicht alle Dinge, die die Organisation tun würde, für „die Herde" verständlich wären.

Und genau diese Denkweise charakterisiert den Durchschnittsmenschen, der sich bei Jehovas Zeugen wiederfindet. Für das große Ganze, ein gemeinsames Kollektiv und insbesondere für eine Zukunftshoffnung – die unbestritten viele Menschen gerne hätten – opfern sie ihre eigenen Wertvorstellungen.

Sie lassen es zu, dass eine Organisation, die nur von einigen wenigen Personen geführt wird, ihr tägliches Denken, ihr Handeln und ihre Entscheidungen bestimmt und ignorieren gleichzeitig offenkundige Widersprüche, alternative Auslegungen und Einwände.

Sie verweigern strikt jede Kommunikation, die gegenteilige Fakten, Überlegungen oder Hinweise auf eine „andere Wahrheit" als die der Organisation geben könnte – immer mit der Angst, Satan und seinen Dämonen die Möglichkeit zu geben, von „ihrem Herz" Besitz zu ergreifen.

Sie lassen es zu, dass offenkundige Unvereinbarkeiten regelmäßig unter dem Deckmantel von „neuem Licht" legalisiert werden – der Glaube an das „göttliche Sprachrohr" der leitenden Körperschaft ist allgegenwärtig.

Zeit ihres Lebens haben meine Eltern mich nie verstanden – umgekehrt leider genauso. Sie konnten nie verstehen, ja noch nicht einmal ansatzweise nachvollziehen, wieso mich die von

Jehovas Zeugen gelehrten „Wahrheiten“ weder berührten noch dazu veranlassten, mein Leben nach deren Maßstäben auszurichten.

Obwohl sie jetzt die Möglichkeit hätten, auf all ihre Fragen eine Antwort zu finden, werden sie vorliegenden Bericht niemals lesen. Dieses Buch wird den gleichen Stellenwert einnehmen, wie alle anderen Medien, die einen Widerspruch zu den Lehren der Organisation darstellen.

Es wird als eine weitere „Versuchung Satans“ interpretiert werden, der mit seinem Gift den Glauben gottesfürchtiger Christen angreifen möchte. Die theokratische Firewall wird auch hier wieder halten.

Jehovas Zeugen wird es noch lange Zeit geben und im Laufe der nächsten Jahrzehnte werden sie wieder und wieder ihre Lehren, Vorhersagen und Prophezeiungen adaptieren und anpassen müssen, um das Wachstum und den Fortbestand der weltweiten Gemeinschaft nicht ins Stocken geraten zu lassen.

Aber die Grundstruktur an sich, die moralischen Wertvorstellungen, die Gebote, Verbote und Bestimmungen, mit dem Ziel „das große Ganze“ am Laufen zu halten, werden bestehen bleiben.

Meiner Meinung nach extremistische Auslegungen wie die Blutfrage, die Exkommunikation und Ächtung von Freunden und Familien werden niemals abgeschafft werden. Ein solcher Schritt würde das gesamte Religions- und Glaubensgerüst in sich zusammenbrechen lassen.

Ob jemandem die beschriebenen Vorteile des Lebens in der Organisation eine solche Beherrschung und Vereinnahmung seiner Würde und seiner Freiheit wert ist, ist abhängig von seiner individuellen Persönlichkeit.

Beantworte dir deshalb ehrlich die Frage, ob deine Hingabe an Gott, die du durch die Wassertaufe symbolisieren möchtest, nicht in Wirklichkeit die Hingabe an eine menschliche Organisation darstellt.

Gibst du dich EINEM Gott oder gibst du dich Jehovas Zeugen als Organisation hin?

Noch heute treffen wir uns als ehemalige Clique der „Versammlung Wiesbaden Nord" regelmäßig privat. Wir alle sind mittlerweile seit Jahren und Jahrzehnten nicht mehr in der Religionsgemeinschaft und haben uns eine Existenz außerhalb der Organisation aufgebaut. Wir alle haben Familien gegründet, Kinder bekommen und die verschiedensten beruflichen Wege eingeschlagen.

Es ist UNSER geschlossener Kreis. Eine kleine Gruppe von AussteigerInnen, die allesamt die gleichen Erfahrungen sammeln mussten, die ich mit vorliegendem Bericht versucht habe, sachlich zu Papier zu bringen.

Ein geschlossener Kreis auch deshalb, weil niemand in unserem Umfeld die Tragweite unserer Vergangenheit und die Folgen unserer Entscheidungen nur ansatzweise verstehen oder nachvollziehen kann, ohne die Geschehnisse unmittelbar erlebt zu haben.

Viele gehen in ihrem Umfeld offen mit ihrer Vergangenheit um und machen um das Erlebte kein Geheimnis. Andere wiederum haben für sich die Entscheidung getroffen, diesen Teil ihres Lebens komplett aus dem „Lebenslauf" zu löschen und nie wieder mit jemanden darüber zu sprechen.

Einer aus unserer Gruppe beendete unser letztes Treffen in Wiesbaden mit einem Satz, den ich als persönliches Resümee meines Weges als ehemaliger Zeuge Jehovas betrachte:

*„Egal, was wir erlebten, erleiden und erdulden mussten – wir können alle stolz darauf sein, unseren Frieden und unsere Freiheit gefunden und bis heute bewahrt zu haben.*

*Den konnten SIE uns nicht nehmen".*

# Epilog

*Die Silhouette wird klarer.*

*Ich kehre an den Ort zurück, wo alles begann.*

*In einen Saal, in welchem sich vorne eine große Bühne befindet, mit einer Couch, vielen Dekorationen und einem vom Zuschauerraum abgetrennten Taufbecken. Ich höre das Orchester, das festliche Musik spielt und rieche den frischen Kaffeeduft, der in der Luft liegt.*

*Ich erkenne viele mir bekannte, freudige und lachende Menschen, die mich begrüßen, mich in den Arm nehmen und mich festhalten.*

*Meine Eltern befinden sich vor dem mittleren Block, dort, wo sie schon seit fast fünfzig Jahren sitzen. Meine Frau und meine Kinder stehen bei ihnen, und der Stolz auf die eigenen Enkel, die sie teilweise heute zum ersten Mal kennengelernt haben, ist ihnen ins Gesicht geschrieben.*

*Ich sehe meinen Vater, wie er meine Mutter im Arm hält. Wie sie ihren Kopf erschöpft an seine Brust lehnt und sie Halt in seinen Berührungen sucht. Und man spürt, wie sich eine jahrelange Last, heute, an diesem Tag, von ihren Schultern löst.*

*Der Tag, an dem ihr Sohn hierher zurückkehrt. Der Tag, den sie ein gefühltes Leben lang herbeigesehnt haben. Der Tag, der ihrem Leben wieder das verlorene Stück an Vollkommenheit zurückgibt, das ihnen einst genommen wurde.*

*Sie haben IHREN Kampf gewonnen. Aus dem vermeintlichen Tod ihres Sohnes, ist die Gewissheit auf ewiges Leben mit ihm geworden.*

*Mein Blick richtet sich auf, dorthin, wo sich im hinteren Teil des Saals die große Galerie befindet. Viele ehemalige Freunde, Bekannte, Weggefährten und Familienmitglieder sitzen dort oben und sehen zu mir herunter.*

*Und zum ersten Mal, seit über einem Jahrzehnt, sehe ich in ihren Augen keine Verachtung mehr, keine Abscheu und keinen Hass.*

*Sie betrachten mich jetzt wieder wie einen Bruder, einen Freund und einen der Ihren. Sie sehen in mir einen verlorenen Sohn, der sich eines Besseren besonnen hat und zurückgekehrt ist, um mit ihnen gemeinsam den Weg des Lebens zu bestreiten.*

*Das Gefühl der wiedergewonnenen Verbundenheit ist mir noch fremd und unheimlich, denn ich habe vergessen, wie sich dieses anfühlt.*

*Eine Mischung aus Scham und Verunsicherung begleitet mich, als ich im Saal suchend in die freundschaftlichen Arme von Mr. Big laufe, der mir mit seinen Tränen versichert, die richtige Entscheidung getroffen zu haben …*

… es ist ein Traum, der mich seit vielen Jahren in meinen Nächten verfolgt. Ein Alptraum, der trotz offensichtlicher Erfüllung einen tiefen Schmerz nach sich zieht.

Denn eine Gleichung, die keinen gemeinsamen Nenner findet, bleibt auch jetzt noch bestehen.

Es ist „DER ZWEIFEL“.

Der Zweifel ist mein ständiger Begleiter – selbst nach dreiundvierzig Jahren noch. Gibt es vielleicht doch diesen EINEN Gott, der beabsichtigt, 99 % aller Menschen zu vernichten – zum Vorteil einer kleinen Gruppe von Gläubigen, die das Unikum besitzen, die Geheimnisse der Bibel für sich entschlüsselt zu haben?

Ich weiß es bis heute nicht.

Aber ist es dieser Zweifel wert? Ist er es wert, sich selbst zu verleugnen und die Freiheit und Würde aufzugeben, für die man so viele Jahre hart gekämpft hat?

Vielleicht liegt die Wahrheit auch irgendwo in der Mitte. Doch egal, wo am Ende des Tages die Reise auch hingehen mag – an der jetzigen Konsequenz ändert sich nichts.

Niemals möchte ich je wieder Teil einer solchen „neuen Welt" oder Teil dieser Organisation werden.

Es soll ein Traum bleiben.

UNSER geschlossener Kreis aus dem ehemaligen
„Wiesbaden Nord“
2020

# Quellenverzeichnis


Quelle 1
Stefan Heidenreich, *„Warum wir unseren Geburtstag feiern"*, Der Spiegel, 29.03.2018.

Quelle 2
Dr. theol. Lothar Gassmann, *„Die Lehren der Zeugen Jehovas, Punkt für Punkt widerlegt"*.

Quelle 3
Hans-Jürgen Twisselmann, Jehovas Zeugen,1992, Seite 59.

Quelle 4
Weser Kurier vom 16.02.2011, *„Jehovas Zeugen wollen mehr Rechte"*.

Quelle 5
Stern vom 28.06.2019, *„Ärzte dürfen Mädchen Bluttransfusion geben, obwohl die Eltern als Zeugen Jehovas dagegen sind"*.

Quelle 6
Königreichsdienst 8/98, Herausgeber Wachtturm-Gesellschaft.

Quelle 7
Königreichsdienst 9/98, Herausgeber Wachtturm-Gesellschaft.

Quelle 8
Wikipedia „Exkommunikation".

Quelle 9
27.01.2022, Statsforvalteren i Oslo og Viken – Website der Staatsverwalterin in Oslo und Viken.

Quelle 10
Richard Dawkings Foundation, 09.07.2020, *„Wegweisendes und rechtskräftiges Urteil gegen Zeugen Jehovas"*.

Quelle 11
*C.O. Johnsson,„Die Zeiten der Nationen näher betrachtet"*, Seite 9.

Quelle 12
*Raymond Franz „Auf der Suche nach christlicher Freiheit"*, Seite 110 – 115.

Quelle 13
*Mag. Phil. M. Schauer Bakk, „Der Blick der Zeugen Jehovas auf andere Religionen aus Sicht ihrer Publikationen"*, 2014.

Quelle 14
*„Hütet die Herde Gottes"*, Kapitel 18, 3, Herausgeber Wachtturm-Gesellschaft.

Quelle 15
*„Hütet die Herde Gottes"*, Kapitel 18 Abs. 3, Herausgeber Wachtturm-Gesellschaft.

Quelle 16
Beglaubigtes und rechtskräftiges Urteil vom 09.07.2019, Bezirksgericht Zürich (https://jz.help/wp-content/uploads/2020/07/Urteil-vom-190709_-beglaubigt.pdf).

Quelle 17
Raymond Franz, *„Der Gewissenskonflikt"*, Seite 332 – 340.

Quelle 18
Raymond Franz, *„Auf der Suche nach christlicher Freiheit"*, Seite 219 – 224.

Quelle 19
*„Hütet die Herde Gottes"*, Kapitel 18, 3, Herausgeber Wachtturm-Gesellschaft.

Quelle 20
*„Zeugen Jehovas werden staatliche Zuschüsse für 2021 verweigert"* | Der Gouverneur von Oslo und Viken (statsforvalteren.no).

Quelle 21
Erwachet 22.05.1994, Erwachet 22.01.1995,

Quelle 22
www.jw.org, Bibliothek, Video, *„Jehovas Urteile loyal unterstützen"*

# Über den Autor

Patrick Steffens, geboren 1980 im deutschen Wiesbaden, war 31 Jahre lang Mitglied bei Jehovas Zeugen, bevor er sich entschloss, aus der Religionsgemeinschaft auszutreten.

Seit 15 Jahren lebt er zusammen mit seiner Familie in Österreich und ist dort als Unternehmer tätig.